En nombre del amor

Valentina Alazraki

En nombre del amor

Planeta

Diseño de portada: Ana Paula Dávila
Fotografía de portada: Gabriel Bouys / AFP

© 2006, Valentina Alazraki
Derechos reservados
© 2006, Editorial Planeta Mexicana, S.A. de C.V.
Avenida Insurgentes Sur núm. 1898, Piso 11
Colonia Florida, 01030 México, D.F.

Primera edición: septiembre de 2006
Tercera reimpresión: noviembre de 2006
ISBN: 970-37-0582-0

Impreso en los talleres de Litográfica Cozuga, S.A. de C.V.
Av. Tlatilco núm. 78, colonia Tlatilco, México, D.F.
Impreso y hecho en México −*Printed and made in Mexico*

www.editorialplaneta.com.mx
www.planeta.com.mx
info@planeta.com.mx

A mi esposo, mis hijos... y a Juan Pablo.

AGRADECIMIENTOS

Quiero darle las gracias a todas las personas, jefes, compañeros y amigos, a los que están y a los que desafortunadamente ya nos han dejado, que dentro de Televisa a lo largo de 30 años creyeron en mí y me brindaron la extraordinaria oportunidad de seguir los pasos de un *Gigante*.

Quiero darle las gracias a Leonardo Kourchenko quien más que nadie me insistió para que escribiera este libro y en cuya oficina me obligó un día a trazar el primer borrador de un posible índice.

Un gracias a Jacobo por haberme aventado al agua cuando aún no sabía nadar.

Doy gracias a mi familia. Gracias también a Guido porque nunca me reprochó mis ausencias *papales* y que siempre me apoyó en los momentos buenos y en los malos. Le doy gracias a Cami, mi niña feliz, a quién muchas veces le dije que no tenía tiempo para jugar con ella porque tenía "que ir con el Papa".

Agradezco a Carolina por haber compartido conmigo momentos intensos e inolvidables. Por haber compartido mi duelo y... por haberme salvado cada vez que al escribir este libro tenía algún problema (para mí, misterioso) con la computadora.

Agradezco a todas las personas del público que siguieron mis crónicas con cariño y participación haciéndome sentir una persona de casa y que me repitieron siempre con una sonrisa que "me tenían mucha envidia... pero de la buena".

Gracias a todos los amigos y amigas que me permitieron compartir mis experiencias en las conferencias y vivencias, muy enriquecedoras también para mí.

Le doy las gracias a todas las personas que dentro y fuera del Vaticano aceptaron compartir conmigo los recuerdos más íntimos de sus vivencias al lado de Juan Pablo II.

Gracias, obviamente, a las personas de editorial Planeta que creyeron en este proyecto y participaron en él de diferentes maneras.

No puedo acabar estos agradecimientos sin mencionar a Juan Pablo II que me hizo vivir una experiencia humana, profesional y espiritual, extraordinaria.

ÍNDICE

PRÓLOGO

—Mamá, el Papa ha muerto.

—¿Cuál es la fuente que da la noticia?

—La agencia ANSA.

Nunca me hubiera imaginado el día en que nombré a mi primera hija Carolina en alusión a Karol, que ella sería quien me daría una de las noticias que no hubiese querido recibir y menos dar. Colgué y le dije a Leonardo Kourchenko, mi jefe y amigo: "Hay que abrir canal".

Subimos las escaleras que, de nuestra oficina improvisada, nos llevaban hasta la azotea con vista a la Plaza de San Pedro y en pocos minutos estábamos listos frente a las cámaras. A través del monitor, por el que nos llegaba la transmisión aérea en México, vimos aparecer a Carlos Loret de Mola. Por nuestros audífonos escuchamos su voz: "Ya. Valentina Alazraki, estamos contigo". Sentí un escalofrío. Me mantuve callada unos segundos, en espera de que Leonardo tomara la palabra. Al ver que no lo hacía, dije: "Les tengo que dar una noticia que nunca hubiera querido dar: Juan Pablo II acaba de morir".

A partir de ese momento inició una transmisión de siete horas, durante las cuales no hubo tiempo para pensar ni para sentir. Hacia las 5:30 de la mañana volví a mi casa, me sentía helada debido al frío que sentí en la azotea y aún más, petrificada por dentro. Mi celular sonó al entrar a casa. "Hola Vale, soy Soledad, te llamo para darte el pésame y decirte que te quiero mucho". Sólo pude decirle gracias porque mi voz se entrecortó. Fue esa llamada inesperada desde Oaxaca, la que me sacó las primeras lágrimas. En mi casa dormían todos. Carolina se había quedado dormida con las luces y la computadora prendidas en la oficina donde, desde hace unos días, habíamos puesto una cama. Me acosté en un sillón, sabiendo que podría dormir apenas dos horas porque teníamos que transmitir la misa fúnebre celebrada por el cardenal Ángelo Sodano, secretario de estado de la Santa Sede.

A las 7:30 de la mañana me despertaron las voces de Zarina, la muchacha que nos ayuda en la oficina y la de Carolina, que me estaban preparando ya la carpeta con el material de apoyo para la siguiente transmisión. Alguien prendió la televisión: apareció obviamente el rostro de Juan Pablo II. No pude entrar a esa habitación porque sentía un nudo en la garganta. Recogí los papeles y fui incapaz de sostener la mirada de mi hija mayor y de mi esposo que buscaban leer una respuesta en la mía.

Empecé a asimilar lo que había pasado al acercarme al Vaticano. De pronto percibí que él ya no estaba ahí. La vista del Palacio Apostólico, de las famosas ventanas a las que el mundo entero había mirado con preocupación y conmoción; desde la calle De la Conciliazione, la imagen de la sala de prensa de la Santa Sede, se volvió insostenible. Estacioné el coche y me puse a caminar para llegar al edificio de la azotea. Tenía que entrar a la sala de prensa a buscar los últimos informes, pero no pude. Decidí entrar a una de las tiendas de recuerdos para comprar unos lentes de sol, oscuros, para salir del paso en caso de que encontrara algún conocido. Estaba por ponérmelos cuando en la calle se me acercaron unos peregrinos mexicanos que me abrazaron y me dieron el segundo pésame del día. Ese fue el momento, diez horas después de la muerte de Juan Pablo, en que me desmoroné. Intenté esconderme detrás de unas columnas, frente a la librería L'Ancora, pero ahí me sorprendió Leonardo. Empecé a llorar, me abrazó, le pedí disculpas por el desahogo e intenté calmarme. Pensando en la transmisión que seguía, lo logré.

Cuento esto porque muchísimas personas me preguntaron cómo había logrado no llorar durante las transmisiones. La verdad no tengo la respuesta. Quizá se deba a un gran autocontrol o a la convicción de que al informar hay que olvidarse de lo que uno siente. Sólo más tarde, me di cuenta de lo peculiar que era estar recibiendo pésames, como si Juan Pablo fuera un familiar mío. En ese momento por el duelo que sentía se me hizo lo más natural del mundo y supongo que lo mismo habrá sido para las numerosas personas que quisieron expresarme su cercanía y su cariño.

Han pasado muchos meses desde esa noche pero no ha pasado la tristeza ni la nostalgia.

Todas las mañanas al llevar a mis hijas a la escuela, paso al lado de la calle De la Conciliazone. Aún sucede que volteo, veo la Basílica de San Pedro a lo lejos, pienso en el Pala-cio Apostólico y se me hace raro que ahí no esté Juan Pablo II celebrando su misa de las 7 de la mañana.

Creo que en estos meses nos hemos dado cuenta de que lo que el mundo vivió al lado de Juan Pablo II a lo largo de casi 27 años fue algo excepcional. Lo fueron su juventud, su fuerza para romper esquemas, tabúes y también su calvario y su muerte.

En mi casa, en el pasillo, hay una mesita donde desde hace mucho puse unas fotos del Papa con mis hijas. El pasar frente a ellos me da mucha paz. Tengo la impresión de que Juan Pablo aún está entre nosotros y de alguna manera nos protege. Su presencia sigue siendo muy fuerte y desde el 2 de abril no ha habido un sólo día en el que en la casa no se le haya recordado.

Durante mis viajes más recientes a México he tenido la impresión de que estos sentimientos y estas sensaciones son plenamente compartidos por muchísimas personas, de todas las edades y de todas las categorías sociales. A Juan Pablo II se le extraña porque a todos nos ha dado mucho, a todos nos ha dejado un pedacito de él.

Creo que una de las razones por las que me decidí a escribir este libro, aunque esto haya significado prolongar la tristeza y agudizar el sentimiento de orfandad, es la certeza de que tenía que compartir la experiencia única e irrepetible, sobre esto no tengo la menor duda, que me tocó vivir con todas las personas que, a lo largo de tantos años, me dieron las gracias por llevar al Papa hasta sus casas, por hacerles sentir que el Papa nos quería mucho, porque en el fondo se sentía un Papa mexicano.

I. UNA RELACIÓN PRIVILEGIADA

¡Valentina, mexicana, siempre me acompaña!
Juan Pablo II

Todo empezó con un sombrero de charro. Parecía el inicio de una canción ranchera: la historia extraordinaria que me tocó vivir al lado de Juan Pablo II

Se lo debo al olfato periodístico, también extraordinario, de mi jefe, el licenciado Zabludovski, o sencillamente Jacobo, como todos le llamaban.

El 24 de enero de 1978 me habló por teléfono por la noche y, como siempre lo hacía, me llamó por mi apellido: "Alazraki, quiero que entrevistes al Papa". Yo, en ese momento bastante tímida y novata, sabía muy pocas cosas del Vaticano: una de ellas era que los papas no daban entrevistas. Así se lo hice saber. Su respuesta, antes de colgarme, fue muy clara: "Chiquita, luego me cuentas cómo resolviste tu problema". Eso fue todo. Ni una palabra más ni una menos.

En ese momento pensé con angustia que mi carrera que estaba empezando a raíz de la cobertura de la muerte de Pablo VI, la elección de Juan Pablo I, su muerte y finalmente la elección de Juan Pablo II había terminado; por lo menos dentro de Televisa, la empresa con la que había empezado a colaborar durante mis años de universitaria en Roma.

Es inútil decir que después de la llamada de Jacobo no pude pegar un ojo durante toda la noche. Sabía, a pesar de mi
juventud y mi inexperiencia, que no me quedaba otra que re-
solver esa situación y eso significaba acercarme al Papa con
cámara y micrófono, por absurdo que eso pareciera en ese
momento.

En la madrugada me levanté y con una llamada saqué de
la cama a Albino Simoncini, entonces representante de Aeroméxico en Italia, para preguntarle si tenía un sombrero de
charro. Muerto de sueño me respondió que sí.

Empecé entonces el diabólico plan. Fui por el sombrero y
con mi camarógrafo entré como siempre al Vaticano para cubrir la audiencia general. El Papa salía al día siguiente para
Santo Domingo y México. Nos escondimos detrás de unas
matas frente al aula de las audiencias y, cuando vimos llegar el
automóvil de Juan Pablo II, salimos del escondite y me lancé
literalmente sobre él.

Nunca voy a olvidar dos cosas: el rostro sonriente de Juan
Pablo II al que le pareció absolutamente divertida y hasta *normal* la escena y las caras lívidas de los responsables del protocolo vaticano, entre ellos el obispo francés Jacques Martin,
acostumbrado al estilo rígido de Pablo VI, quien con una mirada fulminante dijo: "¿A dónde vamos a llegar?"

El Papa, por su parte, tomó en sus manos el sombrero y
frente a nuestra cámara dijo que la meta principal de su viaje era la peregrinación al santuario de la Virgen de Guadalupe y que estaba muy feliz de encontrarse con el pueblo de
México. Juan Pablo impartió incluso su primera bendición
a los mexicanos desde el Vaticano.

Lo que sucedió ese día representó para mí una gran
lección, seguramente una de las más importantes que reci-

bí de mi jefe fue aprender que no hay peor lucha que la que no se hace.

No cabe duda de que también corrí con mucha suerte debido a la personalidad de Juan Pablo II. Posiblemente con un Papa diferente me habrían quitado mi credencial y ¡no estaría aquí contándoles esta larga historia!

Pensé que Jacobo Zabludovski se daría por satisfecho pero no fue así. Tras recibir las imágenes del *famoso* sombrero, sólo me dijo: "Bien, mañana entrevistas al Papa en el avión". Esta segunda *orden* fue cumplida una vez más gracias a Juan Pablo II quien, tras despegar el avión que nos llevaría a Santo Domingo y luego a México, pasó inesperadamente a la cabina en la que nos encontrábamos los periodistas. Yo saqué inmediatamente el micrófono pero lo mismo hicieron todos mis compañeros. Se dio así la primera rueda de prensa de un Papa a 10 mil metros de altura.

Juan Pablo II se acercó a cada uno de los periodistas y a todos les contestó sus preguntas, en el mismo idioma en que ésta había sido formulada.

En esa oportunidad me explicó que conocía y entendía la historia de México porque era similar a la de su patria, sobre todo en lo que se refiere a la fidelidad a la Iglesia, a pesar de las persecuciones, y al rol que habían tenido tanto la Virgen de Guadalupe en México como la Virgen de Czestochowa, patrona de Polonia, en la salvaguardia de la unidad nacional, en los momentos más difíciles de la historia de ambas naciones.

Recordando esos días, creo que nunca hubiera tenido esa osadía, si antes no hubiera comprobado que Juan Pablo II quería establecer una relación diferente con los medios de comunicación.

Este deseo nos había quedado muy claro en el curso de la primera audiencia concedida a la prensa, apenas cinco días después de su elección. A este respecto recuerdo algo muy divertido. En la vigilia de nuestro primer encuentro con Juan Pablo II en el Vaticano nos pidieron *amablemente* a los periodistas mexicanos que no volviéramos a traer como regalo un árbol de la vida. Les explicaré por qué.

En ocasión de la primera y única audiencia concedida por Juan Pablo I a la prensa, el grupo de periodistas mexicanos que habíamos cubierto el cónclave, le llevamos al Papa un boleto facsímile Roma-México-Roma que nos habían hecho en la oficina de Aeroméxico y un árbol de la vida. El boleto era para que respondiera positivamente a la invitación que el episcopado latinoamericano le había hecho para que asistiera a su tercera reunión en Puebla.

Teniendo en cuenta que Juan Pablo I murió después de menos de un mes desde esa audiencia, en el Vaticano nos *sugirieron* que, por las dudas, ¡no le lleváramos a Juan Pablo II otro árbol de la vida!

Regresemos a la audiencia con Juan Pablo II.

Al entrar a la sala, en lugar de dirigirse a su sillón como sus predecesores, el Papa pasó entre las dos hileras de periodistas y, sin cohibirse ni retraerse, se acercó a nosotros. Obviamente nos lanzamos sobre él con preguntas en todos los idiomas. Ese día descubrimos que era todo un políglota.

—¿Irá a Polonia?

—Si ellos me lo permiten —contestó sin ningún temor.

—¿Se siente prisionero en el Vaticano?

—Todavía no, ¡tan sólo llevo cinco días!

—¿Seguirá esquiando?

A Juan Pablo se le iluminó la cara pero enseguida recordó que ya era Papa y, algo entristecido, respondió:

—No creo que me dejen.

La escena del Papa frente a nuestras grabadoras nos pareció ciencia ficción. Nunca se había visto en el Vaticano algo parecido. Era tan sólo el inicio de una relación sin precedentes y probablemente irrepetible entre un Papa y los medios de comunicación.

El *famoso* sombrero de la vigilia del primer viaje a México que evitó mi despedida y de alguna manera provocó que Juan Pablo II empezara a identificarme fue tan sólo el primero de los sombreros que me tocó regalarle al Papa.

Creo que aquí valdría la pena recordar lo que sucedió 20 años más tarde, en ocasión de la IV visita de Juan Pablo II a México.

En el transcurso del viaje desde Roma hacia México, el Papa pasó a vernos a nuestra cabina. Mis compañeros y yo habíamos decidido regalarle otro sombrero para recordarle los 20 años que habían pasado desde su primera visita. Tomé el micrófono y le recordé la entrega del primer sombrero que tanto había escandalizado a sus colaboradores, hacía dos décadas. Le deseé un feliz viaje a México con la esperanza de que olvidara durante un momento que había pasado tanto tiempo. El Papa cogió el sombrero pero no se lo puso. Entonces la osadía de la juventud volvió a salir a flote y se escuchó una vocecita, la mía, que decía: "¡Que se lo ponga!" El Papa se lo puso y los fotógrafos me lo agradecieron muchísimo porque ésa se volvió la foto del viaje.

Pasando luego a lo estrictamente profesional, le pregunté a Juan Pablo II cuáles habían sido en su opinión los principales cambios ocurridos en América Latina en esos 20 años. El Papa, con una sonrisa ancha y pícara, me contestó: "¡Lo que ha cambiado es que somos todos 20 años más viejos, tanto yo como usted!" Una vez más, Juan Pablo nos demostró que no había disminuido en nada su sentido del humor.

Recorrer el mundo a lado de Juan Pablo II hizo que aprendiera a conocernos. Mis compañeros siempre se quejaron de que el Papa reconocía a muy pocos de nosotros y, entre esos pocos, especialmente a las mujeres, ya que en los primeros años éramos apenas dos. Al principio, cuando me veía, me indicaba con un dedo y me decía: "México, México". Con el pasar del tiempo supo que mi nombre era Valentina y así me llamaba.

Lo que más nos impresionó en esos primeros viajes era la forma tan especial que el Papa tenía de hacernos sentir *importantes*, al reconocernos o al bromear con nosotros.

Recuerdo dos momentos especiales durante dos viajes a África que demuestran esto. En la primera ocasión, bajamos de un avión y empezamos a dirigirnos, como siempre, hacia la salida donde nos esperaban los autobuses de prensa. Nos detuvimos un momento en la pista para mirar al Papa que había bajado de la puerta delantera. De repente, vimos a Juan Pablo II que se dirigía hacia nosotros. Yo miré hacia atrás para ver quién estaba ahí, pero no vi a nadie. El Papa llegó hasta nosotros y con un ramo de flores que le habían regalado, nos abanicó y nos dijo: "¡Veo que ya se han africanizado!", con una clara referencia al colorido de nuestra piel que había sido expuesta al sol africano durante muchas misas al aire libre. Los hombres de la seguridad se nos acercaron poco después para reprocharnos que hubiéramos ido hacia Juan Pablo II. ¡Nos tardamos bastante en convencerlos de que no nos habíamos movido y que había sido el Papa quien se había acercado a nosotros!

En otro viaje a África, Juan Pablo II visitó un hospital. Yo llegué, no sé cómo, hasta una habitación al lado de la enfermería en la que se encontraba el Papa con dos médicos africanos. De por medio había una puerta de vidrio, cerrada. Pegué la nariz contra el cristal para ver qué sucedía del otro lado.

Juan Pablo me miró y empezó a hacerme señas para que pasara. Al darse cuenta de que la puerta estaba cerrada pidió a los responsables de la seguridad que la abrieran y me permitieran pasar. Mi asombro y vergüenza no se podían medir, sobre todo cuando ante los dos doctores verdaderamente asombrados, el Papa dijo, como si la explicación y mi presencia fueran de lo más indispensables: "¡Es una periodista mexicana, siempre viaja conmigo!". ¡Creo que los doctores aún se preguntan si ser una reportera mexicana es algo tan importante que merezca una presentación papal!

Hubo otras ocasiones en las que el Papa me hizo sentir verdaderamente *importante*.

Después del segundo viaje a México, el señor Aurelio Pérez, vicepresidente de Televisa, con quien mantuve una relación muy cariñosa por ser la persona designada para llevar las relaciones con la Iglesia, dentro de esta empresa, acompañado por Guillermo Ortega, vino a Roma para entregarle a Juan Pablo II las videocintas con las 60 horas que habían sido grabadas durante su segundo recorrido por México. A la audiencia llegamos con una reproductora de video para que el Papa pudiera ver allí mismo algunas imágenes. Volví a ver hace poco la grabación de ese encuentro y quedé sorprendida por el tiempo que el Papa nos dedicó, de pie, sonriente, afable y muy paciente ante todas las explicaciones y regalos que se le dieron.

Desde que lo recibí en la Asociación de los Corresponsales Extranjeros, en calidad de presidente, Juan Pablo II me llamaba la jefa. Asimismo, les dijo a mis jefes que yo era su jefe y que tenían una representante en el Vaticano muy fuerte. Afortunadamente no se lo tomaron a mal sino por el contrario, parecieron estar de acuerdo con el Papa y Guillermo Ortega hasta expresó: "¡Palabras mayores, Santidad!"

Al salir de esa audiencia tuve la tentación de pedir un aumento de sueldo por haber sido promovida por el mismo Pontífice a *jefa*, pero finalmente no lo hice.

Al mirar atrás me doy cuenta de que la relación privilegiada que tuve con Juan Pablo II se debió en gran parte a la convicción de Televisa de que el Sumo Pontífice me consentía por representar a un medio muy importante que lo seguía paso a paso; además porque informaba a un país que él quería muchísimo. De aquí el que, según ellos, nunca me habría negado una entrevista. Esta percepción de que todo era posible sometió a mis nervios a duras pruebas en varias oportunidades.

Recuerdo aún con cierta angustia e incredulidad una llamada que recibí semanas antes de la inauguración de la Copa del Mundo del 86, organizada en gran medida por Televisa. En esa ocasión me pidieron un mensaje del Papa justamente para la inauguración, en el cual saludara a los organizadores, les agradeciera su esfuerzo y deseara un feliz mundial. Pensé que me moría (la solicitud llegaba de la presidencia de la empresa, lo cual complicaba aún más las cosas).

Intenté convencer a mis jefes de que un Papa jamás habría hablado de futbol y menos aún habría participado de algún modo en la inauguración de un mundial.

Al igual que había pasado siete años antes en la vigilia del primer viaje a México, entendí que tenía que conseguir lo que, confieso, me parecía una verdadera locura.

No olvidaré nunca mi asombro cuando al conseguir hablar por teléfono con monseñor Estanislao, para explicarle lo que me habían pedido, el secretario del Papa me contestó: "Tienen razón, la Copa del Mundo es muy importante, la ve mucha gente. ¿Qué quiere que diga el Papa? Hágame llegar una entrevista y haremos una cita para que usted venga a la casa con su equipo". Durante varios minutos quedé sin habla, no lograba salir de mi asombro. Sólo tuve la fuerza de decirle: "Gracias, se la haré llegar".

En esa ocasión también entendí que a lo mejor Televisa estaba en lo cierto al creer que los milagros son posibles. De hecho envié un texto y a los pocos días me llamó monseñor Estanislao para que fuera al apartamento papal.

Ese día descubrí que incluso la seguridad del Vaticano puede ser vulnerable.

El encargado de sonido del equipo estaba enfermo y nos mandó como sustituto a un amigo suyo que ni el camarógrafo ni yo conocíamos. Por haber recibido la orden de monseñor Estanislao de dejarnos pasar, en ningún momento nos revisaron. En su mochila el encargado de sonido habría podido cargar cualquier cosa. Aún más asombroso que la confianza que los guardias suizos nos tuvieron, fue la acogida de Juan Pablo II en su propio apartamento.

Estábamos muy nerviosos y yo había amenazado a mi camarógrafo con matarlo si algo fallaba a nivel técnico. ¡Como entenderán no sucede todos los días el poder encontrarse con cámaras en la casa del Papa! Incrédulos vimos aparecer a Juan Pablo II, que tenía en sus manos un texto. Como si fuera lo más normal del mundo, se colocó frente a la cámara y empezó a saludar a los organizadores del Mundial, a los futbolistas que iban a participar, a los entrenadores y a los periodistas que cubrirían el evento.

Además el Papa recordó ante nuestra cámara el terremoto del año anterior y los grandes esfuerzos que México había hecho para organizar la Copa del Mundo.

Después de escuchar su mensaje no pude resistir la tentación de hacerle algunas preguntas. ¡Cuando mucho

—pensé— me dirá que esta segunda parte no estaba contemplada!

—*¿Seguirá el Mundial por televisión?* Para nada sorprendido por mi pregunta (ya me conocía...), Juan Pablo me contestó:

—Me gustaría, pero no sé si tendré tiempo.

—*Santidad, en esta Copa juega también Polonia. ¿No va a mirar algún partido?*

—Sí, intentaré ver alguno..., pero no sólo de Polonia. Cuando no me sea posible, les pediré a mis colaboradores que me mantengan informado.

En ese momento miré de reojo a monseñor Estanislao y entendí que no podíamos seguir abusando. Antes de que apagáramos la cámara, Juan Pablo II se despidió de nosotros, deseando mucha suerte a la selección mexicana, añadiendo: "¡Que gane el mejor!".

Cuando salí del Vaticano al lado de mis camarógrafos, que estaban en estado de *shock*, me propuse no volver a enojarme por más absurdo que me pareciera lo que me pidieran mis superiores en la empresa.

Otro *milagro* ocurrió cuando era presidenta de la Asociación de la Prensa Extranjera, el club donde participan más de 500 corresponsales de aproximadamente 50 países.

En 1988 la Asociación cumplía 75 años. Con la imaginación y la osadía que había seguido desarrollando se me ocurrió invitar al Papa para celebrar ese aniversario. La gestión fue algo complicada porque la idea no fue apreciada por todos dentro del Vaticano. Sin embargo conté con dos grandes aliados: el mítico secretario de Juan Pablo II y monseñor Dino Monduzzi, en ese momento prefecto de la Casa Pontificia, es decir el hombre que supervisaba todos los eventos en los que participaba el Papa dentro de Italia.

A ellos les debo que el 17 de marzo de 1988 Juan Pablo II llegara a la sede de la Asociación de la Prensa Extranjera, que nunca había tenido entre sus invitados a semejante personalidad. Por ser la presidenta de la Asociación me tocó darle la bienvenida, en un salón obviamente lleno al tope.

Le comenté que era un día muy importante porque nunca un Papa había visitado un club de prensa. Él me interrumpió enseguida y con ironía dijo: "¡A lo mejor nunca invitaron a mis predecesores!".

Le hablé de las dificultades que a veces teníamos para entender el complejo mundo vaticano. Lo hice sonreír al recordarle los artículos tan diferentes que en la prensa de todo el mundo salían sobre su pontificado, y al final me atreví a manifestarle que nuestras familias no habían podido acompañarnos ese día porque el espacio del salón era muy reducido y le pedí que nos invitara con ellas al Vaticano o a la residencia de verano de Castelgandolfo, ya que ahí no habría ese problema.

El Papa, visiblemente divertido, me dijo que me pusiera de acuerdo con su secretario y monseñor Monduzzi.

—Cuidado —les dije a ambos— porque aquí hay muchos testigos.

Lo más sorprendente de la reunión en la Prensa Extranjera fue que, al iniciar su discurso, el Papa dejó de lado el texto que le habían preparado y dijo que *tenía el privilegio de conocerme desde el primer viaje a México* y que contaban seguramente con *una buena presidenta*. Al mes siguiente iba a haber elecciones para un eventual segundo mandato, por lo que todos los corresponsales presentes comentaron que ¡no podría contar con una mejor campaña que la que Juan Pablo II me estaba haciendo!

Muy contento y relajado el Papa improvisó y bromeó al

afirmar, por ejemplo, que los prelados tienen que renunciar. "Esto no significa que ustedes tengan que renunciar a los 75 años, además si lo hicieran con quién viajaría yo —se preguntó Juan Pablo—". Lo que aún no sabíamos en ese momento es que el Papa estaba dispuesto a responder a algunas preguntas, lo cual convirtió ese encuentro, de por sí sin precedentes, en una verdadera rueda de prensa.

Tras responder varias preguntas, Juan Pablo II comentó que probablemente por ser *nuestro invitado, sólo había habido preguntas buenas.* Pidió por lo tanto alguna mala. Un reportero israelí aceptó la invitación y le preguntó si no pensaba que tanto él como el Vaticano, al condenar el Holocausto, le restaban importancia a ese evento dramático. Juan Pablo II, que dos años antes había sido el primer Papa en entrar en una sinagoga y en Polonia había vivido en carne propia los horrores de la Segunda Guerra Mundial, se sintió muy incómodo, se levantó de la silla, nos dijo que estaba muy sorprendido de que alguien pudiera tener semejante duda y, visiblemente ofendido, dio por terminada la rueda de prensa, dejándonos a todos un mal sabor de boca, por una pregunta que en el caso específico de Juan Pablo II no estaba en lo mínimo justificada.

Por lo que se refiere a la promesa que nos hiciera de invitarnos con nuestras familias, el Papa no se echó para atrás.

En agosto de ese mismo año nos recibió en los jardines de Castelgandolfo. Monseñor Monduzzi hizo preparar un riquísimo *buffet* y por primera vez se dio un brindis con champaña entre el Papa y unos periodistas. Juan Pablo brindó por los periodistas *buenos y por los malos,* con una clara alusión a los que escribían artículos *buenos* y artículos *malos* sobre él y la Iglesia católica.

Ese día, los protagonistas no fuimos nosotros sino nuestros familiares que nunca habían tenido la oportunidad de ver al Papa de cerca.

Juan Pablo II los saludó uno a uno, platicó un poco con ellos e improvisando unas palabras, les agradeció la paciencia que tenían con nosotros, debido al ritmo de trabajo y de viajes que él nos *imponía*.

Salimos de Castelgandolfo con una prueba más de la gran humanidad y sencillez de Juan Pablo, que en un ambiente informal y relajado había querido *mimar* a las familias que nos habían brindado en todo momento su apoyo para que pudiéramos seguirle en su recorrido por el mundo.

La residencia de Castelgandolfo sería el escenario de otra hazaña.

En septiembre de 1992, México y la Santa Sede restablecieron relaciones diplomáticas. Juan Pablo II iba a recibir ahí, puesto que aún no había vuelto de sus vacaciones de verano al Vaticano, a monseñor Girolamo Prigione, que pasaba a ser de delegado del Papa en México, su primer nuncio en nuestro país.

Decidí presentarme en Castelgandolfo con mi equipo al igual que lo había hecho tantas veces, e *implorar* a monseñor Estanislao, que cuenta con mi gratitud eterna, que el Papa me concediera unas palabras.

Una vez más el secretario de Juan Pablo II se dejó *conmover* y me permitió acercarme al Papa después del encuentro que mantuvo con monseñor Prigione. Le pregunté a Juan Pablo II cuáles eran sus sentimientos ante el restablecimiento de relaciones.

El Papa, que estaba muy contento, ante mi micrófono, afirmó que se había dado "un acontecimiento histórico, muy importante para la Iglesia y para el pueblo de México". "Para mí —añadió— se trató de una gran alegría, de un verdadero gozo".

El Papa también expresó su agradecimiento a la Virgen de Guadalupe y a todos los mexicanos "porque todos colaboraron en la preparación de este acontecimiento".

Al día siguiente, el licenciado Zabludovski me envió un ramo de flores para agradecerme la *exclusiva* en Castelgandolfo. Lo recuerdo como si fuera ayer, por el enorme gusto que me dio y porque fueron las únicas flores, por lo menos materiales, que recibí después de mis hazañas, o si prefieren, de los *milagros* para lograr las entrevistas con el Papa. A lo largo de los años hubo muchas peticiones de Televisa que en su momento consideré irrealizables, por no decir totalmente descabelladas. Para satisfacer una de ellas conté como aliada nada menos que con la Virgen de Guadalupe. Puede sonar raro pero así fue.

En noviembre de 2001 transmití una nota desde el Vaticano en la que contaba que Juan Pablo II había enviado por correo electrónico el mensaje postsinodal para Oceanía, y que por primera vez había hecho *click* en un ordenador frente a las cámaras de televisión, en una ceremonia bastante solemne que el Papa ofició como *sustitución* de una visita a la isla del Pacífico en la que habría tenido que dar a conocer las conclusiones del sínodo y que en ese momento, debido a sus problemas de salud, no podía realizar.

La noticia fue escuchada en México por el señor Ángel Alejo, director general del portal de la Basílica de Guadalupe en el sitio de Televisa esmas.com.

Se entusiasmó y me llamó preguntándome si veía factible que el Papa inaugurara el sitio desde el Vaticano. Como siempre he hecho ante una petición a primera vista *imposible,* expresé mis dudas, pero después de una primera reacción marcada por el escepticismo eché manos a la obra. Lo sorpresivo fue que un día, mientras estaba en el supermercado cargando mi carrito (también hay que hacerle de ama de casa), sonó mi celular y escuché la voz de monseñor Leonardo Sandri, el sustituto de la Secretaría de Estado, es decir el número tres del Vaticano, quien me dijo que al Papa le había agradado la idea y que estaba dispuesto a inaugurar el sitio. Faltaba sólo organizar el evento. A pesar de llevar tantos años en el Vaticano y de haber sido testigo de tantos hechos sin precedentes, no lo creía.

El Papa, en efecto, inauguró el sitio al final de la audiencia general en el aula Pablo VI, donde el señor Alejo y Eugenio López Negrete, director general del portal de Televisa esmas.com, le llevaron una computadora para que diera el primer *¡click!* Era el 12 de diciembre.

Juan Pablo además, en un breve mensaje, afirmó que con el nuevo sitio: "el mensaje de Guadalupe podría llegar aún más lejos, ayudando a quienes buscan sentido a sus vidas y razones para la esperanza". "Pidamos a Nuestra Señora —escribió el Papa— que esta nueva forma de comunicación haga visible con mayor amplitud su consoladora protección. Especialmente a los más pobres y marginados, y que la difusión de la imagen mestiza guadalupana impulse la fraternidad entre las razas, acreciente el diálogo entre las culturas y promueva la paz".

El señor López Negrete me comentó que se había tratado de un evento histórico porque el sito de la Basílica de Guadalupe fue el primero inaugurado por un Papa.

Al saludar a Juan Pablo II al final de la audiencia, le dijo que era importantísimo que hubiese inaugurado ese sitio en internet porque millones de fieles en todo el mundo podrán conectarse desde sus propios países con la Basílica.

Lo que más le gustó a Juan Pablo II fue que a través de este internet, se podría saber en qué lugar del mundo, en un determinado momento, se está rezando el rosario, su oración preferida.

Un escenario privilegiado de los *milagros* logrados por la empresa para la cual trabajo fue seguramente el avión papal, donde, sobre todo en ocasión de los cinco viajes a México, le di vuelo a la imaginación hasta llegar al *chantaje* para conseguir una entrevista, no en la zona reservada a los periodistas a la que el Papa pasaba para responder a nuestras preguntas, sino en la mismísima cabina de Juan Pablo II.

El chantaje era el siguiente. Después de que el Papa daba por terminada su rueda de prensa a 10 mil metros de altura, yo me acercaba a monseñor Estanislao y amenazaba con abrir la puerta de seguridad y aventarme del avión en caso de que el Papa no me recibiera en su cabina. Por si las dudas, monseñor Estanislao me hacía pasar, diciéndome visiblemente divertido que *no quería cargar en su conciencia con semejante responsabilidad* (la de mi vuelo alternativo, fuera del avión).

Esto sucedió incluso al final de la última visita de Juan Pablo a México, a pesar de que el Papa, que había llegado al avión directamente de la Basílica de Guadalupe, donde había beatificado a dos mártires de Oaxaca, estaba exhausto. En esa ocasión no pude entrevistarlo, porque no podía decir ni una sola palabra, pero mientras estrechaba mi mano y me acariciaba la mejilla, me permití darle las gracias a nombre de todos los mexicanos por el esfuerzo sobrehumano que había hecho para viajar a México y canonizar a Juan Diego. Él sólo logró decir con una expresión en los ojos llena de cariño y paz por haber logrado lo que tanto había querido: "México, siempre fiel". En algunas oportunidades, las palabras salen sobrando.

En los últimos años de vida de Juan Pablo, el respeto por su cansancio y su sufrimiento físico provocó que la osadía y las hazañas periodísticas quedaran como un recuerdo muy grato de la revolución que el Papa había hecho en la imagen del papado y su relación con el mundo, incluidos los medios.

Sin embargo, los años y los achaques nada le quitaron al trato humano tan especial que Juan Pablo tenía con nosotros.

Lo que sucedió el día de la audiencia que el Papa le concedió al presidente Fox en ocasión de su última visita al Vaticano, en octubre de 2001, es un ejemplo elocuente de ello.

Al final de la presentación pública de la audiencia en la Biblioteca Papal en la que el presidente le presentó a Juan Pablo II a su séquito, el Papa se levantó y, apoyándose en su bastón, decidió acompañar al mandatario mexicano hasta la puerta.

Mientras caminaba con el presidente Fox, Juan Pablo II vio al fondo del salón al pequeño grupo de reporteros del *pool* del que yo hacía parte; se detuvo a mitad de camino e indicándome con la mano, le dijo al presidente: "Ella siempre me acompaña, desde el primer viaje a México". El presidente le contestó "Es toda una institución". El Papa dijo: "Es mexicana". El presidente bromeó: "No, ya se volvió italiana", pero el Papa insistió: "No, no, es mexicana".

Después de que el presidente Fox y su comitiva salieron de la biblioteca, el Papa quiso saludarnos; una vez más agradeció nuestro trabajo y, guiñándome un ojo, como para confirmar que él tenía la razón, me dijo: "¡Valentina, mexicana!" Con la satisfacción de un niño que se ha salido con la suya, se despidió de nosotros.

La última vez que tuve una prueba de la relación privilegiada, fue en ocasión de la celebración por los cien viajes realizados por el Papa, en junio de 2003.

Dos o tres días antes de la audiencia que el Papa iba a conceder a los periodistas que le habíamos acompañado en esos viajes, me habló el portavoz del Vaticano, Joaquín Navarro Valls: "¿Conoces en Roma algún grupo de mariachis?". La pregunta me pareció extraña. Le dije que sí pero pregunté para cuándo los necesitaba, pensando en alguna fiesta suya, porque obviamente había que reservarlos con tiempo. Quedé muy sorprendida cuando me dijo que los necesitaba para la audiencia de los cien viajes porque el mismo Papa había dicho que quería escuchar música mexicana en recuerdo de su primer viaje.

No lo podía creer. Colgué e hice una serie de llamadas a dos distintos grupos de mariachis, que pensaron que estaba yo loca cuando me oyeron decirles que los necesitaba para tocar dos días después, nada menos que para Juan Pablo II. Mientras estaba intentando convencer a los mariachis que cancelaran sus compromisos, me volvió a llamar Joaquín Navarro. Me comentó que no había faltado quien se encelara por el lugar tan privilegiado que deseaban darle a México en la audiencia y que se había aconsejado que la música fuera más *internacional,* puesto que el Papa no había viajado sólo a México.

Se decidió entonces invitar al grupo musical de los Legionarios de Cristo que ya habían tocado para el Papa en ceremonias anteriores y que cantan y tocan canciones en varios idiomas, de diferentes partes del mundo; pero no contaban con mi astucia…

Llegué muy temprano a la sala donde sería el encuentro con el Papa. El grupo de los Legionarios ya estaba ahí, ensayando. Conocía a varios de ellos, entre los cuales no faltaban varios mexicanos. No fue muy complicado convencerlos de que sería *fantástico* tocar "Cielito lindo", que tanto le gustaba al Papa, cuando él entrara, porque su primer viaje había sido a México; que poco después tocaran la canción de "Amigo", porque al Papa le fascinaba, y que luego le siguieran con "La Morenita"... "ya saben el cariño que el Papa le tiene a la Virgen de Guadalupe..."

Para hacerles el cuento corto, ¡México estuvo presente durante toda la celebración de los cien viajes! Además, mis compañeros, en reconocimiento al número de visitas papales realizadas y considerando que la primera había sido a México, me permitieron regalarle al Papa un cáliz que mandó hacer Televisa en recuerdo justamente del viaje de 1979. ¡Una vez más..., los mexicanos nos salimos con la nuestra!

II. UN PONTIFICADO APOYADO
EN QUIENES EXPERIMENTAN EL DOLOR

Comparto con ustedes un tiempo de la vida marcado
por el sufrimiento físico, pero no por ello menos fecundo.

JUAN PABLO II

Es difícil considerar como casualidad que la primera salida de Juan Pablo II del Vaticano, al día siguiente de su elección, fuera para ir al Hospital Gemelli a visitar a un gran amigo suyo polaco, monseñor Deskur, quien padecía una gravísima enfermedad, y que ese día afirmara que quería apoyar su pontificado en los que sufren.

En el momento de su elección, Juan Pablo II sabía ya lo que era el dolor físico y la frágil barrera entre la vida y la muerte.

A los 24 años, al volver de la fábrica donde trabajaba en Cracovia, fue atropellado por un camión del ejército alemán. Su cuerpo, aparentemente sin vida, fue a parar a un foso. Se despertó en un hospital con la cabeza completamente vendada. De aquel accidente le quedó un hombro caído respecto al otro. En esa época el joven Karol vivió una fase de febril misticismo, de largas meditaciones que lo llevaron a cambiar el arte por el sacerdocio.

Juan Pablo II recordó que le explicaron que una mujer fue la que descubrió su cuerpo en el foso y ésta llamó a una ambulancia para que lo trasladaran al hospital. Nadie pudo identificar jamás a esa mujer sin nombre que desapareció para siempre. El Papa estaba convencido de que aquella señora no podía ser nadie más que la Virgen, esto explica en gran medida la futura devoción mariana de Juan Pablo II, que fue indudablemente una de las características predominantes de su pontificado.

De niño y adolescente, Karol Wojtyla había conocido el dolor más grande, el de la pérdida de todos sus seres queridos.

Un día, cuando tenía apenas nueve años, al volver de la escuela a la casa, Karol encontró a su madre muerta por un ataque al corazón. El niño nunca superó el trauma de no verla con vida por última vez; años más tarde, en uno de sus poemas, recordaría así ese momento: "Una voz que cantaba en otra habitación, antes de que todo fuera silencio".

Cuatro años después, la muerte volvió a llamar a la puerta de la familia Wojtyla: su hermano Edmundo, quien era médico y le llevaba 14 años, murió de escarlatina al contagiarse cuidando a una paciente. Karol y su padre se quedaron solos.

Sus amigos cuentan que una de sus profesoras del liceo, al enterarse de la muerte de Edmundo, fue a visitar a Karol a su casa y, abrazándolo, exclamó: "¡Pobre Karol, has perdido a tu hermano!"

El futuro Papa respondió con gran serenidad: "Acepto la voluntad de Dios". La profesora contó que había experimentado una gran confusión porque entendió que la fe del joven era mucho más profunda que la suya.

En 1938, el padre de Karol, quien se había hecho cargo de la casa y de su hijo, decidió trasladarse a Cracovia para que Karol pudiera inscribirse en la universidad. Un año después, el primero de septiembre de 1939, estalló la Segunda Guerra Mundial. A los pocos días el ejército alemán entró en Cracovia y cerró la universidad, al igual que en el resto del país.

Al joven Karol no le quedó más que buscar un trabajo para mantener a su padre que ya estaba enfermo. Se fue a trabajar a las canteras de la compañía química Solvay, donde tenía que partir las rocas con un mazo y llevarlas hasta un vagón donde las descargaba con enorme esfuerzo.

En medio de la opresión, el agotamiento y las miserias de la guerra, le sobrevino otro enorme dolor. Como le había sucedido ya con su madre, al regresar un día a casa, después de una dura jornada de trabajo, Karol encontró muerto a su padre. En su ausencia, había sufrido un ataque al corazón. Ese día Karol, que tenía 21 años, se quedó completamente solo en el mundo. La muerte de su padre le causó una desolación muy profunda. Sus amigos cuentan que en ese momento vivió una experiencia crucial. Veló toda la noche hincado de rodillas junto al cuerpo inerte de su padre, y hay quienes creen que en esa circunstancia, al cabo de muchas horas de oración, el futuro Papa decidió dar una nueva dirección a su vida. Dios lo estaba llamando.

Es muy singular que en su primer mensaje *Urbi et Orbi*, pronunciado en la Capilla Sixtina, al día siguiente de su elección, Juan Pablo II se dirigiera a los enfermos para decirles que necesitaba su ayuda, sus oraciones y su sacrificio. También lo es que ese mismo día, por la tarde, Juan Pablo II saliera de incógnito del Vaticano para ir al Hospital Gemelli.

Nadie se imaginó que, dos años y medio más tarde, el Papa recorrería el mismo camino, a bordo de una ambulancia, luchando entre la vida y la muerte.

En el hospital, el Papa no se conformó con visitar sólo a monseñor Deskur; decidió entrar al pabellón de los enfermos incurables, los acarició, les habló, intentó confortarlos. Sintomática y proféticamente, el día en que empezaba a dirigir a la Iglesia católica el Papa quiso apoyarse en la debilidad y en el sufrimiento humanos que durante largos años harían de su vida un verdadero calvario.

A lo largo de su pontificado no hubo una sola audiencia general, una visita o un viaje en donde Juan Pablo II no se acercara a los enfermos. Cuando ya no se podía mover, los enfermos, en sus sillas de ruedas, iban hacia él para recibir consuelo y aliento de un hombre quizás más enfermo que ellos, que sin embargo les transmitía fuerza y esperanza.

Su secretario me contó que, en ocasión de la preparación de su primer viaje internacional a México, pidió que se programara un encuentro con los enfermos. Éste ocurrió en Oaxaca, en una iglesia de los dominicos. El Papa guardó en silencio el recuerdo de aquel encuentro durante mucho tiempo. Al volver a Roma, al rezar un *Angelus*, unas semanas después quiso compartir con los fieles sus sentimientos frente al dolor humano. Tenía 58 años, era joven, sano y lleno de energía, pero sabía ya que hay que acercarse al sufrimiento de los enfermos para exaltar su dignidad, el valor de su dolor y para dar gracias por la salud de la que uno goza.

A partir de esos primeros días de su pontificado, el Papa encomendó su persona y su misión, justamente, a los enfermos.

En sus 104 viajes por el mundo, el Papa visitó a leprosos, a enfermos terminales, a drogadictos y alcoholizados, a minusválidos, a niños desahuciados, a personas totalmente marginadas, a enfermos mentales.

Durante el acercamiento constante de Juan Pablo II al dolor existen, creo, dos momentos que quedarán entre las imágenes imborrables de este pontificado: su visita a la Casa del Corazón Puro de Calcuta y su visita a la Misión Dolores de

San Francisco, donde por primera vez entró en contacto con los enfermos de sida.

En la Casa del Corazón Puro, Juan Pablo II entró con la madre Teresa, que él mismo beatificaría en octubre de 2003, en ocasión de los 25 años de su pontificado. Lo primero que vio fue un pizarrón con la fecha de ese día, el 4 de febrero de 1985, seguida por varios datos: número de enfermos ingresados: 2; salidas: 0; muertos: 4. El Papa cruzó los dos grandes dormitorios, uno para hombres y otro para mujeres; se acercó a cada uno de los moribundos y a todos les trazó la señal de la cruz en la frente. La madre Teresa, siempre con la sonrisa en los labios, empezó a servir la cena, ayudada por las hermanas de la caridad. El Papa hizo lo mismo. Más tarde quiso entrar en la pequeña sala mortuoria, donde se encontraban las cuatro personas fallecidas ese día: dos hombres, un niño y una mujer. Sólo el niño, que llevaba una pequeña cruz en el pecho, era católico.

En el momento en que iba a salir de la Casa se escucharon los gritos de una mujer que sollozaba. El Papa se le acercó. La madre Teresa tradujo del bengalés: "Me encuentro terriblemente sola —le dijo entre lágrimas, y añadió— ¡Padre, vuelva a vernos!".

El Papa quedó profundamente conmovido. Al salir de la Casa habló de *la ciudad de la alegría*, del sufrimiento humano, de la muerte, de ese sitio que según él era un *testimonio de la primacía del amor* donde el misterio del sufrimiento humano *se encuentra con el misterio de la fe y del amor*. Afirmó que la Casa del Corazón Puro hablaba de la profunda dignidad del ser humano, *la cual, en ese contexto de amor, no puede ser borrada por la enfermedad y los sufrimientos*.

Su profundo conocimiento del dolor lo llevó, años más tarde, a la Misión Dolores de San Francisco, para acercarse por primera vez al drama del sida.

El Papa fue recibido por unos 60 enfermos, acompañados de sus familiares, sus *ex compañeros* y sus enfermeros. Juan Pablo II saludó, abrazó y bendijo a cada uno de los enfermos para demostrar su compasión y no su condena a las víctimas de lo que algunos prelados calificaban en esos años como el *flagelo de Dios*, por considerar a la enfermedad un castigo por un comportamiento sexual indebido.

Entre los enfermos se encontraba Fred Powell, de 52 años, católico. Después de que el Papa hubo salido, me comentó: "El hecho de que Juan Pablo II haya venido hasta nosotros, para abrazarnos y bendecirnos, es el principio de una nueva luz que dará la vuelta al mundo y alumbrará a mucha gente".

Otro enfermo, David Glassberg, agregó: "Le iba a decir al Papa que mi novio y yo teníamos miedo de morir muy pronto, pero su carisma y su fuerza al tocarnos fueron tan grandes que quedé sin poder articular palabra".

Dentro de la misión, el Pontífice dijo que "Dios ama a todos sin distinción; ama —añadió— a los que están sufriendo por el sida, ama a sus parientes y amigos, que los cuidan".

El momento más emocionante del encuentro fue cuando el pontífice besó a un niño de cinco años, contagiado por una transfusión de sangre, que iba acompañado de sus padres. También fue muy impresionante ver al Papa al lado de un sacerdote que había contraído la enfermedad. Algunos enfermos, al final del encuentro, nos dijeron: "Lo que entendimos es que el mensaje de amor de Dios nos alcanza a todos por igual".

A lo largo de los 26 años de su pontificado, Juan Pablo II tuvo tres residencias: el Vaticano, Castelgandolfo y el

Hospital Gemelli. Él mismo, con su habitual sentido del humor, calificó al Gemelli de *Vaticano número 3,* debido al impresionante número de días que ahí transcurrió durante a siete hospitalizaciones.

La más dramática fue seguramente la primera, a raíz del atentado del 13 de mayo de 1981, que estuvo a punto de costarle la vida.

Durante muchísimos años ni Juan Pablo II ni su secretario en cuyos brazos cayó después de haber sido herido por el terrorista turco Ali Agca, quisieron hablar de lo que había sucedido esa tarde en la Plaza de San Pedro, mientras el Papa daba la vuelta en un *jeep* descubierto, antes de iniciar la audiencia general del miércoles. El ahora cardenal Dsiwisz rompió el silencio y Juan Pablo II, por su parte, decidió hablar de ello en su último libro, *Memoria e identidad.*

Sólo en una ocasión, durante un vuelo de Seúl a Jakarta, el Papa hizo alusión al atentado, frente a los que lo acompañábamos en ese viaje. "Para mí —nos dijo—, se trató de un milagro". El hecho de que el atentado no dejara en el Papa huella alguna, ni física ni moral, es lo que resulta verdaderamente milagroso —añadió en esa ocasión monseñor Estanislao.

El secretario del Papa me comentó algunos años después del atentado que nunca se habría imaginado que pudiera suceder lo que ocurrió. De hecho, al oír el ruido ensordecedor de los disparos creyó que había estallado algo bajo el coche.

El doctor particular del Papa, Renato Buzzonetti, habló de lo que había sucedido ese día, un año después de la muerte de Juan Pablo II.

En el curso de una conversación que mantuvimos en su oficina, una habitación pequeña en la que no faltaba una camita para visitar eventuales pacientes, en el primer piso del Governatorato, el Palacio de Gobierno del Vaticano, en medio de los jardines, el doctor Buzzonetti me contó que esa tarde todos actuaron como si se tratara de la escena de una película que ya había sido ensayada.

Lo que hasta ese momento no se sabía, por ejemplo, es que después de haber sido herido el Papa no fue llevado inmediatamente al hospital: antes el *jeep* se dirigió hacia la Dirección de los Servicios Sanitarios donde se encontraba el doctor Buzzonetti, que lo tendió en el suelo y lo visitó. Ahí se dio cuenta de que había una mancha de sangre en la faja blanca. El doctor decidió que el Papa se trasladara al Hospital Gemelli donde, desde el inicio del pontificado, había hecho preparar una habitación en el décimo piso que estuviera siempre lista para Juan Pablo II. Cinco minutos después del atentado, el Papa se encontraba ya en una ambulancia, rumbo al Gemelli, hospital elegido en ese momento de emergencia, a pesar de no ser el más cercano al Vaticano, por estar mejor equipado, por ejemplo, que el Hospital Santo Spirito, ubicado a pocas cuadras de la Plaza de San Pedro.

El doctor Buzzonetti me contó que ese recorrido de siete minutos fue dramático, entre otras cosas porque se descompuso la sirena de la ambulancia y el chofer no dejó de tocar el claxon, y se dieron cuenta de que, debajo de la sotana, los pantalones del Papa estaban llenos de sangre. Juan Pablo II, aún consciente, no hacía más que invocar en polaco: "Jesús, María, madre mía".

El Pontífice, que le dijo en ese momento a su secretario que perdonaba al atacante, contó en su último libro que durante la parte del recorrido en la que estuvo consciente tenía la impresión de que podría salvarse. A pesar de tener dolores y miedo, mantenía *una extraña confianza*.

Al llegar al hospital se vivieron momentos de terrible confusión porque, en lugar de trasladar inmediatamente al Papa al quirófano, lo llevaron a la habitación del décimo piso, ya no

estaba consciente y 14 minutos después fue ingresado finalmente al quirófano, donde el doctor Buzzonetti le pidió a su
secretario que le impartiera la unción de los enfermos y la
absolución. Para describir ese momento el Papa comentó
que "estaba prácticamente del otro lado".

Antes de la intervención quirúrgica, fueron necesarias dos
transfusiones diferentes porque el Papa rechazó el primer tipo de sangre. La segunda transfusión se hizo con la sangre
que donaron los médicos y los enfermeros que se encontraban ahí. La situación era muy grave porque su presión bajaba y los latidos del corazón apenas se escuchaban. La
segunda transfusión le devolvió al Papa una condición que
permitió comenzar la intervención quirúrgica, que duró 5
horas con 20 minutos. Al salir del quirófano, fue llevado a la
Unidad de Cuidados Intensivos, donde lo atendieron día y
noche el doctor Buzzonetti, su secretario y la hermana Tobiana (la religiosa sería, años después, la última persona en escuchar la voz del Papa, cuando horas antes de su muerte, le
pidiera en polaco que "lo dejaran volver a la casa del Padre").

Juan Pablo II se despertó de la anestesia al día siguiente,
con dolores y sed. Le preguntó a su secretario si ya habían
rezado completas las oraciones de la noche, pensando que
aún era el día 13.

Uno de los momentos más conmovedores de esos días fue
el escuchar la voz del Papa, grabada por *Radio Vaticana* el
domingo 17 de mayo. Desde su cama, Juan Pablo II dijo:
"Sacerdote y víctima, ofrezco mis sufrimientos por la Iglesia
y el mundo". Ese día también dijo que había perdonado a su
agresor.

Los sufrimientos del Papa en esa época, no sólo fueron físicos, sino también morales. Cuatro días después del atentado,
se aprobó en Italia la ley de legalización del aborto, a la que se
había opuesto con todas sus fuerzas. Días más tarde murió el

cardenal Wyszinski, primado de Polonia, que fuera su guía, su maestro y sobre todo el hombre que le predijera, antes de ser elegido Papa, que a él le tocaría llevar el mundo hacia el tercer milenio.

La convalecencia de Juan Pablo II fue larga y difícil, debido no sólo a las lesiones en el intestino y a la construcción de un ano artificial, sino también a una seria infección de citomegalovirus que le obligó a volver al Hospital Gemelli, después de que fuera dado de alta. Debido a esta infección que no fue detectada inmediatamente, el Papa pasó semanas con fiebre alta, lo que le provocaba un cansancio enorme.

Juan Pablo II regresó definitivamente al Vaticano tres meses después del atentado. Era el 14 de agosto y el Papa sorprendió y conmovió profundamente a sus colaboradores más cercanos al decirles que estaba plenamente consciente de que las cosas podrían haber salido no tan bien y que en ese momento pudiese haber habido una tumba más en las grutas vaticanas.

Desde el día del atentado, el Papa estuvo convencido de que alguien guió y desvió la bala que habría podido matarlo. Ese alguien era, según Juan Pablo II, la Virgen de Fátima, puesto que el 13 de mayo es justamente el día de su fiesta, por ser el día en que apareció por primera vez frente a los tres pastorcillos.

En varias audiencias generales de ese año, Juan Pablo II compartió con los fieles la convicción de haber obtenido una gracia porque habría podido morir bajo los tiros del terrorista turco. Después del atentado, el Papa se sintió aún más cerca de todas las víctimas de la violencia y la persecución; no dejó de dar gracias por el que consideró siempre un milagro. Incluso en su testamento recordó que Dios, *único Señor de la vida y de la muerte, le había prolongado la vida, incluso se la había donado de nuevo.*

Después del atentado, el Papa quiso que se colocara un mosaico representante de la Virgen en una fachada del Palacio Apostólico, sobre la Plaza de San Pedro, para que hubiera una protección continua de la santa.

El 13 de mayo del año siguiente, Juan Pablo II viajó a Fátima para darle las gracias a la Virgen. Se trató de uno de los viajes más conmovedores de su pontificado. El Papa le donó a la Virgen una de las balas que le habían herido, para que fuera colocada en su corona.

Durante la ceremonia, mientras Juan Pablo II se dirigía hacia el altar central, después de estar mucho tiempo hincado de rodillas ante la estatua de la Virgen, un sacerdote intentó acercársele. Escondida debajo de la sotana, llevaba una bayoneta de fusil Mauser de 37 centímetros, de las que se usaron durante la Primera Guerra Mundial. Los hombres de la seguridad del Papa ya se habían fijado en él porque había cambiado de sitio muchas veces. Juan Pablo II, que no se había dado cuenta de lo que estaba sucediendo, al ver al sacerdote que se le acercaba, lo miró y le dio la bendición. Cuando la policía lo detuvo, el cura comenzó a gritar: "¡Abajo el Papa! ¡Has deshecho a Polonia! ¡Muera el comunismo!"

El sacerdote resultó ser un español, Juan Fernández Krohn, ordenado por el obispo ultraconservador Marcel Lefebvre, quien en la cárcel dijo que quería asesinar al Papa con una bayoneta porque "la espada es el símbolo del cruzado que defiende la fe".

Después de este episodio aumentó la *deuda* del Papa con la Virgen de Fátima. Juan Pablo II comentó entonces que en todo lo que le había sucedido advirtió siempre la extraordinaria y maternal protección de la Virgen, que se demostró "más fuerte que las manos asesinas".

En diciembre de 1983, Juan Pablo II visitó a su agresor en la cárcel.

Tanto el Papa como su secretario, al referirse a ese encuentro, contaron que en ningún momento Ali Agca le pidió perdón a su víctima. Lo único que le interesaba era saber algo sobre el tercer secreto de Fátima, porque la única explicación que lograba dar del hecho de que, con su experiencia y habilidad había fracasado era que había intervenido una fuerza superior.

En sus últimos meses de vida, el Papa y su secretario reconocieron que ese atentado seguía siendo un misterio, no había sido aclarado ni por el proceso ni por la detención del agresor, que logró la gracia del presidente de la República Italiana, a finales del año 2000, después de cubrir 19 años de sentencia en la cárcel.

En el año 2000, el Papa volvió a Fátima y en esa ocasión quiso que se revelara el tercer secreto, íntimamente relacionado con lo que había sucedido el 13 de mayo de 1981. Al cardenal Angelo Sodano, secretario de Estado de la Santa Sede, le tocó revelarlo.

Después del atentado del 13 de mayo de 1981, el dolor habría vuelto muchas veces más a la vida de Juan Pablo II.

Un domingo de julio de 1992, el Papa asombró nuevamente al mundo: al asomarse por la ventana de su despacho para rezar el *Angelus* informó, rompiendo un tabú secular que clama que no se puede hablar de la salud de un Pontífice, que esa misma noche iría al Hospital Gemelli para ser sometido a unos exámenes. Los análisis evidenciaron la presencia de un tumor benigno en el colon, que le fue extirpado el 15 de julio.

El 11 de noviembre de 1993, Juan Pablo II volvió al Gemelli, tras una caída en el Aula de las Bendiciones, en la que se luxó el hombro derecho. El Papa se tropezó con su sotana, pero el doctor Buzzonetti sospechó que la caída había sido en parte provocada por un equilibrio inestable debido a los primeros síntomas del síndrome de Parkinson que se habían manifestado a finales de 1991.

Juan Pablo II volvió a caerse con consecuencias más severas, tras resbalarse en su apartamento el 28 de abril de 1994 tuvo que regresar al Gemelli para ser operado del fémur derecho. La convalecencia fue larga y dolorosa debido a los ejercicios de rehabilitación que a lo mejor, debido a la impaciencia del Papa por reanudar su actividad, fueron interrumpidos demasiado pronto.

Juan Pablo II empezó a utilizar el bastón. La pérdida progresiva del equilibrio y la deambulación lo llevaron primero a utilizar una peana móvil y finalmente el denominado trono móvil.

De regreso al Vaticano, el Papa, rezando un *Angelus*, les explicó a los fieles que en el Hospital Gemelli, al cual calificó de santuario de dolor y esperanza, había entendido que para introducir a la Iglesia en el tercer milenio era necesario su sufrimiento, especialmente en ese año dedicado a la familia, porque la familia en el mundo estaba amenazada y agredida.

A finales de 1995, el Pontífice empezó a sufrir de una patología intestinal acompañada muy seguido de fiebres que lo llevaron a interrumpir discursos y a cancelar audiencias. Después de numerosos exámenes, el 8 de octubre de 1996 el Papa entró por sexta vez al quirófano para ser operado de apendicitis.

Con el pasar de los años, las consecuencias del Parkinson se hicieron más evidentes y sobre todo más dolorosas, hasta llegar a los dramáticos acontecimientos de 2005 que, después de dos meses de sufrimiento, lo llevaron a la muerte.

Todos los médicos que en algún momento de su pontificado tuvieron a Juan Pablo II como paciente, me han comentado que el secreto de su resistencia física y psicológica, fue su voluntad de hierro, unida a su fe inquebrantable y a la convicción que tenía de ofrecer su sufrimiento por el mundo.

Uno de los médicos que lo siguió en diferentes momentos fue el profesor Doglietto, del Hospital Gemelli, uno de los alumnos consentidos del profesor Francesco Crucitti, quien operó a Juan Pablo II el día del atentado. Él mismo se lo presentó al Papa durante su convalecencia, como uno de sus mejores alumnos. Juan Pablo II, quien se estaba recuperando del atentado, le preguntó con su habitual sentido del humor si quería seguir las huellas de su maestro. "Claro" le contestó el joven médico. El Papa, sonriendo, le dijo: "¡Espero que no le toque a usted también operar a un Papa de urgencia!"

Al profesor Doglietto le tocó atender a Juan Pablo II en ocasión de la intervención para extirparle el tumor del colon y luego el apéndice. En esas circunstancias descubrió la manera en la que el Papa aceptaba la enfermedad, sin dejarse dominar por ella, cómo la enfrentaba, compartiéndola con los demás, sin esconder nada, ni siquiera su invalidez de los últimos tiempos.

Juan Pablo II me comentó que no perdió nunca el gusto por la vida, a pesar de todas sus limitaciones. Hasta el final estuvo animado por un fuerte sentido del deber. En una de sus últimas apariciones, desde la ventana del Hospital Gemelli, comentó que incluso ahí, "entre los demás enfermos, seguía sirviendo a la Iglesia y a toda la humanidad".

En los diversos momentos en los que le atendió el profesor Doglietto, éste sintió la gran responsabilidad que tenía, estaba consciente de *que no podía cometer errores*, sobre todo en lo que se refiere al diagnóstico y a la toma de decisiones, por ello experimentaba un sentimiento bastante parecido a la ansiedad.

Como paciente, Juan Pablo II intentaba siempre hacer sentir a gusto a los médicos y enfermeros que lo atendían. Les preguntaba acerca de su vida, de su familia y con el pasar de los años no olvidaba ni caras ni nombres. El profesor Dogliet-to quedó impactado cuando Juan Pablo II. años después de que le preguntara los nombres de sus hijos, le preguntó cómo estaban, llamándolos por sus nombres.

Esa atención humana era una de las características más evidentes de su persona.

Recuerdo que las intervenciones quirúrgicas tenían lugar muy temprano por la mañana y que siempre, al amanecer, re-zaba en su capilla y luego escribía o leía como si fuera un día normal de trabajo.

Una de las figuras de *la familia* del Papa que más lo influy-eron fue la de la hermana Tobiana, quien tenía para Juan Pa-blo II una devoción extraordinaria. En los momentos más difíciles, no se movía de la silla de un lado de la cama del Pa-pa, ni de día ni de noche. Su dedicación, su silencio, su discre-ción y al mismo tiempo su firmeza, e incluso la fuerza física que demostraba, a pesar de su edad y su aparente fragilidad, al apoyar al Papa inválido eran, según el doctor, absolutamen-te asombrosos.

En una ocasión, antes de una intervención, Juan Pablo II quería echarse para atrás. Se vivieron momentos de pánico hasta que la hermana Tobiana habló con él. poco a poco, lo-gró tranquilizarlo y convencerlo para someterse a la operación.

Las imágenes, quizás más fuertes, de la relación tan estre-cha e íntima de Juan Pablo II con el dolor tuvieron como con-texto el santuario de la Virgen de Lourdes, uno de los principales *monumentos* al sufrimiento humano.

Para cerrar un pontificado itinerante tan rico y extraordinario Dios, la Providencia o la fatalidad escogieron, en efecto, el lugar más simbólico y conmovedor.

En agosto de 2004, ocho meses antes de morir, Juan Pablo II viajó al santuario mariano de Lourdes.

El atleta de Dios, el *globetrotter* de la fe, el huracán Wojtyla, dejó todos estos apodos atrás y viajó como un enfermo más para darle fuerza y esperanza a hombres y mujeres enfermos como él, que habían dirigido sus pasos hacia Lourdes, en busca de un milagro o por lo menos de consuelo.

El Papa, que en tantas ocasiones fue profeta, percibió el significado de su viaje: "Al arrodillarme aquí, cerca de la gruta de Massabielle, siento, con emoción, que he llegado al final de mi peregrinación".

Como un enfermo más, arrodillado en la gruta de las apariciones de la Virgen a Bernardette, se conmovió y lloró, tomó agua de la fuente milagrosa y pernoctó en la residencia Notre Dame, un centro que acoge a peregrinos enfermos y minusválidos.

Los que le habíamos visto vigoroso e incansable, le vimos aferrado al reclinatorio, el rostro ahí apoyado, mientras peligrosamente se resbalaba hasta casi encontrarse tendido en el suelo, de no haber sido por la mirada puesta constantemente sobre él, de parte de sus *ángeles de la guarda:* monseñor Dsiwisz y monseñor Renato Boccardo, el organizador de los viajes papales.

El sábado 14 de agosto, día de su llegada, ni siquiera pudo pronunciar su mensaje y su oración a la Virgen en la que le pedía que le enseñara a quedarse con ella cerca de *las numerosas cruces que hay en el mundo.* En cuanto sus colaboradores se dieron cuenta de que no podía articular palabra, el cardenal Roger Etchegaray, como si estuviera programado así, tomó la palabra para decirles en su nombre a los enfermos: "Comparto con ustedes un tiempo de la vida marcado por el sufrimiento físico, pero no por ello menos fecundo".

Fue precisamente durante ese viaje a Lourdes donde nos percatamos que se estaban agudizando los problemas respiratorios de Juan Pablo II.

A su llegada al aeropuerto, mientras, pálido y exhausto, escuchaba el discurso de bienvenida del presidente Jacques Chirac, le vimos abrir repetidamente la boca como para tomar aire.

Al día siguiente asistimos impotentes y conmovidos al vía crucis que, con menor o mayor intensidad, viviría hasta el 2 de abril.

Al celebrar la misa en ocasión de la fiesta de la Asunción, el Papa se vio obligado a interrumpir la homilía 13 veces. En polaco pidió ayuda a su secretario, quien le dio un vaso con agua. Nunca se había visto algo parecido en una celebración papal. El agua no le devolvió la energía. Hablando para sí mismo, dijo: *Musze siconczyc*, que significa *Debo acabar*. Logró continuar y terminar su discurso con el apoyo constante de los aplausos de 300 mil personas, en su mayoría enfermos, que paradójicamente sacaban fuerza de su esfuerzo y de su inenarrable fragilidad. A pesar de haberle acompañado en cerca de 100 viajes, de haber compartido con él otros momentos difíciles, ese día sentí más pena y una mayor conmoción, como si intuyera que ése sería su último viaje.

Fue hasta escuchar las últimas líneas de su mensaje cuando entendimos por qué se había empeñado en leer personalmente el texto. Poniendo todo el énfasis que sus escasas fuerzas le permitían dirigió un llamado a todas las mujeres para que fueran *centinelas del invisible* y protectoras de los valores más sagrados, como el de la vida humana, que debe ser defendido —dijo— desde la concepción hasta el fin natural.

De Lourdes salimos todos más preocupados y pesimistas. El cardenal belga Godfreed Daneels, con una gran franqueza comentó que "Juan Pablo II estaba consciente de que la muerte se estaba acercando".

Al volver a Roma sus colaboradores debatieron sobre la conveniencia de seguir o no con los viajes, a pesar de conocer la opinión del Papa a este respecto. En su mayoría, llegaron a la conclusión de que mostrar de esa manera la fragilidad de Juan Pablo II podría, finalmente, tener un impacto negativo.

El Papa viajero, sin embargo, quiso que su último viaje, hacia *la Casa del Señor* a la que pidió volver, el 2 de abril, en plena agonía, se volviera el viaje más seguido, más conmovedor, más mediático y el más revelador de la que había sido su verdadera fuerza.

III. UN PONTIFICADO ITINERANTE

Estoy consciente de la tragedia del hombre contemporáneo,
amenazado por la miseria, el hambre, la enfermedad,
la desocupación, la injusticia, el abuso de los poderosos,
la violencia contra los débiles y la pérdida de valores morales.

JUAN PABLO II

Uno de los chistes más escuchados en el Vaticano durante el pontificado de Juan Pablo II fue:

—¿*Cuál es la diferencia entre Dios y el Papa?*

—*Pues que Dios está en todas partes..., pero el Papa ya estuvo.*

Los que habían conocido bien a Karol Wojtyla en Polonia sabían perfectamente que Juan Pablo II no habría resistido mucho tiempo *encerrado* en el Vaticano. De hecho, al año de haber sido elegido, el Papa ya había realizado tres viajes a México, Polonia y Estados Unidos, y para el mundo él era ya *El Maratonista de Dios, El Globetrotter de la fe, El Atleta del Señor, La Gota de Mercurio, El Vikingo de Dios* y *El Huracán Wojtyla.*

En nuestros encuentros a 10 mil metros de altura, cuando le preguntábamos a Juan Pablo II por qué viajaba tanto, solía contestarnos que él era el sucesor de Pedro, pero también de Pablo. En repetidas ocasiones nos explicó que no quería vivir en un palacio, aislado como un monarca, porque su lugar estaba entre la gente, no podía ignorar la humanidad que le rodeaba; para él viajar era un imperativo moral. Como pastor de la Iglesia universal sentía como un deber recorrer el mundo, llevando la palabra de Dios hasta los rincones más recónditos del planeta para demostrar con su presencia que Dios quiere a todos sin distinción de raza, cultura e incluso de religión, ya que también visitó países donde los católicos eran una minoría.

Durante 26 años, Juan Pablo II fue un viajero incansable; ni durante el último año de su vida renunció a viajar. Ante el mundo se presentó como un peregrino, un profeta, a veces un cruzado, animado por una visible urgencia misionera que provenía de la convicción de que sólo un mundo que reconoce a Dios puede ser digno del hombre. Su afán era convencer a la humanidad de que éste era el camino que la salvaría. Para lograrlo, apoyado en su báculo pastoral, como los cruzados en su espada, el Papa le dio varias veces la vuelta al mundo para afirmar que sólo el Evangelio puede liberar al hombre de los falsos ídolos, de las ideologías y del imperialismo que dividía al planeta; del ateísmo, suceso que representaba el desafío más fuerte del cristianismo. Con su maratón apostólico, Juan Pablo II, sereno, abierto y sin complejos, profundamente enamorado de Cristo y del hombre, intentó liberar al mundo del pesimismo y devolverle el orgullo de su identidad cristiana, con el entusiasmo, seguramente contagioso, de la fe, que en su caso era fuerte como una roca.

Durante un vuelo nos comentó: "El Papa debe tener una geografía universal porque después del Concilio Vaticano II, la Iglesia está consciente de que pertenece al mundo entero".

También nos reveló que su espiritualidad era *geográfica* porque todos los días, al rezar, se desplazaba espiritualmente por todo el planeta.

En 1989, al volver de su quinto viaje a África, concedió una entrevista al vaticanista Gianfranco Svidercoski, a quien le dijo que cuando lo habían elegido Papa no se imaginaba que viajaría tanto ni en una forma tan sistemática. No lo planeó, pero seguramente había en él una predisposición y la primera visita a México le hizo entender que su pontificado tenía que ser itinerante. Con el pasar de los meses, el mundo *descubrió* al Papa y empezaron a llegar al Vaticano decenas de invitaciones. Él decidió aceptarlas.

Desde sus primeros viajes comprendió que el mensaje tenía que ir unido a la presencia, porque hacerse presente en cualquier punto del planeta representaba una señal de solidaridad, de participación en la historia de un pueblo o de una nación. Entendió que el testimonio directo, perceptible inmediatamente, es mucho más elocuente que un mensaje escrito o grabado.

Su pontificado itinerante fue el tema principal tanto de sus incondicionales como de sus críticos. Quienes siguen exaltando su cruzada alrededor del planeta se contraponen a quienes lo acusan de haber viajado demasiado, de haber descuidado el gobierno central de la Iglesia y haber confundido la presencia con el triunfalismo.

En los últimos años de su pontificado, en coincidencia con el empeoramiento de su salud, algunos exaltaban el valor de su testimonio y de su sacrificio, otros criticaban que se mostrara al mundo en esas condiciones.

Lo que fue importante para los países a los que viajó fue justamente el que fueran visitados por un Papa, sobre todo para los países olvidados, donde ningún jefe de Estado o de gobierno se había molestado visitar. En el caso de Juan Pablo II este *honor* le tocó a las islas más perdidas de los diversos océanos, a todos los países africanos sin excepción, a los asiáticos, a países grandes y a los más pequeños, a todas las naciones americanas, a toda Europa. No fue a China ni a Moscú porque no se lo permitieron.

Recuerdo por ejemplo al arzobispo de Mount Hagen, en el corazón de Papúa, Nueva Guinea, que le dijo al Papa: "Ninguno de nosotros tiene dinero para comprar un boleto de avión para ir a verle a Roma, pero usted ha sido tan bueno en dejar su casa y su trabajo para venir a vernos. ¡Estamos muy felices!".

En la primera entrevista que concedió al diario oficial de la Santa Sede, el *Osservatore Romano,* y a *Radio Vaticana*, el Papa se refirió abiertamente a las objeciones de los que encontraban excesivos sus viajes, tanto por número como por ritmo: "Mucha gente —dijo el Papa— piensa que viajo demasiado y muy seguido. Considero que humanamente hablando tiene razón, pero la *Providencia* es quien me guía, y a veces me sugiere hacer algo por *excessum*, por exceso". En otra ocasión le dijo al escritor francés André Frossard: "Si no viajara, me tacharían de indiferente ante lo que sucede en el mundo".

El hecho de que Juan Pablo, para predicar el evangelio prefiriera la comunicación con las multitudes, en lugar de la relación interpersonal, llevó a sus críticos a afirmar que el Papa viajaba en busca del éxito personal y de triunfalismo.

Lo que está fuera de dudas es que en este mundo, que ha ido perdiendo a los grandes líderes del siglo, Juan Pablo II logró, con su extraordinario carisma, imponer la figura del Papa en todo el planeta, no sólo en los países católicos. Aplaudido y ovacionado, Juan Pablo II se volvió el único líder capaz de movilizar a millones de personas, seguido paso a paso por la televisión, que lo transformó en el personaje más visto físicamente en el mundo.

Juan Pablo II se movió siempre en los escenarios majestuosos que le preparaban, dignos de Hollywood, con una seguridad y un aplomo impresionantes, con todo el peso de su

imagen *sagrada* y la sabiduría del mejor conocedor de la civili-
zación de la imagen. Esto sucedió cuando, joven y fuerte, bajaba y subía escalinatas llenas de flores, se sentaba en tronos
impresionantes y cuando aparecía prácticamente inválido en
su trono móvil, que era en el fondo, una silla de ruedas.

Quienes le criticaban porque, en su opinión, buscaba los
aplausos y el éxito, fueron entendiendo, con el pasar de los años,
que no quería imponer su persona sino su mensaje, aunque éste pareciera estar en un segundo plano. Lo que en realidad hizo fue darle más fuerza a los gestos que a las palabras. De hecho
sus grandes gestos son recordados más que cualquier mensaje u
homilía.

Juan Pablo II provocó la exaltación de la dimensión pública de la fe en un mundo en donde ésta se había vuelto, por
razones políticas o sociales, un hecho meramente personal y
privado. Con él, la religión salió de las catacumbas físicas y
morales. Con sus viajes alrededor del mundo, dio un continuo testimonio público de la fe, llenó las plazas, los parques
y los estadios, con símbolos claros y visibles, gracias a la extraordinaria capacidad que tenía de entrar en sintonía con
las multitudes, de saber encontrar las palabras y los gestos
que de él esperaban.

Uno de los logros de sus viajes fue seguramente que los católicos volvieran a sentirse orgullosos de serlo y perdieran el
miedo a manifestar ese orgullo. Lo vimos en México, en los
países del Este europeo, en Cuba, en los países con mayorías
protestantes, musulmanas u ortodoxas.

Con su presencia, el Papa infundió nueva fuerza y vigor
a las iglesias locales, que al tomar conciencia de sí mismas
se volvían, después de su partida, puntos de referencia claves en la vida del país. En las naciones donde la Iglesia había sido víctima de persecuciones y donde había tenido que
llevar a cabo su misión clandestinamente, los pastores des-

cubrieron que después de organizar las visitas papales, ellos se volvían los verdaderos guías del pueblo.

No hay duda de que el éxito de un viaje papal también depende de la manera en que la Iglesia local lo prepara y sabe luego recoger su mensaje para hacerlo fructificar.

Juan Pablo II opinaba, sin embargo, que los viajes también lo enriquecían, porque le daban la posibilidad de conocer de manera más profunda, más arraigada en la realidad, situaciones que sólo conocía superficialmente. El contacto directo llegó a modificar en algunas ocasiones la visión que tenía y fuimos testigos de cómo cambiaba sus textos para que fueran más acordes con la realidad. Él evangelizaba, pero se sentía a la vez evangelizado; además los viajes ensanchaban sus horizontes interiores.

El Papa estaba consciente de que a veces, en situaciones de guerra, de injusticia, de dictadura, su voz predicaba en el desierto. Al volver de su sexto viaje a América Latina, un reportero en el avión puso en tela de juicio la utilidad de sus mensajes en ese continente agobiado por violencia e injusticia. "Es necesario —le contestó el Papa— que haya una voz que clame en el desierto, porque al final esta voz siempre es escuchada. Es una voz que grita en el desierto desde hace dos mil años".

Desde el primer día de su pontificado, Juan Pablo II dijo que sería la voz de aquellos que no la tienen. Transformó su pontificado en una cruzada en favor del hombre. No es una casualidad el que su primera encíclica, *Redemptor hominis*, haya estado centrada justamente en el hombre.

El haber recorrido el mundo como defensor del individuo y de sus derechos provocó que Juan Pablo II entrara en contacto con prácticamente muchos de los hombres poderosos de la Tierra. Se le acusó de haber estrechado las manos manchadas de sangre de dictadores, de haberlos bendecido en palacios que fueron el marco de actos injustos y violentos.

A lo largo de su pontificado, Juan Pablo II estuvo consciente de las instrumentalizaciones de las que fue objeto por parte de los hombres del poder. Sabía que los poderosos, demócratas u opresores, esperaban siempre de sus visitas, una *legitimación* porque consideraban que aparecer a su lado valía más que cualquier campaña electoral. En la conversación que mantuvo con el vaticanista Gianfranco Svidercoski, al volver de su quinto viaje por África, en 1989, el Papa se refirió a "los riesgos políticos" de sus encuentros con los gobernantes y le preguntó qué debería hacer. Tenía que evitarlos, fue la respuesta. Emergió entonces —explicó el Papa— la visión falsa de una Iglesia "sobrenatural", como si el hecho de reunirse con estos hombres fuera un pecado. "A lo mejor a veces la política es algo pecaminosa. Quizás existen a veces políticos pecadores; pero no es posible ignorar —terminó diciendo Juan Pablo II—, esta dimensión política de la vida, sobre todo en la vida de una nación".

En varias ocasiones, durante sus viajes, el Papa nos explicó que para él era fundamental conversar con quienes poseen el poder, para poder abogar ante ellos, a favor de la paz y del respeto a los derechos humanos.

La actitud del pontífice frente a los poderosos no fue siempre la misma. A veces denunció situaciones de injusticia frente a los mismos responsables políticos. En algunas ocasiones se mostró más severo en los encuentros que mantuvo a puertas cerradas; en otras no dijo nada en sus palacios, pero luego hizo su denuncia, ante los obreros, los campesinos, los jóvenes o los opositores políticos.

A lo largo de su pontificado se dieron muchas claves interpretativas para descifrar el comportamiento del Papa, entre ellas también su supuesta preferencia por un dictador católico de derecha, más que por un dictador ateo de izquierda.

Para entender este punto me resultó muy útil la respuesta que Juan Pablo II me dio, durante el vuelo hacia Chile, en marzo de 1987.

—¿Qué le parece peor —le pregunté—, la dictadura del general Pinochet en Chile o la del general Jaruzelski en Polonia?

—La polaca —me contestó— es la dictadura de un sistema mucho más difícil de desarraigar; mientras que la chilena es la dictadura de un hombre, que podría ser sustituido en cualquier momento.

En el caso de Chile sus palabras fueron proféticas.

AMÉRICA LATINA: LUCES Y SOMBRAS

El viaje a Chile es uno de los ejemplos más claros de los *riesgos políticos* de las visitas papales, pero también de la estrategia de Juan Pablo II en su relación con las dictaduras.

La orquestación de la visita por parte del general Pinochet fue absolutamente perfecta, hasta el punto de que en algunos ambientes vaticanos, se calificó de *traición* la actitud de Pinochet.

Desde primera hora de la mañana, a la plaza que se encuentra frente al Palacio de la Moneda sólo habían podido entrar los invitados del gobierno, que llevaban un pase especial en el que se leía: *Pidan la bendición*. Personalidades del séquito papal me contaron que se había decidido que, en caso de que el general llevara al Papa hacia algún balcón, junto a Juan Pablo II estaría el cardenal Fresno y el cardenal Casaroli, secretario de Estado de la Santa Sede. Esto no fue posible porque Pinochet aprovechó el momento de la salida de la reunión en la que estuvo a solas con el Papa para llevarlo hacia el balcón, diciéndole que la multitud quería verle y pedía su bendición. El séquito, que se encontraba esperando en otro salón, ni siquiera se dio cuenta de lo que estaba sucediendo. Y así fue como apareció el general Pinochet en las fotos que dieron la vuelta al mundo, al lado de Juan Pablo II, que impartía la bendición desde el Palacio de la Moneda.

Lo más significativo fue que *Osservatore Romano*, el diario oficial del Vaticano, optó por no publicar esa foto.

El responsable de la visita por parte de la Conferencia Episcopal chilena, monseñor Francisco Cox, declaró que todo lo que había sucedido en el Palacio de la Moneda había sido el resultado de *iniciativas del gobierno*. Dijo claramente que la aparición del Papa en el balcón no estaba prevista y que no fue decidida por Juan Pablo II. Para los críticos del Papa esta explicación llegó demasiado tarde.

Otro motivo de crítica durante ese viaje fue *la prudencia* del Papa que en lugar de denunciar abiertamente los males de la dictadura, prefirió insistir en el concepto de reconciliación, misericordia y perdón. No denunció al régimen, ni frente al general ni en su encuentro con los pobladores, aun cuando los habitantes de los barrios más pobres, sin miedo a las posibles repercusiones, le hablaron de la desnutrición de sus hijos, del desempleo, de su falta de participación en la vida política y laboral, de la expulsión o asesinato de sus sacerdotes, de los exiliados que no podían volver a Chile. Entonces el Papa calló pero abrazó conmovido a quienes habían denunciado el atropello de los derechos humanos, y frente a él tomó en sus manos la Biblia del sacerdote Andrés Jarlán, asesinado por los carabineros en 1986, mientras la multitud reunida en el parque de la Bandera levantaba pancartas que solicitaban: *Pinochet: muerte. En nombre de Cristo, no más opresión.* La multitud entonaba canciones que pedían *Juan Pablo hermano, llévate al tirano, Padre, amigo, llévate al asesino.*

Las palabras que el pueblo hubiera querido escuchar, el Papa las pronunció frente a los obispos chilenos, a la vanguardia muchos de ellos en la lucha contra la dictadura: "Cada nación— les dijo Juan Pablo II—, por ser soberana, tiene derecho a autodeterminarse y a construir libremente su futuro. Sería inaceptable instaurar un modelo político que la mayoría de los chilenos no aprueba".

Durante esos días en Chile vimos también la otra cara de la moneda: a pesar de su *prudencia* en público, el Papa hizo algo que resultaría histórico y muy importante para el futuro del país: logró reunir en un mismo recinto a todos los líderes de la oposición, incluso a los comunistas, quienes además de estar juntos por primera vez, suscribieron un texto con cuatro puntos fundamentales. Con ese documento, la oposición chilena se comprometía ante Juan Pablo II a "respetar los principios éticos en la construcción de la sociedad, a rechazar el uso de la violencia como solución a un problema político, a respetar el carácter cristiano del pueblo chileno y a buscar siempre el diálogo para el logro del bien común".

Juan Pablo II les dijo que al respetar estos cuatro puntos contribuirían a la "superación de las tensiones presentes, favorecerían el proceso de reconciliación nacional y estimularían la búsqueda de toda iniciativa capaz de asegurar al amado Chile un futuro digno de sus tradiciones civiles y religiosas".

Hubo países en América Latina donde el distanciamiento entre Juan Pablo II y el poder fue mucho más evidente que en Chile.

Fue el caso de la visita a Paraguay donde no sólo el Papa y el Episcopado paraguayo se opusieron con gran firmeza a la decisión del general Stroessner de cancelar la reunión entre el Pontífice y los llamados *constructores de la sociedad*, es decir la oposición, sino que además desde su llegada Juan Pablo II abogó inmediatamente en favor "de los derechos humanos, de una mayor participación de todos en la vida de la nación, en la determinación de los campos de acción y en la elección de los gobernantes". El Papa respaldó también a la Iglesia de Paraguay, que mantenía una postura crítica del gobierno, ya que éste controlaba dictatorialmente al país, desde hacía 34 años. El Papa afirmó que tenía que ayudar a los hombres a conocer sus derechos y a exigir que fueran respetados, porque "no se puede arrinconar a la Iglesia en los templos".

En el palacio presidencial de Asunción, Juan Pablo II no se asomó al balcón con el general Stroessner porque después de la experiencia en el Palacio de la Moneda, sus colaboradores no lo dejaron sólo ni un minuto.

Después de un forcejeo con el régimen, el Papa logró tener una reunión con la oposición en el Consejo Nacional de los Deportes. Ahí percibimos de cerca la tensión política que había en el país. En espera del Papa, que llegó con más de una hora de retraso, los ánimos se calentaron. Un grupo se ató las manos, para recordarle que no había libertad; otro grupo se puso un pañuelo blanco sobre la boca como mordaza. La mayoría coreaba eslóganes como *Juan Pablo hermano, llévate al tirano* y *Juan Pablo, amigo, Paraguay está oprimido*.

Al darse cuenta del clima, el Papa pronunció, con un tono muy tranquilo, un discurso en defensa de una verdadera democracia, basada en el libre consenso de los ciudadanos, que "no puede atentar contra los derechos humanos" y que debe estar basada "en la paz, la libertad, la justicia y la participación".

Para el general Stroessner, quien había afirmado frente a Juan Pablo II que "la cruz y la espada se habían llevado siempre juntas en Paraguay para simbolizar el acervo nacional", la visita papal se transformó en un acto de protesta y desafío contra el régimen.

Habría que preguntarse si de la visita de Juan Pablo II a Chile y Paraguay ha quedado más en la gente el recuerdo de las reuniones tenidas con Pinochet o Stroessne, o el de sus encuentros con la oposición de los dos países. Habría que cuestionar también, después de lo que sucedió en ambos países, si valía o no la pena que el Papa pagara el precio de interactuar con los hombres de poder. La respuesta para él sería seguramente positiva.

Algo parecido a la reunión de Asunción había sucedido ocho años antes en el Estadio Morumbi de São Paulo, donde el encuentro de Juan Pablo II con unos 150 mil obreros también se convirtió en un mitin contra la dictadura.

Juan Pablo II escuchó de pie las reivindicaciones del obrero Baldomero Rossi, líder de la Acción Católica, quien poco antes había estado encarcelado. Luego, ante los obreros, entre los cuales muchos habían participado mes y medio antes, en la gran huelga de los metalúrgicos, apoyada por algunos sectores de la Iglesia brasileña, en medio de gritos y eslóganes en pro de la democracia y de mejores condiciones de trabajo, el Papa, dijo, por un lado, que la justicia no se obtiene con la violencia, y por el otro que "una sociedad está amenazada cuando la distribución de los bienes se encomienda sólo a las leyes económicas del crecimiento y del mayor provecho..., cuando el progreso toca marginalmente o no toca para nada a amplios sectores de la población que viven en la necesidad y en la miseria".

Estas frases fueron interpretadas como la crítica más clara del Papa a la situación de Brasil y a la política económica del gobierno. Aunque el Pontífice no se refirió explícitamente a la huelga de los trabajadores, los obreros de São Paulo interpretaron las palabras de Juan Pablo II como un apoyo a su reivindicación como grupo. Al final del evento se iluminó el marcador del estadio con un rótulo muy significativo que decía: "Karol: 1". ¡El partido en el Estadio Morumbi estaba ganado!

Para entender la relación que Juan Pablo II mantuvo con el poder hay que tomar en cuenta, ante todo, que su primera preocupación siempre fue la comunidad católica del país que visitaba.

Cada vez que pregunté a algún colaborador del Papa por qué adoptaba actitudes tan diferentes con los diversos jefes de Estado, me contestaron que la intensidad de sus ataques o de sus denuncias era directamente proporcional a la intensidad de la reacción que el jefe de Estado podía tener respecto de la comunidad católica.

Su actitud, que para algunos era el fruto de un compromiso, en realidad era el reflejo de su preocupación por los que se quedaban en el país después de su partida.

El Papa, me dijeron en varias ocasiones, no iba por el mundo en busca de culpables. Si consideraba útil y conveniente denunciar atropellos, lo hacía; si estimaba que el país estaba en un momento en el que la prioridad era la búsqueda de la reconciliación, prefería invitar al diálogo y al perdón, más que fomentar con sus denuncias el odio y el rencor.

No hay que olvidar además que, en muchas ocasiones, la actitud del Papa fue el reflejo de la relación que existía entre el gobernante y el Episcopado local, el cual no sólo sugería a Juan Pablo II los temas que debía tratar, sino también el tono que tendría que adoptar, marcado por la prudencia o la audacia.

Cada vez que Juan Pablo II se encontraba con un líder político *controvertido*, sus críticos no sólo pusieron en entredicho sus pronunciamientos, sino que denunciaron también sus silencios.

En varias ocasiones intentamos responder a esta pregunta: "¿Por qué el Papa se ha callado?"

Uno de los silencios más criticados fue el que mantuvo acerca del asesinato de monseñor Óscar Romero, agredido mientras celebraba una misa en la iglesia en San Salvador.

Su viaje a Centroamérica, en febrero de 1983, fue uno de los más difíciles y controvertidos de su pontificado. Al llegar a San Salvador, el Papa visitó la tumba de monseñor Romero pero tuvo que hacerlo casi a escondidas, por supuestos *problemas de orden público*.

Las autoridades de El Salvador decidieron que esa visita, programada para el final del primer día en la capital, tenía que celebrarse inmediatamente después de su llegada. Dispusieron que el Papa abandonara el recorrido oficial a lo largo del cual centenares de miles de fieles lo aguardaban con flores, pañuelos blancos y muchos carteles que representaban a Juan Pablo II y a monseñor Romero estrechándose la mano (un gran número de los cuales las autoridades los habían hecho desaparecer poco antes del arribo del Papa). En torno al cambio de programa se había guardado tal silencio que, al llegar a la catedral, la encontró cerrada. Cuando finalmente pudo entrar, se hincó ante la tumba de mármol del arzobispo asesinado, permaneció arrodillado durante dos o tres minutos y luego rezó una oración, en la que calificó a monseñor Romero como "diligente pastor que por amor a Dios y al servicio de los hermanos, llegó hasta a entregar su vida de manera violenta".

Se le reprochó al Papa que no lo llamara *mártir* y que no aludiera a los responsables morales del asesinato, entre ellos el mayor D'Abuisson, a quien Juan Pablo II saludó en el aeropuerto y que estuvo presente en la misa por la paz y la reconciliación celebrada por el Pontífice.

En esa misa, el Papa informó a la multitud acerca de su visita a la tumba de monseñor Romero. En la homilía, tras recordar a todos los sacerdotes que pagaron con la vida su actitud a favor del pueblo, pidió que la memoria de monseñor Romero, que había luchado para que "cesara la violencia y se restableciera la paz", fuera respetada siempre, y que "ningún interés ideológico pretendiera instrumentalizar su sacrificio".

Estas palabras fueron interpretadas, al igual que su silencio acerca del *martirio* de monseñor Romero, como una crítica a los que incluso dentro de la Iglesia hicieron del arzobispo un símbolo de la lucha revolucionaria.

Otro de los silencios más criticados del Papa fue el relacionado con el drama de los desaparecidos durante su segundo viaje a Argentina, en abril de 1987. En ese momento, el país estaba dividido por la decisión del presidente Alfonsín de poner punto final a los procesos contra los militares: por un lado estaban los que criticaban duramente esta medida y pedían justicia para dar a conocer la verdad sobre el terrorismo de Estado; por el otro, quienes defendían las fuerzas del orden.

Juan Pablo II recorrió el país de arriba y abajo, sin mencionar nunca el drama vivido por Argentina durante los años del régimen militar. La impresión que muchos tuvieron en ese momento fue que el silencio del Papa fue el fruto de la influencia de los obispos argentinos, que seguramente le aconsejaron que no abordara un tema tan controvertido y delicado para no remover un pasado en el cual el comportamiento de la Iglesia argentina había tenido más sombras que luces.

Sólo al final de los seis días transcurridos en Argentina, ante 400 mil jóvenes que celebraron con él la Jornada Mundial de la Juventud, el Papa pronunció por primera y última vez la palabra *desaparecidos*, cuando manifestó su esperanza de que no hubiese más *secuestrados o desaparecidos*. Consciente de las polémicas ocasionadas por su silencio, el Papa agregó un párrafo a su discurso a los jóvenes en el que afirmó que estaba enterado de que habían decidido superar "las recientes experiencias dolorosas de su patria". Fue en ese punto donde añadió la frase sobre los desaparecidos.

Algunos comentaristas, sin embargo, subrayaron que también añadió un inciso en su discurso a los obispos, en el cual defendió la controvertida actuación de la Iglesia argentina durante la dictadura. El Papa los alabó por "sus documentos severos que condenaban la violencia e invitaban a la reconciliación", así como por "sus generosas iniciativas encaminadas a salvar vidas". Estas palabras fueron tan criticadas como sus silencios.

Durante ese viaje destacó también el silencio que el Papa mantuvo en el estadio de Santiago, lugar que funcionó como un auténtico campo de concentración después del golpe de Estado del general Pinochet. Ahí fueron detenidos y torturados los opositores del régimen. Juan Pablo II, que se encontraba reunido allí con los jóvenes, sólo dijo: "En este estadio, lugar de competencias, pero también de dolor y sufrimiento en épocas pasadas..." Muchos habrían preferido que el Papa, gran defensor de los derechos humanos, en lugar de hablar de dolor y sufrimiento, hubiese hablado del atropello que ahí se realizó en perjuicio de esos derechos.

AMÉRICA LATINA ESTUVO SIEMPRE EN EL CORAZÓN DE JUAN PABLO II

No es una casualidad que haya realizado a este continente, que para él era el Continente de la esperanza, 18 viajes en los que visitó 27 países. Algunos recibieron más de una visita papal. Brasil y Republica Dominicana fueron visitados en cuatro ocasiones, Guatemala en tres, Perú, Uruguay, Venezuela, El Salvador, Nicaragua y Argentina en dos. México tiene el récord con cinco visitas.

Como ya hemos visto, paradójicamente, los momentos más difíciles vividos durante sus viajes tuvieron como marco el continente americano, que fue seguramente el continente que más quiso a Juan Pablo II, en el que más percibimos a multitudes enloquecidas por el entusiasmo, totalmente fascinadas por su carisma.

Le tocó a Nicaragua, por ejemplo, ser el marco de la primera y más fuerte réplica de todo el pontificado en contra de su persona.

Aconteció en el curso de su viaje internacional número 17, en su etapa en Managua, en febrero de 1983. Habría que analizar si fue una manifestación espontánea criticando su denuncia contra la Iglesia popular o una instrumentalización del gobierno sandinista. Para el Vaticano se trataba de una réplica o contestación, perfectamente orquestada por la Junta de Daniel Ortega; mientras que para otros, la protesta surgió de la multitud, decepcionada por las palabras del Papa que calificó a la Iglesia popular como *absurda y peligrosa*.

El día anterior a la llegada del Papa a Managua, fueron colocados en la misma plaza escogida para la misa papal los cuerpos de 16 jóvenes muertos en la frontera con Honduras, en un enfrentamiento contra las tropas somozistas. Las madres de los jóvenes pidieron que los cuerpos permanecieran en la plaza durante la visita del Papa.

Su deseo no fue escuchado. Después de la réplica se dijo que todo había empezado con los gritos de las madres de esos jóvenes que pedían la bendición del Pontífice para sus hijos.

El altar del Papa fue preparado en la misma plataforma utilizada para todos los actos oficiales de la Junta. Un inmenso panel con el busto de Sandino campeaba estratégicamente para que la silueta del Papa se dibujase contra el fondo.

Durante la misa y sobre todo en la homilía, Juan Pablo II fue interrumpido por gritos y eslóganes como: *Queremos la paz* o *Poder popular* coreados hasta el cansancio. Nunca vimos al Papa tan enojado. Tenía el rostro rojo por la tensión; no pronunciaba su discurso, sino que lo gritaba para que su voz fuera más fuerte que la de quienes coreaban los eslóganes. Cinco veces pidió silencio, pero no lo consiguió, hasta que visiblemente molesto gritó: "¡Sabed que quien más quiere la paz es la Iglesia!"

El Papa, que antes del inicio de la ceremonia había levantado de una forma impresionante el báculo pastoral en forma de cruz para que toda la plaza pudiera verla, después de pedir silencio por última vez permaneció durante un minuto entero con ambos brazos levantados y abiertos como si fuera una estatua de bronce.

Juan Pablo II decidió al fin seguir hablando y puso severa-

mente en guardia a los nicaragüenses contra cualquier intento de crear una iglesia paralela, de contraponer la Iglesia popular a la Iglesia institucional. Fue el discurso más duro que
pronunció sobre este tema. El Papa, gritando también, dijo
que "cuando el cristiano prefiere cualquier otra doctrina o
ideología a la enseñanza de los apóstoles de la Iglesia; cuando
estas doctrinas se convierten en el criterio de vuestra vocación;
cuando se instauran *magisterios paralelos,* se debilita la unidad
de la Iglesia…"

Sin dejar margen a duda alguna, el Papa denunció ante los
nicaragüenses "lo absurdo y peligroso que resulta imaginar
junto a la Iglesia construida en torno al obispo, por no decir
contra ella, otra Iglesia concebida como *carismática* y no institucional; *nueva* y no tradicional; alternativa y, como se preco-
niza últimamente, *popular*".

La contestación de Managua fue denunciada en términos
muy fuertes por los episcopados y gobiernos centroamerica-
nos, condenando firmemente la *ofensa* al Papa. Esa misma noche, al regresar a San José de Costa Rica, Juan Pablo II fue
recibido por una multitud de fieles que organizaron frente a la
nunciatura una manifestación de solidaridad y desagravio.

En los días siguientes, los técnicos de la Radio Vaticana in-
formaron que durante la misa el sistema de megafonía fue co-
nectado por los técnicos nicaragüenses a los micrófonos
colocados en la tribuna destinada al coro donde estaban sen-
tadas las madres de las víctimas de la revolución sandinista.
Además fueron distribuidos micrófonos entre la multitud para
que sus gritos fueran más fuertes que las palabras del Papa.

Muchos órganos de información, sin embargo, acredita-
ron la tesis de la contestación o réplica espontánea y publica-
ron encabezados de este tipo: *La Plaza 19 de Julio se desata*

contra el Papa, La revolución sandinista contra Juan Pablo II, La
multitud de Managua pidió que el Papa actuara como monseñor
Romero, es decir, que hablara de la injusticia, Las madres de los jó-
venes muertos se aventaron contra el altar para pedir, gritando en
forma histérica, una palabra del Papa sobre sus muertos.

Los críticos de Juan Pablo II también lamentaron en ese
viaje la severidad del Papa con Ernesto Cardenal, el sacerdote que participaba en la junta sandinista como ministro de
Cultura, a quien había pedido a su llegada a Managua, con
un gesto visible de reproche, es decir, amonestándole con dos
dedos, que se pusiera en regla con la Iglesia porque su rol político era incompatible con el de sacerdote.

El Papa volvió a Nicaragua, invitado por la presidenta Vio-
leta Chamorro, en 1996, para que olvidara el mal sabor de la
primera visita.

El viaje de Juan Pablo II a Centroamérica en marzo de
1983 tuvo otros momentos difíciles.

La visita a Guatemala, por ejemplo, estuvo a punto de ser
cancelada horas antes de su inicio, con motivo de la ejecu-
ción de seis jóvenes por parte del régimen del presidente
Ríos Montt, quien no tomó en cuenta la petición de gracia
que le había hecho llegar el Papa. El Vaticano calificó de *in-*
creíbles las condenas a muerte. A última hora, Juan Pablo II
decidió viajar a Guatemala a pesar de lo que había sucedido. Al besar tierra guatemalteca, el Papa sabía que besaba
una tierra ensangrentada por varios regímenes dictatoriales.
Al estrechar la mano de Ríos Montt sabía que era la mano
de un dictador que solía decir que "no gobernaba ni por los
votos ni por las armas, sino por la voluntad de Dios". En el
aeropuerto, Juan Pablo II no dijo nada, pero al celebrar una
misa frente a un millón de personas en la explanada del

Campo de Marte, el Papa expresó que "cuando se atropella al hombre, cuando se violan sus derechos, cuando se cometen graves injusticias, cuando se le violenta con el secuestro o se viola su derecho a la vida, se comete un crimen y una gravísima ofensa a Dios".

Al salir de Guatemala, Juan Pablo II se topó con otro personaje controvertido: el presidente de Haití, Jean Claude Duvalier, hijo de François Duvalier que gobernó el país más pobre de América Latina desde 1957 hasta su muerte en 1971. Al igual que Ríos Montt se describió ante el Papa como el mejor de los gobernantes, de un país *refugio de paz en una región agitada.*

En Haití, Juan Pablo II pronunció uno de los discursos más duros dirigidos a un gobierno. Afirmó que había "división, injusticia, una desigualdad excesiva, degradación de la calidad de la vida, miseria, hambre y miedo". Repitiendo sin cesar el lema de la visita, que era: "Algo hay que cambiar aquí", Juan Pablo II pidió a los ricos que entendieran su grave responsabilidad. El presidente *Baby Doc* acabaría huyendo de la isla años más tarde.

Un momento muy difícil, en cuanto a la seguridad del Papa, se vivió durante el viaje a Chile. Los responsables de la seguridad papal vivieron momentos tan duros en el parque O' Higgins de Santiago de Chile que llegaron incluso a preparar un plan para sacar al Papa de ahí.

Empezamos a advertir la tensión antes de la llegada de Juan Pablo II. Activistas pertenecientes aparentemente al MIR, es decir a la juventud comunista, empezaron a empujar la valla metálica que separaba el sector sur del sector de la prensa y del altar papal. Los voluntarios de la guardia papal no lograron contenerlos. Intervinieron los carabineros que comenzaron a contener la red en sentido contrario. Se iniciaron así ciertos enfrentamientos que duraron toda la misa oficiada por Juan Pablo II. Los jóvenes, entre los cuales se encontraban probablemente algunos provocadores, empezaron a lanzar piedras a los fieles. Los carabineros respondieron lanzando gases lacrimógenos. La nube de humo llegó hasta el altar donde Juan Pablo II estaba beatificando a la madre Teresa de los Andes. Por lo menos en tres ocasiones vimos al Papa con lágrimas en los ojos por efecto del gas.

En el parque se encontraban unas 700 mil personas que vivieron momentos de terror. Los manifestantes, algunos centenares, invadieron diversos sectores con banderas rojas y negras, gritando eslóganes contra Pinochet.

Desde el primer momento se vio que el blanco era la tribuna de los periodistas. Agredieron con bastones y piedras a la policía, mientras que todos los que nos encontrábamos en el sector de la prensa huimos hacia el sótano, a donde también llegaron niños y personas heridas. De ahí salimos con la ayuda de los bomberos. Desde el altar papal, se pidió repetidamente respeto por el Papa, por la misa que estaba celebrando, por los niños y los ancianos, pero los llamados no fueron escuchados. Los enfrentamientos continuaron. El Papa se vio incluso obligado a suspender su homilía dedicada al tema de la reconciliación, debido a los gases y a la tensión. Al final de la misa agradeció a los fieles su perseverancia y casi gritando se despidió con estas palabras: "El amor es más fuerte que el odio".

Los responsables de la seguridad vaticana tuvieron la impresión de que las fuerzas de seguridad chilenas permitieron que los incidentes se verificaran para que se viera "qué tipo de gente eran los comunistas a los que combatimos". (Así lo expresaron.)

Lo más anecdótico de este episodio fue que mientras la seguridad local lanzaba gases lacrimógenos cerca del altar, algunos agentes vaticanos empezaron a buscar limones en las cercanías.... Porque resulta que lo mejor que existe para evitar los efectos de los gases es un pañuelo empapado de jugo de limón.

Durante el vuelo de regreso a Roma, el Papa nos comentó que lo ocurrido en el parque O' Higgins fue "una provocación muy baja, violenta y brutal". Juan Pablo II nos confesó haberse sentido afectado por los incidentes. Frente a una acción organizada de violencia brutal —dijo— "uno no puede quedar indiferente".

En América Latina, afortunadamente, Juan Pablo II

Uno de los encuentros más emotivos, y que no se nos ha borrado de la memoria, fue el que mantuvo con los representantes de un pueblo indígena en Popayán, Colombia. El protagonista del encuentro fue el indígena Guillermo Tenorio, escogido para dar la bienvenida al Papa.

Desde el altar en el que se encontraba Juan Pablo II, el representante indígena se refirió al desprecio, a la marginación, al martirio del pueblo nativo por parte de los conquistadores y a la ayuda recibida de algunos sectores de la Iglesia, "acusados, por eso, de subversivos". Al pronunciar el nombre del padre Álvaro Orcue Cocue, asesinado precisamente por su solidaridad con los indígenas, un sacerdote se acercó a Guillermo Tenorio, lo alejó del micrófono y lo llevó hacia el Papa que estaba visiblemente sorprendido por lo que acababa de suceder. Se escucharon silbidos y gritos: "¡Sigue, sigue!" le gritaban a Guillermo sus compañeros. Juan Pablo II le besó la cabeza y al empezar su discurso dijo, dirigiéndose a los 200 mil fieles reunidos ahí: "No sé por qué han interrumpido a su representante pero tengo su discurso y les aseguro que lo leeré atentamente".

No fue necesario porque, mientras leía su mensaje, Juan Pablo II decidió que Guillermo Tenorio debía seguir hablando. Su decisión fue acogida con una apoteosis de aplausos. El representante indígena volvió a referirse al asesinato del padre Cocue, hasta entonces el único sacerdote indígena, y al deseo de la comunidad de recibir una comisión de control de los derechos humanos en la que figurara también un sacerdote. El portavoz, en medio de los aplausos, dijo que su comunidad depositaba toda su confianza en Juan Pablo II, porque "sabía escucharlos y entender sus aspiraciones". Al final de este discurso el Papa volvió a besar la cabeza de Guillermo, protagonista de un momento glorioso para su pueblo. En Popayán, donde el gesto que tuvo con el representante indígena quedará para siempre en la historia de la comunidad, Juan Pablo II afirmó que "la iglesia no puede permanecer silenciosa ni pasiva ante la marginación de muchos indígenas; por ello los acompaña valiente y pacíficamente, de acuerdo con las enseñanzas del Evangelio". El Papa también dijo en esa ocasión que la Iglesia está cerca de los indígenas, sobre todo cuando se trata de "defender sus legítimos derechos a la propiedad, al trabajo, a la educación y participación en la vida pública del país".

En medio de interminables aplausos dijo a los indígenas de Colombia y de todo el continente americano que eran objeto del "amor preferencial de la Iglesia" y que tenían un lugar *privilegiado* en el corazón del Papa.

Un año más tarde, asistimos a otro encuentro de Juan Pablo II con un pueblo oprimido. Las reivindicaciones fueron parecidas pero el marco de la reunión bastante diferente, ya que llegamos con el Papa a Phoenix, Arizona, para el encuentro con los indígenas de Estados Unidos. Lo esperaban en el moderno Palacio de los Deportes, donde habían preparado un escenario único en el que por primera vez había sido colocado el trono en una plataforma giratoria para que todos pudieran ver al Papa. Ahí asistimos también por primera vez a una especie de *limpia*.

En esta ocasión también el discurso que le dirigieron a Juan Pablo II había sido modificado. Una mujer *pima**, Alfretta Antone, dijo con valor frente a Juan Pablo II que "la historia es testigo de los abusos de que fueron víctimas los indios en su tierra". "Queremos determinar nuestro destino, —añadió—. Pedimos que los Estados Unidos y los demás gobiernos respeten los tratados hechos para salvaguardar nuestras tierras, nuestra agua y nuestros recursos". La representante de los indios norteamericanos pidió que el Papa "hiciera todo lo posible con su oración, su poder y su influencia" en defensa de sus derechos.

Juan Pablo II leyó su discurso sobre la plataforma giratoria, frente a 15 mil indios hopi, sioux, apache y navajo. Recordó a los religiosos que defendieron a los aborígenes de los abusos de los blancos, pero reconoció que "desafortunadamente no todos los miembros de la Iglesia actuaron a la altura de sus responsabilidades cristianas". Tras pedir que se olvidaran los errores, los invitó a la reconciliación. A las iglesias locales solicitó que mostraran "respeto por la cultura y las tradiciones de los indios norteamericanos".

---

*   *Nota del editor:* Indio del norte de América. Se ubican en el sur de
   Arizona o en el centro de Sonora (Estados Unidos).

JUAN PABLO II, MEDIADOR

El amor e interés de Juan Pablo II por América Latina quedó reflejado también en su decisión de aceptar la mediación para evitar un conflicto entre Chile y Argentina por el canal del Beagle, y de visitar Argentina y Gran Bretaña en 1982, que en ese momento estaban en guerra oficialmente declarada por las Islas Malvinas.

Juan Pablo II había programado desde hacía mucho tiempo una visita pastoral a Inglaterra pero debido a la guerra de Las Malvinas su viaje habría podido ser interpretado como un apoyo dirigido exclusivamente a Gran Bretaña.

En mayo de 1982, el Papa escribió una carta de su puño y letra a los cristianos de Argentina para anunciarles su deseo de viajar directamente de Inglaterra a Argentina para rezar por *una paz justa.* A pesar de los consejos de sus colaboradores, que consideraban demasiado peligrosos los dos viajes, el Papa *de armas tomar* logró lo que quería. Viajó primero a Gran Bretaña. Una semana más tarde fue a Argentina donde se pronunció inmediatamente contra la llamada *guerra justa* que algunos movimientos extremadamente patrióticos estaban sosteniendo y pidió a todos los argentinos y a la humanidad en general que se cuestionaran sobre "lo absurdo y lo injusto que resulta siempre el fenómeno de la guerra, en cuyo escenario de muerte y dolor sólo queda en pie, al final, la mesa de negociaciones".

Después de esos dos viajes nos preguntamos si Juan Pablo II estaría predicando en el desierto, ya que no logró detener la guerra de Las Malvinas.

Hubo quien pensó que la capitulación del general Menéndez, sin combatir dos días después de la partida del Papa, aunque ya todo estaba perdido, pudo tener algo que ver con el llamado de Juan Pablo II. También se especuló con el rumor de que durante su encuentro con el general Galtieri, el Papa le había sugerido una rendición que evitara más víctimas inútiles.

Se dijo en aquel momento algo que se expresaría cada vez que el Papa no lograba detener una guerra, es decir que a pesar de la sordera de los gobernantes, la lección de paz del Papa había *llegado* a la gente, a las familias, a los jóvenes, como una nueva prueba de la fuerza moral del pontífice.

Una meta importante y privilegiada de Juan Pablo II en América Latina fue indudablemente Brasil, el país con el mayor número de católicos en el mundo, que el Papa visitó en cuatro ocasiones, la primera de ellas en 1980, un año después de su elección.

Se trató de un maratón: 30 mil kilómetros recorridos: 13 ciudades en 12 días.

En esa época, el Papa se convirtió en *la voz de los que no tienen voz.* Los brasileños redescubrieron el clima exaltante de la democracia; después de 16 años de régimen militar, millones de brasileños volvieron libremente a las calles, llenaron plazas y estadios para escuchar a un hombre que día tras día les habló de sus derechos y de las exigencias de una verdadera justicia.

Juan Pablo II prestó su voz a campesinos, obreros, mineros, favelados, relegados, leprosos e indígenas.

De norte a sur, del este al oeste, se escuchó en esos días el grito de las multitudes brasileñas: *Rei, Rei, Rei, Joao Paulo é nosso Rei.*

Juan Pablo II, joven y fuerte, pronunció 48 discursos en los que promovió un nuevo orden social justo pero sin recurrir a la violencia ni a la lucha de clases.

Entre las imágenes imborrables de ese viaje han quedado sobre todo las de su visita a la favela de Vidigal, lejos de los rascacielos de Río y de la playa de Copacabana.

Ahí Juan Pablo II afirmó que "la Iglesia en la tierra brasileña quiere ser la Iglesia de los pobres". "La Iglesia de los pobres —explicó el Papa— habla primero que nada y sobre todo al hombre. A cada hombre y por eso mismo a todos los hombres".

En la tierra de los grandes teólogos de la liberación afirmó que "la Iglesia de los pobres no quiere servir a aquello que causa tensiones y hace explotar la lucha entre los hombres". Aclaró que "la única lucha, la única batalla a la cual la Iglesia quiere servir, es la noble lucha por la verdad y por la justicia, es la batalla por el verdadero bien, la batalla en la cual la Iglesia es solidaria con cada hombre".

Otra imagen sumamente significativa de ese primer viaje a Brasil fue la de Juan Pablo II abrazado a la frágil figura de monseñor Hélder Cámara, el gran defensor de los pobres, amenazado de muerte en repetidas ocasiones, incluso en la vigilia de la visita papal.

Monseñor Cámara, gran opositor del gobierno, fue la estrella de la visita del Papa a Recife. Juan Pablo II lo saludó públicamente calificándolo de *hermano de los pobres, hermano mío.* Luego lo abrazó.

Juan Pablo II realizó una breve escala en Río de Janeiro, rumbo a Argentina en 1982, luego volvió a visitar el país en agosto de 1991.

Durante ese viaje, volvió a afirmar que la Iglesia tenía que luchar "en favor de una mayor justicia, pero sin recurrir a la violencia".

Ante los obispos brasileños, volvió a denunciar a la teología de la liberación, tras afirmar que los obispos brasileños habían demostrado "una particular sensibilidad al dar una respuesta cristiana al apremiante hambre de pan y justicia que sufre el pueblo brasileño". Les pidió que no cedieran a la tentación de la teología de la liberación que no se adecua al auténtico magisterio de la Iglesia.

Un encuentro muy emotivo fue el que el Papa mantuvo en Salvador con los niños con quienes destacó la importancia vital para el Papa y para Brasil de proteger a la niñez. "En este país —dijo Juan Pablo II— no puede haber niños abandonados, ni niños sin familia, ni niños o niñas de la calle".

Ante 30 mil niños, afirmó que sólo "cuando la vida de los niños sea una prioridad de verdad, Brasil será un país reconstruido y organizado en todos los sentidos".

El Papa volvió a Brasil, en octubre de 1997, para celebrar en Río de Janeiro, el Segundo Encuentro Mundial de las Familias.

Los escenarios de los encuentros de Juan Pablo II con las familias de todo el mundo fueron el estadio Maracaná y el Aterro do Flamengo en el corazón de la ciudad carioca, en el que se reunieron dos millones de fieles.

El estadio Maracaná fue el marco en el que el Papa, rodeado por 500 obispos, hizo una de las condenas más fuertes de su pontificado: el aborto, al que calificó de "execrable delito y vergüenza de la humanidad, que condena a los que aún no han nacido a la más injusta de las ejecuciones, la de los seres humanos más inocentes".

A los esposos, Juan Pablo II pidió que permanecieran fieles a su entrega total hasta la muerte pero sin sentirse como condenados a muerte.

Juan Pablo II tuvo en el estadio a un gran aliado, es decir el recuerdo de la madre Teresa de Calcuta, quien había participado en el Primer Encuentro Mundial de las Familias en Roma. En medio de fuertes aplausos, el Papa exaltó su testimonio en defensa del *inestimable valor de la vida* y su rechazo a toda forma de supresión de la vida. "La muerte —dijo el Papa— ha hecho enmudecer esos labios, pero su mensaje en favor de la vida sigue siendo más que nunca vibrante y convincente".

En esta sexta visita a Brasil hubo muchas polémicas por la imagen de Río que se le intentó dar al Papa. Se comentó mucho que la policía había *desaparecido* a los niños de la calle para que Juan Pablo II no los viera.

Los organizadores de la visita, por parte de la Iglesia, incluyeron sin embargo una parada del Papa frente a la iglesia de la Candelaria donde, en julio de 1993 fueron exterminados ocho niños de la calle por la policía. Frente a Juan Pablo II soltaron ocho globos blancos con sus nombres.

Otro momento muy conmovedor fue el que el Papa vivió en la Catedral de Río donde le esperaba la mujer más vieja del mundo, María do Carmo Jerónimo, de 126 años. María era conocida como la última esclava porque se había liberado de la esclavitud hacía tan sólo 17 años.

Uno de los viajes más largos que Juan Pablo II realizó a América Latina fue el que lo llevó en febrero de 1985 a Venezuela, Ecuador, Perú y Trinidad y Tobago.

El Papa recorrió casi 30 mil kilómetros, pronunció 45 discursos, visitó 17 ciudades y encontró unos 10 millones de personas. Se trató del sexto viaje del Papa a América Latina en seis años, prueba de su predilección por el que para él, era el continente de la esperanza.

El viaje empezó en Venezuela, marco en ese momento de fuertes desigualdades sociales.

Desde su llegada, el Papa hizo especial hincapié en el rol de la Iglesia para que Venezuela se volviera un país más justo en el que sus abundantes riquezas llegaran hasta los sectores sociales más pobres. Los obispos venezolanos tenían que volverse *la conciencia moral y crítica de la sociedad*. Al mismo tiempo tenían que compartir con el gobierno, en ese momento presidido por el presidente Jaime Lusinchi, la protección de los valores fundamentales de los venezolanos, entre ellos la familia, a cuya defensa el Papa dedicó una misa en la inmensa explanada de Montalbán, frente a la Virgen de Coromoto que él mismo coronó al final de la ceremonia.

En Venezuela, Juan Pablo II apoyó los esfuerzos del Grupo de Contadora, integrado por Colombia, México, Venezuela y Panamá, encaminados a la pacificación de Centroamérica.

Entre los momentos sobresalientes estuvo su encuentro con los trabajadores de la siderúrgica de Orinoco y su última misa en Suayana, donde plantó la semilla de un árbol de montaña que vivirá por lo menos 200 años, símbolo de la necesidad de custodiar y profundizar la fe que, dijo el Papa, "da un nuevo y definitivo significado a nuestra vida en la Tierra".

De Venezuela viajó a Ecuador, que vivía momentos muy difíciles debido a una serie de huelgas y contrastes entre el parlamento y el gobierno por la política de austeridad del gabinete. Días antes de su llegada habían muerto seis personas en enfrentamientos entre la policía y los manifestantes. El primer discurso del Papa en el aeropuerto fue un llamado a los ecuatorianos para que tomaran conciencia de su responsabilidad en "la construcción de una sociedad más justa, fraterna y acogedora".

Una de las etapas más impactantes de la visita del Papa a Ecuador fue la de Latacunga. Ahí le esperaban los representantes de 16 pueblos indígenas que constituyen 35% de la población. Ahí estaban los grupos quechua e incluso Felipe Atahualpa XXVIII, considerado el descendiente directo del emperador de los incas, Atahualpa, asesinado por el conquistador Pizarro.

Frente a 100 mil cruces talladas de madera, Juan Pablo II rindió homenaje a la cultura andina con un largo discurso traducido en quechua y shuara. Antes de hablar, el Papa escuchó al coordinador general de la Liga de los Pueblos Indígenas, Manuel Imbaquinigo, quien le explicó las tremendas condiciones de vida de los indígenas: "Somos pueblos de milenaria cultura que soportamos la explotación de los malos cristianos. Desde la conquista española, hace 485 años —dijo—, nuestra situación no ha cambiado. Continúan las humillaciones, el racismo, la marginación en todos los sectores de la vida social".

Juan Pablo II, con un discurso emotivo, le respondió que quería ser "el portavoz de sus aspiraciones más profundas" y abogó en favor de una verdadera reforma agraria al calificar como *legítimo* el deseo de los indígenas de contar con una posesión efectiva y digna de su tierra.

Juan Pablo II visitó también Cuenca, la Atenas de los Andes, y Guayaquil, donde, en la explanada Los Gamanes, beatificó a la religiosa ecuatoriana, madre Mercedes de Jesús Molina, que dedicó toda su vida a los pobres.

Muy emotiva también fue la visita que el Papa realizó al barrio de Guasmo, donde vivían unas 350 mil personas llegadas de todo el país. "Nadie se sienta tranquilo —dijo el Papa en medio de una escuálida pobreza— hasta que en Ecuador no haya un niño sin escuela, una familia sin casa, un obrero sin trabajo, un enfermo o un anciano sin una asistencia adecuada".

La siguiente etapa fue Perú, un país marcado en ese momento por fuerte desequilibrio social y amenazado por la violencia.

Nada más al llegar a la Plaza de Armas de Lima, en un encuentro con el clero diocesano, los religiosos y las religiosas, el Papa se dijo consciente de la tragedia del hombre contemporáneo, amenazado por la miseria, el hambre, la enfermedad, la desocupación, la injusticia, el abuso de los poderosos, la violencia contra los débiles y la pérdida de valores morales".

Por la tarde, en un encuentro con los jóvenes en el hipódromo de Montellico, el Papa les pidió que no siguieran adelante a aquellos que "afirman que las injusticias sociales quedan borradas sólo con el odio de clase, el recurso a la violencia u otros medios anticristianos".

El domingo 3 de febrero, Juan Pablo II viajó a Cuzco a 3 400 metros de altura. Tanto al Papa como a quienes lo acompañamos, nos dieron té de coca, pero ninguno de nosotros pudo seguir la recomendación de tomarlo con mucha calma...

En la explanada de la antigua fortaleza inca de Sacsahuaman, Juan Pablo II coronó a la Virgen del Carmen de Pancarlambo, que fue llevada con una peregrinación de ocho días, desde el santuario en el que se encuentra.

En la antigua capital del imperio inca, el Papa denunció las ideologías que dividen a los hombres. El tejido social, dijo, está amenazado por graves formas de egoísmo: el fuerte desequilibrio entre ricos y pobres, el triunfo de los intereses particulares, el cultivo de plantas que son transformadas luego en el funesto veneno de la droga.

Juan Pablo II abogó en favor de una opción preferencial por los pobres que no derivara de "razones políticas sino del Evangelio".

La etapa sucesiva fue la más peligrosa porque llegamos hasta Ayacucho, la rocafuerte de los terroristas de Sendero Luminoso. Ahí se escuchó el grito del Papa: "Os pido, en nombre de Dios, convertiros a la causa de reconciliación y de la paz". Juan Pablo II se dirigió directamente a los hombres que "han puesto su confianza en la lucha armada". A los huérfanos y a las viudas, pidió el valor del perdón. A todos recordó que "un compromiso para la liberación que no sea acompañado por acciones en favor de la reconciliación y la paz, no es un compromiso cristiano".

En la décima jornada de ese viaje, Juan Pablo II celebró una misa en Piura y luego en Trujillo mantuvo un encuentro con todas las categorías de trabajadores, pescadores, obreros, artesanos y campesinos, a los que recordó que la Iglesia quería estar cerca de todos aquellos que son tratados injustamente, para mejorar su situación en todos los ámbitos, no sólo en el económico.

Al volver a Lima, Juan Pablo II se encontró con la sorpresa de un apagón provocado por los guerrilleros. La ciudad se quedó a oscuras durante diez minutos entre las ocho y las nueve, mientras se encendían unos fuegos con la hoz y el martillo. Se supo que habían estallado explosiones, atribuidas a Sendero Luminoso, cerca de las principales centrales eléctricas.

El último día de Juan Pablo II en Perú fue marcado por el encuentro con los habitantes de *los pueblos jóvenes* en Villa el Salvador. El 65 por ciento de los que vivían en esas favelas eran desempleados. Denles de comer, dijo el Papa, y explicó que no se trataba de asegurar sólo los alimentos, sino también la dignidad, la casa, la educación, el trabajo y la asistencia.

Siguió otro encuentro con marginados, me refiero a los indígenas en Iquitos. Acogido por una gran fiesta de danzas y flores, Juan Pablo II les expresó su solidaridad: "Sé que tienen motivos de sufrimiento —dijo—, pero abran las puertas a los que se les acercan con un mensaje de paz, dispuestos a ayudarlos".

El viaje finalizó con una escala de siete horas en Port of Spain, capital del estado de Trinidad y Tobago.

Al celebrar una misa, el Papa recordó el valor de los misioneros y los puso en guardia acerca de las amenazas a la vida cristiana, sobre todo la infidelidad conyugal, el divorcio y el *abominable delito del aborto*.

"Recuerden —dijo Juan Pablo II—, que ninguna sociedad puede sobrevivir, ninguna acción puede durar si la vida humana no es protegida integralmente".

LA REALIZACIÓN DE UN SUEÑO: LA VISITA A CUBA

La visita a la que Juan Pablo II siempre calificaba de *Perla del Caribe* merece una sección aparte.

Cuando aterrizamos en el aeropuerto de La Habana y vimos a Fidel Castro recibiendo con todos los honores y todas las atenciones a Juan Pablo II, que él mismo había sorpresivamente calificado de *Ángel de los Pobres*, los 3 mil periodistas de 50 países que ahí estábamos, pensamos que habíamos aterrizado en otro planeta.

El Papa, que ya no podía arrodillarse para besar la tierra, besó un puñado de tierra colocado en una pequeña caja y pronunció la famosa frase que se volvería el lema de su visita:

"¡Que Cuba se abra al mundo y el mundo se abra a Cuba!" Juan Pablo II también le dijo a los cubanos que tenían que ser "los protagonistas de su propia historia personal y nacional" y manifestó la esperanza de que su visita contribuyera a animarlos a poner su propio esfuerzo para lograr "sus aspiraciones y legítimos deseos".

La sensación de estar presenciado algo histórico e inimaginable durante mucho tiempo nos acompañó durante cuatro días, en Santa Clara, Camagüey, Santiago de Cuba y en La Habana.

Fuimos testigos privilegiados de una extraordinaria acogida por parte del pueblo cubano que lo acompañó doquiera, gritando *Juan Pablo, amigo, Cuba está contigo* y *Se siente, se siente, el Papa está presente,* y del encuentro, imposible hasta hace pocos años, entre dos líderes ancianos, carismáticos, protagonistas de dos revoluciones profundamente diferentes.

Seguimos al Papa en Santa Clara, donde ante 100 mil cubanos, dedicó una misa a la familia, calificó al aborto de crimen abominable y puso en guardia contra la desintegración familiar y la pérdida de valores.

Vimos a Juan Pablo II con los jóvenes en Camagüey donde el Papa mismo, visiblemente contento por la recepción, repitió las porras que escuchaba como por ejemplo: *Juan Pablo hermano, tú quieres a los cubanos.* Ahí pidió a los jóvenes que no buscaran en el exilio la solución de sus problemas, porque el anhelo de evasión y de la emigración provoca que las personas huyan "del compromiso y de la responsabilidad para refugiarse en un mundo falso cuya base es la alienación y el desarraigo".

Juan Pablo II tuvo la oportunidad de dialogar con los intelectuales en la Universidad de La Habana. Ahí reconoció que los hombres artífices de la cultura en Cuba, son "hombres de diálogo, capaces de escuchar y de proponer". En su cuarto día el Papa viajó a Santiago de Cuba para coronar a la Virgen de la Caridad del Cobre. Frente al vicepresidente cubano Raúl Castro, hermano de Fidel, y frente al ministro de Cultura, Abel Prieto, el arzobispo de Santiago de Cuba, Pedro Meurice Estiu se refirió a los cubanos de Cuba y a los de la diáspora y le presentó al Papa a los cubanos que "han confundido la patria con un partido, la nación con el proceso histórico que hemos vivido en las últimas décadas y la cultura con una ideología".

El Papa que entendió el mensaje, coronó a la Virgen "madre de todos los cubanos, sin distinción de razas, opciones políticas o ideológicas". También le pidió a la Virgen que "reúna a sus hijos por medio de la reconciliación y la fraternidad" y envió un saludo a todos los cubanos que "en cualquier lugar del mundo" veneran a la Virgen de la Caridad.

A nivel político fuimos testigos del encuentro entre Juan Pablo II y Fidel Castro, que dialogaron durante 45 minutos.

Si bien no fueron dados a conocer los temas tratados, el portavoz vaticano Joaquín Navarro Valls nos comentó que durante la entrevista el Papa le pidió al presidente cubano la liberación de un grupo de presos políticos.

Fuimos testigos también de la presencia del líder máximo en la última misa papal en la Plaza de la Revolución, con un Cristo monumental al lado de la imagen del Che y de José Martí en la que Fidel Castro, quien durante toda la visita papal sustituyó el uniforme militar con un traje azul oscuro, siguió toda la ceremonia, en primera fila, al lado de Gabriel García Márquez.

La escena no habría podido ser más surrealista, al igual que los 24 aplausos con los que Juan Pablo II fue interrumpido al leer su homilía.

En el avión que nos llevó a Cuba desde Roma, le había preguntado a Juan Pablo II qué esperaba del encuentro con Fidel Castro, tras comentarle que para muchos se trataba del encuentro entre *un ángel y un demonio.* "Será el encuentro entre dos hombres, me contestó Juan Pablo II. Quiero que me cuente la verdad de la revolución, su verdad como hombre, como presidente y como comandante". Juan Pablo II también me dijo: "El presidente cubano sabe bien quién es el Papa y si me invita es que antes ha pensado a quién está invitando y qué puedo decir".

De hecho al Papa no se le impuso ninguna restricción en cuanto a palabra, movimiento y cobertura de los medios, que lo siguieron paso a paso, transmitiendo todos sus actos.

Fidel Castro, quien durante años se había opuesto al viaje y que finalmente lo había invitado en el curso de una audiencia que el Papa le concedió en noviembre de 1996 en el Vaticano, recibió lo que se esperaba de la visita, es decir, la condena del embargo estadounidense. En Cuba, Juan Pablo II afirmó que "las medidas económicas restrictivas del exterior son injustas y éticamente inaceptables".

En su homilía durante la última misa en tierra cubana, el Papa recordó a los cubanos que el mayor desafío sigue siendo "conjugar libertad y justicia social, libertad y solidaridad, sin que ninguna sea relegada a un plan inferior". También les advirtió que la liberación "no se reduce a los aspectos sociales y políticos, sino que encuentra su plenitud en el ejercicio de la libertad de conciencia, base y fundamento de los otros derechos humanos".

Denunció todos los extremos ideológicos y políticos, desde el socialismo hasta el neoliberalismo, que, dijo, "subordina a la persona humana y condiciona el desarrollo de los pueblos a las fuerzas ciegas del mercado, gravando desde sus centros de poder a los países menos favorecidos con cargas insoportables".

En Cuba, el comandante le dijo al Papa: "Santidad, hemos dado un buen ejemplo al mundo; usted visitando lo que alguien ha llamado el último bastión del comunismo y nosotros, recibiendo al jefe religioso al que algunos atribuyen haber acabado con el socialismo en Europa".

Juan Pablo II había esperado que su viaje a Cuba tuviera el efecto de su primera visita a Polonia, que abrió el camino al nacimiento de solidaridad, el primer sindicato independiente del Este europeo y, poco a poco, a los grandes cambios que llevaron a la caída del Muro de Berlín. Ese efecto no se dio.

Es seguramente prematuro hacer un balance de su histórica visita a Cuba.

Muchos esperan sin embargo que ésta haya abierto un camino hacia una transición lenta y pacífica, basada en la reconciliación de todos los cubanos y la convicción de que la justicia social y la libertad individual tienen que caminar juntas y de la mano.

Uno de los legados que le dejó a los cubanos fue una de las frases de la homilía que pronunció en su última misa en La Habana, frente al líder máximo: "Ésta es la hora de emprender nuevos caminos que exigen los tiempos de renovación que vivimos, al acercarse el tercer milenio de la era cristiana".

IV. LA CAÍDA DEL COMUNISMO
EN EUROPA DEL ESTE

Una democracia sin valores puede transformarse
fácilmente en un totalitarismo abierto o disfrazado.
JUAN PABLO II

No se puede entender la historia de los cambios extraordinarios que se dieron en Europa del Este y llevaron a la caída del Muro de Berlín en noviembre de 1989, sin analizar los viajes de Juan Pablo II a Polonia, y especialmente los que hizo antes de esa fecha.

Tampoco se puede olvidar en efecto, que fue precisamente en Polonia donde detonó la primera explosión que —cual una hilera de fichas de dominó— fue derribando a la casi totalidad de los regímenes comunistas en Europa del Este.

El primer viaje del Papa a Polonia, en junio del 79, seguido con enorme preocupación por Moscú, pasó a la historia como el primer viaje de un Papa a un país del bloque socialista y sobre todo porque fue el viaje en el que Juan Pablo II plantó la semilla de la que brotaría Solidaridad, el primer sindicato independiente del Este europeo.

Durante esa visita, el Papa puso en primer plano la fuerza del catolicismo en defensa de las libertades civiles, hizo entrever la posibilidad de que el catolicismo se transformara en una fuerza renovadora capaz de poner en peligro todo totalitarismo.

En junio del 79 asistimos en Polonia a la exaltación de la religión como defensora de la dignidad humana, en contraposición con el pensamiento laicista del marxismo. Juan Pablo II logró que la religión reivindicara su derecho inalienable de representar al hombre libre.

A lo largo de los nueve días transcurridos en los encuentros con su pueblo, con su tierra, con su idioma y su pasado, el Papa, exaltó la alegría de la fe estrechamente vinculada con la libertad y enfatizó reiteradamente la unidad indivisible entre el catolicismo y la nación polaca.

El primer viaje del Papa a Polonia fue sin lugar a dudas, una gran fiesta del Hombre, con H mayúscula.

En contacto con un Papa eslavo, un Papa patriótico y valiente, el pueblo polaco, fuertemente abatido por la situación política, económica y social de su país, levantó en aquellos días la cabeza.

Los polacos volvieron a sentirse fuertes y orgullosos de serlo y la Iglesia, que estuvo siempre al lado del pueblo en los momentos más difíciles de su historia y especialmente bajo la ocupación nazi, primero, y bajo el régimen comunista, después, aumentó con esa gran manifestación pública de fuerza, su poder moral y social en toda la nación.

En los años venideros la Iglesia se volvió un protagonista clave en toda negociación entre el gobierno y la oposición.

Un amigo polaco de Juan Pablo II, Jerzy Turowicz, quien nos acompañó en varios viajes durante los primeros años del pontificado, nos comentó al final de esa primera visita a Polonia, que ese viaje representó el único momento en 35 años, en que el país pudo expresarse y manifestar libremente lo que era. El viaje creó una nueva situación que sería definitiva en Polonia.

Esto resultó claro en agosto de 1980, durante la histórica huelga en los astilleros de Gdank, en cuyas rejas se colgaron retratos del Papa y de la Virgen de Chestokowa, que 26 años después siguen ahí.

Después de esas huelgas que originaron el nacimiento de Solidaridad, el mundo entendió que el agosto polaco habría sido imposible sin un Papa polaco.

Hay imágenes de ese primer viaje a Polonia, que por su enorme simbología no se nos han podido borrar de la memoria; por ejemplo la del grandioso altar y sobre él, una cruz de 15 metros de altura dominando la Plaza de la Victoria, ahora Plaza Mariscal Pilzusky, en la que se encuentra la tumba del soldado desconocido. Para un régimen marxista y ateo esto representa una imagen realmente revolucionaria

En esa plaza Juan Pablo II recibió un aplauso ininterrumpido de 10 minutos que tuvo que sonar como una advertencia amenazadora al entonces secretario del partido comunista polaco Edward Gierek.

A tan sólo 200 kilómetros de la frontera más cercana con la Unión Soviética, Juan Pablo II dijo: "No se puede excluir a Cristo de la historia del hombre... La exclusión de Cristo de la historia del hombre es un acto dirigido contra el hombre mismo... No se puede entender esta nación con un pasado tan espléndido y al mismo tiempo tan difícil, sin Cristo".

Era imposible acallar las ovaciones a lo que fue interpretada como una protesta pública contra la falta de libertad religiosa, así como era imposible detener centenares de miles de manos levantando pequeñas cruces de madera que el Papa bendijo repetidamente. Juan Pablo II consciente de lo que estaba sucediendo, dijo: "Me he preguntado si debo prohibir o aceptar estos aplausos. ¡Llegué a la conclusión de que debía aceptarlos porque con ellos el pueblo participa con la predicación papal!"

Durante este viaje, en la ciudad de Gniezno, baluarte del catolicismo polaco, Juan Pablo II pronunció uno de los discursos más importantes de su pontificado, al esbozar por primera vez su visión verdaderamente futurista, y más aún profética, de una Europa que tenía que "ser unida desde el Atlántico hasta los Urales" teniendo en cuenta sus raíces cristianas comunes.

Europa —afirmó el Papa— tiene que respirar con sus dos pulmones.

¿Cristo no quiere acaso, se preguntó Juan Pablo II en Gniezno, que este Papa polaco, este Papa eslavo, manifieste la unidad espiritual de la Europa cristiana deudora de las grandes tradiciones de Oriente y Occidente?

Igualmente proféticas fueron sus palabras en Nova Huta ante los obreros y mineros de Silesia, a quienes dijo que "El trabajo libera al hombre de la esclavitud, en el sentido de que a través de él, el hombre se vuelve dueño y no esclavo". También les dijo que "el trabajo no puede ni debe estar separado de la oración. El trabajo y la oración deberían ser la base de la nueva generación de Polonia".

Un año después, en los astilleros de Gdank, los obreros rezaban y celebraban misa en medio de la huelga.

En Nova Huta, el Papa sabía que al afirmar que Cristo no aceptará nunca que el hombre sea considerado un simple medio de producción, estaba despertando las conciencias de sus compatriotas. De hecho, para tranquilizar a las autoridades polacas, declaró que nadie tenía que sorprenderse de que en Polonia hablara de la dignidad del trabajo, porque también lo había hecho en México, con palabras mucho más duras.

Lo más impresionante de esa visita fue la despedida, ocurrida en el parque Blonie de Cracovia, la ciudad donde había sido sacerdote, obispo y arzobispo, donde ante dos millones de personas, algo absolutamente inimaginable en un país socialista, el Papa celebró una misa y, en una homilía interrumpida 22 veces por los aplausos, dejó dos mensajes, uno para los polacos, otro para el mundo.

A los polacos les dijo que más que nunca, en ese momento, necesitaban "la fuerza de la fe, esta esperanza, esta fuerza consciente madura y responsable que nos ayuda a establecer el gran diálogo con el hombre y con el mundo".

Ésta fue la premisa para el segundo mensaje, que iba dirigido al mundo y contenía las consignas que cambiarían en un solo decenio la historia de Europa del Este: "Hay que trabajar por la paz y la reconciliación… Hay que abrir las fronteras. No hay que tener miedo… Hay que abrir las fronteras, insistió, porque no existe el imperialismo de la Iglesia, sino el servicio de la Iglesia".

Al despedirse de su patria, conmovido y cansado, Juan Pablo II volvió a besar tierra polaca, al igual que lo había hecho a su llegada y prometió volver en 1982, con motivo del jubileo de la Virgen de Czestochowa, pero la historia no se lo permitió.

Para volver a Polonia, el Papa tuvo que esperar hasta 1983. Los años que separaron las dos visitas estuvieron marcados por eventos dramáticos: el atentado contra su persona el 13 de mayo del 81, el golpe de estado del general Jaruzelski el 13 de diciembre del 81, la ley marcial, la eliminación del sindicato Solidaridad que había nacido en septiembre de 1980, después del éxito de las negociaciones con el gobierno que siguieron a la huelga en los astilleros de Gdansk, la detención de muchos de sus líderes, entre ellos Lech Walesa, y las manifestaciones de protesta.

El viaje de Juan Pablo II a Polonia, en junio de 1983, fue objeto de largas y difíciles negociaciones entre el gobierno del general Jaruzelski, el Vaticano y la conferencia episcopal polaca.

Se le impidió al Papa visitar ciudades como Gdansk y Stetin, cuna de Solidaridad, porque su presencia en esa zona caliente, corazón de la resistencia contra el régimen, habría podido tener consecuencias imprevisibles. También fue excluida la ciudad de Dublín, por encontrarse demasiado cerca de la frontera con la Unión Soviética.

Se enfatizó el carácter religioso del viaje con la visita, en una semana, a nueve santuarios marianos y la coronación de seis vírgenes; se redujo el número de los discursos papales, de las audiencias a grupos particulares, así como los encuentros multitudinarios, probablemente para evitar que las ceremonias papales se transformaran en manifestaciones de protesta contra el régimen.

El 16 de junio de 1983 Juan Pablo II llegó a un país totalmente diferente al que había dejado en junio de 1979, con lágrimas en los ojos. Ya no estaba el cardenal Wyszynski, líder de una Iglesia sin incertidumbres; ni el secretario del Partido Comunista, Edward Gierek, que había logrado contener a los militares en sus cuarteles. Era un país que tras el nacimiento de Solidaridad había saboreado durante 15 meses el gusto por la libertad, pero que después de la ley marcial impuesta por el general Jaruzelski, había caído en una profunda postración y apatía.

El Papa volvía a Polonia para darle a sus compatriotas, por segunda vez, la esperanza.

Se decidió que el general Jaruzelski no estuviera en el aeropuerto para darle la bienvenida a Juan Pablo II, para evitar darle una connotación demasiado política al viaje y para que su presencia no pudiera ser interpretada como una legitimación, por su parte, del poder militar-comunista.

Ante el presidente del Consejo de Estado, Jablonski, quien lo había recibido ya en el 79, en el primer discurso en el aeropuerto, el Papa afirmó que representaba para él un deber "estar con mis compatriotas en este momento sublime, pero difícil de su historia". También dejó bien claro que su visita era una peregrinación simbólica a todo el país, incluso a los lugares que no le permitirían visitar.

El presidente Jablonski, por su parte, afirmó: "La misión de este abogado de la paz, podría ayudar mucho a la causa de la normalización y de la estabilidad interna".

El presidente también dijo que el Estado y la Iglesia no sólo podían, sino que debían colaborar por el bien del país. En otras palabras, las autoridades polacas le pidieron enseguida al Papa que les diera una mano en el difícil proceso de normalización y le hicieron saber que por encima de sus respectivos intereses y de las diferencias existentes, la Iglesia y el Estado habían de tener tres objetivos comunes: la justicia social, la integridad del territorio y la seguridad de sus fronteras.

Uno de los encuentros más importantes y dramáticos de los mantenidos por Juan Pablo II en sus 104 viajes fue el que tuviera con el general Jaruzelski, al día siguiente de su llegada, en el edificio neoclásico del Belvedere, en Varsovia. La reunión duró dos horas con veinte minutos: más del doble de lo que había dedicado a los demás jefes de Estado en sus viajes alrededor del mundo. Miles de polacos, a través de la televisión, vieron llegar al Papa con el rostro muy serio, acompañado por las máximas autoridades del Vaticano y del Episcopado polaco, y al general con sus lentes oscuros, visiblemente tenso; todos presenciaron el momento en el que se dieron la mano. Esa foto que dio la vuelta al mundo, estaba estrechamente relacionada con el futuro de Polonia.

Para que no se pudiera dar ningún malentendido, Juan Pablo II expresó su esperanza de que ese difícil momento del país "se transforme en un proceso de renovación" y que "la reforma social muchas veces anunciada según los principios elaborados con tantos esfuerzos en los días de agosto de 1980, sea gradualmente realizada".

El pueblo polaco oyó desde sus casas al general Jaruzelski, manifestarle al Papa su intención de levantar pronto el estado de sitio para aplicar soluciones humanitarias apropiadas y legales, "siempre y cuando la situación se desenvuelva de forma positiva".

Muchos escribimos ese día en nuestras crónicas, que de los dos discursos brotaba un sentimiento común, aunque con connotaciones distintas: el patriotismo tanto de la Iglesia como del Estado en Polonia.

El general Jaruzelski explicó que "la dramática, difícil, pero inevitable" decisión del golpe de Estado había sido tomada *in extremis*, como última posibilidad, en otras palabras, para evitar una probable invasión soviética. De hecho le dijo al Papa: "No temo el juicio de la posteridad. Será seguramente más equilibrado que el actual".

Los hechos futuros le dieron la razón.

El Papa por su parte, fue extraordinariamente claro: la renovación social, sobre la base de los acuerdos con Solidaridad, no sólo era posible, sino indispensable; y considerando urgente la restauración del diálogo también en el ámbito internacional, dirigió un llamado a los países europeos y a Estados Unidos para que demostraran mayor comprensión y no aislaran a Polonia, sobre todo en el aspecto económico.

Éste fue el encuentro *oficial*.

Una semana más tarde, horas antes de volver al Vaticano, el Papa pidió mantener un segundo encuentro con el general Jaruzelski, que voló de Varsovia a Cracovia. El encuentro, en el Wavel, el castillo de los reyes polacos, inició a las 8:45 de la noche y acabó después de dos horas. En ese lapso se decidió el futuro de Polonia y en cierta medida el de Europa.

En febrero de 2006 mantuve una larga conversación con el general Jaruzelski, en la oficina que aún tiene en un edificio del ejército en Varsovia. De su viva voz supe lo cruciales que habían sido, a nivel histórico, los dos encuentros mantenidos con Juan Pablo II en 1983.

Según el general, el encuentro realmente determinante fue el segundo. En el Wavel, de noche, con la gente afuera esperando noticias alentadoras y tranquilizadoras para su futuro, el general le explicó al Papa, por qué había decretado la ley marcial y sus proyectos para levantarla. Del Papa recibió sugerencias, reflexiones, una visión filosófica de la democracia y de la identidad nacional polaca. En ese encuentro, el general descubrió al hombre que había detrás del Papa carismático que había observado en televisión y que había empezado a conocer a través de sus artículos, ensayos y libros. Esa noche descubrió su calor humano, su cultura, su tacto, su gran patriotismo, que no era sólo un patriotismo polaco sino universal. El Papa, que fascinaba a millones de personas con sus discursos, era un hombre que sabía escuchar, con concentración y atención; sus respuestas no eran categóricas, no había de su parte ninguna imposición.

"No me decía 'tiene que introducir la democracia', sino 'piense en la identidad nacional'. Me repitió varias veces una frase del rey polaco Estanislao Augusto: "No seré el rey de vuestras conciencias".

Según el general Jaruzelski, la discreción del Papa fue fundamental para que ese encuentro tuviera un desenlace positivo. Si Juan Pablo II hubiera actuado en forma autoritaria, si no se hubiese demostrado abierto a escuchar y entender sus razones, para el general, según él mismo me comentó, habría sido muy difícil levantar la ley marcial, después del regreso del Papa al Vaticano.

La actitud del Papa hizo que el general Jaruzelski saliera del Wavel sabiendo que no había alternativa para la normalización de la situación de su patria.

Al hacer un análisis histórico de lo que había sucedido, el general Jaruzelski me comentó que Juan Pablo II fue elegido en el momento adecuado, en el momento en que en Polonia habían madurado en forma dramática las contradicciones del régimen comunista. Con sabiduría y valor, el Papa entendió el momento histórico, hizo estallar esas contradicciones, provocó que Polonia se volviera un ejemplo, se transformara en un modelo para los demás países del Este europeo.

El 22 de julio, un mes después de la visita papal, el estado de guerra fue rebajado al estado de crisis, lo que supuso el total levantamiento de la ley marcial.

Le pregunté al general Jaruzelski si había dado el golpe de Estado para evitar la invasión soviética. Me contestó que el estado de sitio había sido el mal menor con respecto a la catástrofe nacional e internacional que habría podido darse. Recordó que el Papa recibió la noticia del golpe, con dolor y preocupación, pero entendió sus motivaciones y le ayudó a encontrar una salida a esa situación, sobre todo a través del respeto por los derechos humanos y de la reconciliación nacional.

El general Jaruzelski puso en tela de juicio la explicación de los que afirman que Juan Pablo II fue el hombre que acabó con el comunismo, que fue "un flagelo de Dios, un aries que pisoteó el comunismo". En su opinión, el Papa no fue el "gran destructor" sino el "gran constructor", porque el socialismo real estaba muerto y él puso las raíces de una nueva realidad política.

También le pregunté si coincidía con los que pensaban que en caso de una invasión soviética, Juan Pablo II habría viajado a Polonia. Me contestó: "Se trata de especulaciones. Lo importante es que logramos evitar lo peor".

Después del segundo encuentro con el general Jaruzelski en 1983, Juan Pablo II se entrevistó "en secreto" con el líder de Solidaridad, Lech Walesa, quien después de la disolución del sindicato y la ley marcial, estuvo casi un año en la cárcel. El encuentro tuvo lugar en Zakopane, una localidad en los montes Tatra, en el transcurso de la última mañana del Papa en Polonia, que desde su salida de Roma aparecía en el programa como "mañana libre".

De ese encuentro sólo hay una foto tomada por el fotógrafo pontificio Arturo Mari, que en su momento no fue publicada. Se dijo ese día que Juan Pablo II había llegado a un compromiso con el general Jaruzelski y que el precio había sido sacrificar a Walesa, que dos años antes, había sido recibido con todos los honores en el Vaticano, como primer presidente de Solidaridad.

Esta interpretación fue desmentida por los hechos ocurridos en los meses y años venideros en Polonia.

La verdadera víctima del encuentro fue don Virgilio Levi, el subdirector de *L'Osservatore Romano*, el diario oficial del Vaticano, quien escribió un artículo dedicado al supuesto sacrificio de Lech Walesa y cuyo título era "Honor al sacrificio". Al día siguiente, el autor del artículo presentaba su dimisión debido al revuelo ocasionado por haber dado a entender con excesiva franqueza que la Iglesia, con tal de mantener el diálogo con el general Jaruzelski, estaba dispuesta a dejar de lado a Walesa y a Solidaridad. El sacerdote no había entendido que la actitud del Papa con Walesa respondió a una táctica del momento y que Juan Pablo II no tenía la menor intención de abandonar al primer sindicato independiente del Este europeo, y menos aún a su máximo líder.

El Pontífice volvió a Polonia en 1987, el clima era indudablemente más sereno, aunque era necesario volver a despertar a los polacos de la apatía, indiferencia y decepción provocadas por la derrota de Solidaridad, el golpe de Estado y la esperaba algo del Papa: que despertara en el pueblo el deseo de reaccionar y trabajar para salir de la grave crisis económica.

La gran preocupación del Papa por la situación política, económica y social de su patria, quedó reflejada de inmediato en su primer discurso ante el general Jaruzelski. En un tono más conciliador que el de 1983, cuando aún sangraban las heridas del golpe militar, el Papa pidió al general que tuviera en cuenta las experiencias de los polacos en los últimos decenios. "Si cada uno de estos hombres de la segunda mitad del siglo XX tiene una dignidad —le dijo el Papa—, entonces también tiene derechos". Añadió que en nombre de esa dignidad era justo que "fueran protagonistas y no sólo objeto de las directrices de las autoridades".El Papa pidió al jefe de Estado "nuevas razones de vida y esperanza" para sus compatriotas.

El discurso del general Jaruzelski, quien gracias a la llegada al poder de Mijail Gorbachov, hacía dos años, había
emprendido unas reformas tanto políticas como económicas,
nos llamó la atención por su hondo significado político. Al
referirse a los acontecimientos de 1980, afirmó que "las olas
violentas se han calmado y el incendio está casi apagado".
Aclaró sin embargo que "es irreversible el camino emprendido hacia las reformas y la renovación. Polonia —dijo Jaruzelski—, no puede dar marcha atrás".

Esta tercera visita del Papa a su patria fue marcada por
un diálogo a distancia con el líder soviético Mijail Gorbachov, que dos años más tarde sería recibido por primera vez
en el Vaticano.

En esa tercera visita el Papa tenía 67 años, pero era aún
fuerte y sano, sorprendía la manera en que gritaba, literalmente, al pronunciar sus discursos. Con un tono de voz for-
tísimo, casi podría decir conminatorio e implorante, pidió
repetidamente a los polacos que no se dejaran vencer por el
desaliento y la frustración. A Dios pidió que en ese momento tan difícil de la historia de Polonia hiciera surgir en la nación "la voluntad de una lucha paciente, capaz de mantener
la paz y la libertad".

En ese viaje Juan Pablo II afirmó que aunque no hubiese
sido polaco, no habría podido callar.

"Los acuerdos firmados en 1980 entre los trabajadores y
el gobierno —dijo—, no sólo no deben ser relegados al olvi-
do, sino que deben aplicarse porque en ellos aparece todo lo
que corresponde a la dignidad del trabajo humano y a la dignidad del trabajador."

Durante su tercera visita, Juan Pablo II pronunció repetidamente la palabra "Solidaridad", prácticamente prohibida

durante la dramática visita del 83, le dio la comunión a
LechWalesa y a su esposa en una misa pública en Gdansk
frente a un grandioso altar que tenía forma de una nave ba-
rroca donde Juan Pablo II dijo que se sentía como en "el
puesto del capitán, el puente del mando", con una clara alusión a su enorme influencia en los acontecimientos polacos e
incluso recibió al líder de Solidaridad en una audiencia privada que duró 40 minutos.

Ese viaje finalizó con una impresionante procesión del
Santísimo por las calles de Varsovia donde el Papa iba arrodillado ante la Custodia en un vehículo eléctrico bautizado en
esa ocasión como *Eucaristimóvil*, seguido por delegaciones de
todas las Diócesis polacas y un caudal humano.

En la ceremonia de despedida en el aeropuerto, el general Jaruzelski, quien se había reunido en privado con el Papa durante 50 minutos, afirmó que "Polonia tenía su propio
camino: el de la renovación, la democratización, la reforma,
el reforzamiento de la subjetividad del hombre". El general
añadió que este camino concordaba con "el curso de las
transformaciones en el mundo del socialismo".

Al responder al saludo de despedida, Juan Pablo II dijo
que había que comprometerse "para que la vida de los hombres en Polonia sea cada vez más humana". Para ello —añadió el Papa— son necesarios "el derecho a la verdad, el
derecho a la libertad, el derecho a la justicia".

Habría que preguntarse si Juan Pablo II y el general Jaruzelski se imaginaban, en ese momento, que dos años más tarde iba a haber elecciones libres e iba a asumir el poder en
Polonia el primer gobierno de un país del Este socialista presidido por un líder no sólo no comunista, sino además católico, es decir Tadeusz Mazowiecki, destacado intelectual y

consejero de Lech Walesa. Tampoco era fácil saber en ese momento que en 1990, Lech Walesa sería elegido presidente de la República, cargo que ocupó durante 5 años.

En febrero de 2006, visité a Lech Walesa en su oficina de Gdansk. Le pregunté sin rodeos qué había sucedido en el encuentro secreto con el Papa, en Zakopane, en 1983.

Lech Walesa me contestó que habían hablado muy poco, porque ambos sabían que había micrófonos para captar su conversación.

"Sabíamos que cada gesto, cada palabra, habría sido utilizada por los comunistas para sus fines. Lo que contaba era el que nos hubiéramos encontrado". Walesa también me contó que para molestar a los comunistas, le dijo al Papa que el comunismo se había acabado, que Solidaridad y él habían ganado y que el triunfo final sólo era una cuestión de tiempo. De hecho fue una cuestión de tiempo.

Al tener en frente al ex electricista de Gdansk, que con el tiempo se convertiría en presidente de Solidaridad, en el presidente de la República polaca e incluso en un premio Nobel para la paz, le hice la pregunta que el mundo entero se hizo a partir de la caída del Muro de Berlín: ¿los históricos cambios habrían sucedido sin un Papa polaco?

La respuesta de Lech Walesa inició con una fórmula sintética y atractiva: "la caída del comunismo se debe en un 50% al Papa, en un 30 % a mí y a Solidaridad y en 20% a Mijail Gorbachov; Boris Yeltsin puso el sello sobre la victoria".

"Si no hubiese habido un Papa polaco que despertara a su pueblo y a los pueblos cercanos, me explicó Walesa, el comunismo se habría caído de todas formas, pero habría tomado mucho más tiempo y provocado un derramamiento de sangre".

"Cuando eligieron al Papa polaco, yo contaba con unos

10 hombres, no había logrado juntar más porque nadie creía que pudiéramos desafiar al régimen. Después de la primera visita a Polonia de Juan Pablo II, el pueblo empezó a creer que era posible. Un año después de ese viaje yo contaba con 10 millones de hombres. El clima había cambiado, la gente había despertado, creía en la posibilidad de un cambio. Si el Papa no hubiese venido, a lo mejor habría juntado 10 hombres más en lugar de 10 millones. No puedo decir, sin embargo, que fueron las palabras del Papa las que hicieron caer el comunismo, fueron sus palabras transformadas por nosotros en acciones."

Por lo que se refiere a los comunistas en la Unión Soviética, me explicó Lech Walesa, "primero intentaron matar al Papa, luego de no lograrlo se acordaron de un hombre suyo, Mijail Gorbachov, que afirmaba que el comunismo necesitaba una reforma para sobrevivir". Lo nombraron secretario del partido y Gorbachov lanzó su *Perestroika*, su *glasnost* es decir transparencia, pero a pesar de abrir un camino histórico no logró superar la resistencia y la oposición internas y se vio obligado a ceder el mando a Boris Yeltsin, quien subiéndose a un tanque, logró detener un intento de golpe contra las reformas de Gorbachov.

"El Papa polaco —me dijo Lech Walesa—, fue un don que llegó directamente del cielo, Boris Yeltsin fue otro regalo porque sin él, las reformas habrían dado marcha atrás y la historia habría sido otra".

Más allá de los porcentajes que se le pueden atribuir a los diversos factores que hicieron posible el desmoronamiento del imperio soviético, Juan Pablo II pasará a la historia por haberse sentido autorizado, en su calidad de primer Papa eslavo de la historia, hijo de la nación por la que había estallado la Segunda Guerra Mundial, a poner en tela de juicio la geografía política de Europa establecida después de 1945.

En junio de 1979 en Gniezno, Juan Pablo II le preguntó por primera vez al mundo si compartía la explicación que él mismo dio de su elección: "¿Acaso no quiere Cristo, acaso no dispone el Espíritu Santo que este Papa polaco, este Papa eslavo, manifieste precisamente ahora la unidad espiritual de la Europa cristiana?"

Ese día entendimos que Juan Pablo II no planteaba una pregunta sino una afirmación: no tenía la menor duda de que su misión era la de ser el Papa del acercamiento religioso y cultural entre el Occidente y el Oriente.

Tres años más tarde, en Santiago de Compostela, Juan Pablo II dijo: "Yo, hijo de la nación polaca, eslavo entre los latinos y latino entre los eslavos..., te digo, vieja Europa, con un grito lleno de amor encuéntrate a ti misma, sé tú misma, descubre tus orígenes, reaviva tus raíces".

En 1988, un año antes de la caída del Muro de Berlín, en Estrasburgo, corazón político de una de las dos Europas, Juan Pablo II abogó nuevamente en favor de la unidad de las dos Europas, en un discurso clave de su pontificado. "Mi deseo de pastor supremo de la Iglesia universal, llegado de la Europa central, dijo el Papa en la sede del Parlamento europeo, que conoce las aspiraciones de los pueblos eslavos, ese otro 'pulmón' de nuestra patria europea, es que Europa, dándose soberanamente instituciones libres, pueda un día ampliarse hasta las dimensiones que le han dado la geografía y, todavía más, la historia."

Quizás lo más impresionante de la visión de Juan Pablo II haya sido el momento tremendamente acertado de su intuición, cinco años antes de la llegada al escenario mundial del líder soviético Mijail Gorbachov, que en el Kremlin iba a soñar, como el Papa, con "una casa común europea".

Por absurdo y paradójico que pueda parecer, durante el proceso que culminó con los extraordinarios eventos de 1989, Juan Pablo II y Mijail Gorbachov recorrieron dos caminos paralelos.

Recuerdo que en cuanto empezó a soplar el nuevo "viento soviético" le preguntamos al Papa qué pensaba de Gorbachov y si tenía confianza en sus reformas. En el vuelo que nos llevaba hacia Bolivia, en mayo de 1988, Juan Pablo II nos comentó que no tenía ninguna razón, hasta ese momento, para desconfiar del líder soviético. Reconoció que se entreveían unos cambios, pero añadió que se trataba de una labor muy difícil.

Durante el vuelo de Roma a Seúl, en octubre de 1989, un mes antes de la caída del Muro de Berlín, al sobrevolar la Unión Soviética el Papa vino a nuestra cabina. Un compañero le preguntó: "Santidad, ¿cómo cree usted haber influido en lo que está sucediendo en el Este europeo?"

El Papa sonrió y dijo: "Le contesto lo mismo que suelo decir al hablar de mi pontificado: *"Servi inutiles sumus.* Siervos inútiles somos."

La cita bíblica era exacta, pero incompleta. Mi compañero en efecto, tras manifestar que se hicieron obras buenas, expresó: "Después de que hayan hecho todo esto, digan: *Somos siervos inútiles. Hicimos lo que teníamos que hacer.*

Indudablemente, Juan Pablo II había hecho lo que tenía que hacer.

El primero de diciembre del 89 supimos que haber seguido a Juan Pablo II en los primeros 10 años de su pontificado había significado estar muy cerca de la Historia, con H mayúscula.

Ese día se dio en el Vaticano lo que en ese momento se ca-

lificó como "la reunión del siglo", es decir, el encuentro entre
Juan Pablo II y Mijail Gorbachov.

En ese momento los dos líderes, por encima de su contraposición ideológica, comunicaron al mundo que tenían por lo
menos un objetivo en común, es decir la estabilidad de Europa, sobre todo la oriental.

El líder soviético reconoció abiertamente que necesitaba la
ayuda de Juan Pablo II.

El Papa por su parte, vio en Gorbachov el instrumento
para realizar el proyecto que 10 años antes había anunciado
desde Gniezno, es decir, una Europa unida desde el Atlántico
hasta los Urales, sobre la base de las raíces cristianas comunes.

En Berlín cayó un muro. En el Vaticano cayó "la cortina
de hierro" que hacía imposible la unión espiritual de las dos
Europas.

Juan Pablo II no esperó a Mijail Gorbachov en el umbral
de su biblioteca privada, como solía hacerlo habitualmente
con jefes de Estado o de gobierno, sino que salió a su encuentro hasta el Salón del Trono. Incluso los periodistas más acostumbrados a los grandes eventos vaticanos nos sentimos
emocionados en ese momento. Había tensión y una gran
concentración para intentar captar las primeras palabras in-
tercambiadas por los dos líderes eslavos más importantes del
mundo.

Mijail Gorbachov, al lado de su esposa Raissa, cuyo traje
sastre de color rojo llamó la atención de los responsables del
protocolo vaticano, acostumbrados a ver llegar a todas las se-
ñoras recibidas en audiencia por el Papa en un impecable traje negro, le dijo a Juan Pablo II que tenía plena conciencia de
estar en presencia del "líder espiritual más importante del
mundo, además eslavo".

El Papa respondió: "Es cierto, soy el primer Papa eslavo, por eso creo que la Providencia ha preparado el camino para este encuentro."

Pudimos seguir a Juan Pablo II y al líder soviético hasta el despacho privado del Pontífice, en el que habían dispuesto una mesa rectangular de madera oscura y dos sillones blancos. El líder soviético se sentó primero, luego lo hizo el Papa. En ese momento las puertas de la estancia se cerraron. Los dos líderes permanecieron a solas durante cinco minutos y después entraron los intérpretes. Las puertas volvieron a abrirse, una hora y quince minutos más tarde. Advertimos de inmediato la satisfacción de ambos. Juan Pablo II afirmó que la visita de Gorbachov "era una semilla llena de promesas para el futuro, porque permitía pensar en el porvenir de las comunidades cristianas de la Unión Soviética con mayor confianza".

Por su parte, el Papa, tras recordar "las dolorosas pruebas" soportadas por los creyentes soviéticos debido a su fe, manifestó la esperanza de que esa situación pudiera cambiar.

En su discurso, el Papa aceptó la invitación que el líder soviético acababa de hacerle para trabajar juntos en favor de la paz y de la cooperación internacional, al afirmar que había que "promover un compromiso común".

Frente a las cámaras de televisión del mundo entero, Juan Pablo II le deseó éxito a Gorbachov en el proceso de renovación que había iniciado y le aseguró que el Vaticano favorecería todas "las iniciativas encaminadas a proteger y armonizar los derechos y deberes de las personas y de los pueblos".

El líder soviético, por su parte, en un discurso mucho más breve, calificó el encuentro con el Papa como un "suceso realmente extraordinario" y afirmó que fue posible debido a cambios importantes. Mijail Gorbachov manifestó incluso su esperanza de que el encuentro pudiera "asegurar la continuidad positiva de esos cambios".

Añadió que la Unión Soviética y el Vaticano compartían el respeto por la identidad nacional, estatal, espiritual y cultural de los pueblos", que para ambos era condición indispensable de la convivencia pacífica. Al final, improvisando, invitó al Papa a ir a Moscú.

Sus sucesores harían lo mismo, pero Juan Pablo II nunca logró contar con la invitación del patriarca ortodoxo ruso Alexis II. Moscú junto con Pekín, fueron su sueño imposible; pero ésta es otra historia.

Esa noche, en el noticiero de la televisión soviética Vremja, se afirmó que ese encuentro que "el mundo califica ya de histórico", puso punto final a "un largo periodo de desconfianza y hostilidad, alimentado en el pasado por la intolerancia de algunos líderes de nuestro país". Las cámaras soviéticas mostraron el rostro visiblemente emocionado del secretario comunista y el conductor subrayó con cierto orgullo que "el Papa de Roma es eslavo y habla ruso". La transmisión resultó un verdadero impacto para los telespectadores soviéticos.

No cabe duda de que el encuentro histórico fue el fruto de la insólita concordancia entre el zar rojo y el líder espiritual de la Iglesia católica, que en Polonia, como obispo y luego como arzobispo, había luchado como un cruzado en contra del marxismo.

Lo que sucedió ese día no era fácilmente previsible. ¿Quién iba a pensar que un día coincidiría el proyecto reformador del jefe de la Unión Soviética con el proyecto de Juan Pablo II? ¿Quién habría podido imaginar que un día Gorbachov iba a sentir la necesidad de "espiritualizar" la dimensión social y política de su país, y que el Papa estaría dispuesto a bendecir el "nuevo curso" soviético?

Sólo un Papa eslavo, nacido y crecido en un país comunista, podía tener la intuición y la fe de que "la espiritualización" de la vida podría representar algún día un camino de salvación frente a la crisis de valores y, por consiguiente, del consenso popular de los regímenes comunistas del Este europeo.

El desmoronamiento del imperio soviético no ocurrió por fracasos militares o diplomáticos, sino por la incapacidad de los partidos que detentaban el poder de mantener su legitimación.

La Providencia quiso que el apoyo a la búsqueda de estructuras sociopolíticas alternativas llegara justamente de la Iglesia.

Ese encuentro inimaginable hasta entonces marcó una reconciliación entre el marxismo y el catolicismo, y estableció una nueva alianza entre la Iglesia católica y la *Perestroika* en beneficio del ser humano, de sus derechos y de una convivencia más pacífica.

Años más tarde, al recordar su primer encuentro con Juan Pablo II, que se sumó a varios encuentros más y por un interesante intercambio de cartas, Mijail Gorbachov afirmó que le había impactado su humanismo, su perseverancia, su energía y su vitalidad, cuyo objetivo era servir a la humanidad, mejorar el mundo y la vida de los hombres.

En múltiples ocasiones el líder soviético reconoció que en los eventos que cambiaron radicalmente la existencia de la humanidad, Juan Pablo II tuvo un rol no sólo importante sino protagónico. Afirmó incluso que el Papa había sido "el político más realista de nuestros días", porque con abnegación había pasado su vida llamando la atención del mundo sobre los problemas más acuciantes, trabajando concretamente en su solución, y porque fue un hombre que entendió los desafíos de nuestra época y buscó las respuestas a estos retos.

Después de su muerte, Mijail Gorbachov le rindió homenaje al afirmar que el pontificado de Juan Pablo II quedará en la historia no sólo de la Iglesia católica, sino en la de toda la humanidad, por su lucha en favor de la paz, de la justicia y de la solidaridad entre los hombres.

En el libro *En el umbral de la esperanza,* fruto de una larga conversación entre Juan Pablo II y el escritor italiano Vittorio Messori, el Papa afirmó que sería restrictivo afirmar que el comunismo cayó debido a la Divina Providencia.

Según Juan Pablo II, el comunismo, como sistema, cayó de alguna manera por sí solo, como consecuencia de sus abusos y sus errores, cayó porque demostró ser en la práctica, una medicina más peligrosa que la enfermedad misma, cayó por su enorme debilidad.

Tras recordar sin embargo a los tres niños de Fátima que en las apariciones de 1917, en el despertar de la Revolución de Octubre escucharon de la Virgen de Fátima: "Rusia se convertirá", reconoció que a lo mejor para que esto sucediera se había elegido a un Papa "llegado de lejos" y había sido necesario el atentado en la Plaza de San Pedro. A través de estos dos signos, a lo mejor, Dios había hablado en la historia del hombre en una forma más clara, transparente y comprensible.

Juan Pablo II volvió a su patria en 1991, en 1995, en 1997, en 1999 y en 2002, pero ninguna de estas visitas tuvo la trascendencia histórica de las primeras tres.

Mientras que las dos últimas visitas fueron una prolongada despedida de su tierra y de su pueblo, los primeros viajes de los años noventa fueron para Juan Pablo II fuente de decepción y enojo.

Tras descubrir la libertad y el libre mercado, los polacos dieron la impresión de escuchar con escasa atención al hombre que, después de ayudarlos en la lucha contra el comunismo, ahora los ponía en guardia contra los males del capitalismo y sobre todo los de la secularización. La práctica religiosa que para los polacos ya no representaba un acto patriótico fue disminuyendo, al igual que el poder de la iglesia y su aceptación en la defensa de los valores morales.

Es más, se acusaba a la Iglesia, que había sido la gran aliada en la conquista de la libertad, de una injerencia demasiado grande en la vida política y social de la nación.

A pesar de seguir acompañado en sus viajes por mares de personas, el Papa percibió la indiferencia y casi molestia de los polacos al escuchar lo que debían y no debían hacer en su esfera privada.

Juan Pablo II, que tuvo que soportar la legalización del aborto en su tierra, afirmó repetidamente en el transcurso de esos viajes que "un país que mata a sus hijos es un país que no tiene futuro".

También pidió con insistencia a los polacos que hicieran un uso responsable de la libertad, porque no puede haber libertad sin Cristo. Por lo mismo los invitó a recibir nuevamente a Cristo en sus casas, en sus puestos de trabajo, en sus vidas y a encontrar en la Iglesia un espacio para protegerse de sí mismos y del uso equivocado de la libertad. Les dio a entender que, después de haber derribado los muros del marxismo, ahora había que derrumbar los muros del egoísmo, del materialismo y de la falta de solidaridad.

Consciente de que el importante crecimiento económico que se dio en Polonia, después de la caída del comunismo, creó una nueva clase de pobres, Juan Pablo II dijo a sus compatriotas que el desarrollo y el progreso económico no pueden darse a costa del hombre.

En su viaje de 1999, a 20 años de la primera visita histórica, Juan Pablo II hizo por primera vez un análisis de lo que había sucedido en Europa.

No fue una casualidad que quisiera empezar su viaje en Gdansk, la cuna de Solidaridad, "una ciudad que —dijo el Papa— ha entrado para siempre en la historia de Polonia, de Europa y probablemente del mundo".

Juan Pablo II le explicó a los polacos que había querido iniciar allí su viaje porque en Gdansk se hizo escuchar en forma especial la voz de las conciencias que pedían el respeto tanto a la dignidad del ser humano como al trabajador, así como la justicia, la libertad y la solidaridad. En Gdansk nació una Polonia "de la que hoy gozamos mucho y de la que estamos orgullosos".

El Papa afirmó que al influir tan fuertemente en la caída del Muro de Berlín, contribuyó a la unidad de Europa. "Nunca —dijo el Papa— deberemos olvidar este evento que es parte de nuestro patrimonio nacional." Ante sus compatriotas recordó que 19 años antes, en coincidencia con el nacimiento de Solidaridad, los polacos decían "no hay libertad sin solidaridad". "Ahora —afirmó Juan Pablo II— debemos decir: no hay solidaridad sin amor, sin el amor que perdona aunque no olvida, sin el amor que debe ser compromiso por el bien común y respeto por la dignidad y los derechos de todo ser humano."

Al dirigirse durante esa visita, por primera vez, al Parlamento polaco, evento que 20 años antes habría parecido ciencia ficción, el Papa impartió una lección de teoría política, interrumpida 28 veces por aplausos, en la que afirmó que el futuro del país dependería de la manera en que el parlamento supiera conjugar libertad, democracia y valores morales. "Una democracia sin valores —advirtió el Papa— puede transformarse fácilmente en un totalitarismo abierto o disfrazado".

Al celebrar en Varsovia una misa en la misma plaza en la

que en 1979 le había pedido a los polacos que pusieran a
Cristo dentro de sus vidas y a Dios que hiciera bajar sobre
Polonia al Espíritu Santo para que la renovara, le dio gracias
a Dios por haber escuchado ese llamado, por haberle devuel-
to la dignidad a las naciones del Este europeo y por haber
hecho salir a las iglesias de estas naciones de las catacumbas.

En 2002, toda Polonia se reunió alrededor del anciano
Pontífice que quería llenarse los ojos y el corazón con las imágenes de su patria, que los años en el Vaticano no habían borrado ni por un momento.

Durante todo el viaje, el Papa oró para que pudiera seguir
con su misión y llegó incluso a decir: "Recen por mí, de vivo
y después de muerto." El cansancio y la edad no le impidieron
improvisar, mostrar su buen humor, sonreír y hasta cantar.

Durante esta visita, Juan Pablo II quiso visitar el santuario
de Kalwaria, al que solía peregrinar de niño y luego como
obispo y arzobispo. A la Virgen pidió la fuerza del cuerpo y
del espíritu para poder cumplir hasta el final con la misión que
le fue confiada.

"Quisiera decirles hasta luego, pero esto está en las manos
de Dios". Éstas fueron las palabras con las que Juan Pablo II se
despidió de su amada Cracovia, cuando los jóvenes polacos, al final del viaje, lo invitaron a "irse de pinta" como Papa y a no volver a Roma.

Éstas fueron las últimas palabras pronunciadas en su tierra, a la que ya no volvería.

V. VIAJES A MÉXICO

*Yo estoy con ustedes, todos
los días, hasta el fin del mundo.*

JUAN PABLO II

PRIMERA VISITA

El 26 de enero del 79, Juan Pablo II emprendió su primer viaje como Papa. Su meta era México; el propósito del viaje, inaugurar la III Conferencia del Episcopado Latinoamericano en Puebla; su deseo profundo, arrodillarse frente a la Virgen de Guadalupe para confiarle su vida y su pontificado.

El 8 de abril de 2005, Juan Pablo inició su último viaje, el más corto de su pontificado: su cuerpo, minado por un largo vía crucis, fue sepultado en las grutas vaticanas a pocos metros de la capilla dedicada a la Virgen de Guadalupe que él había hecho construir en 1992, en el lugar más privilegiado del Vaticano, al lado de la tumba del apóstol Pedro, para que hubiese en su casa "una prolongación del Tepeyac".

No pude evitar ver en este destino final meta diaria de unos 20 mil peregrinos que quieren pasar durante unos segundos frente a su tumba, un signo indeleble de la relación única y extraordinaria que existió entre Juan Pablo II y México.

En sus 26 años de pontificado, Juan Pablo II no sólo visitó cinco veces México, sino que conoció cinco Méxicos distintos.

Para sintetizar los cambios tan radicales y visibles acaecidos entre la primera y la quinta visita, el cardenal Javier Lozano Barragán, el prelado mexicano con el cargo más alto dentro de la Curia romana, me comentó: "Hemos pasado del catolicismo vergonzoso a uno lleno de identidad y afirmación. Juan Pablo II le devolvió a los católicos mexicanos el orgullo de serlo".

Javier Moctezuma Barragán, que fuera embajador de México ante el Vaticano, coincidió plenamente con este análisis: "Lo más impresionante fue que el Papa impactó a todos los gobernantes, a las diversas generaciones y a las diferentes categorías sociales. Entró a tono con todos y en las diversas circunstancias le dio a México su lugar, dentro y fuera de la Iglesia".

"A lo largo de todo su pontificado —me dijo el embajador Moctezuma Barragán— Juan Pablo II recibió un apoyo permanente, una lealtad incondicional, sin cuestionamientos y sobre todo, una entrega total llena de alegría por parte de México."

Monseñor Girolamo Prigione, quien vivió 20 años en México, primero como delegado apostólico, luego como representante personal de Juan Pablo II y finalmente como primer nuncio en México, sintetizó así los cambios que se dieron durante su pontificado: "Se acabó la simulación comecuras en la calle, mochos en la casa." Según él, el Papa le dio a los fieles mexicanos la bandera para mostrar en la calle su fe, "una fe enraizada desde hacía siglos, una fe aplastada, perseguida, herida, pero nunca apagada".

El Papa "alentó a los mexicanos, les dio razones de esperanza, los motivó con sus discursos, con su contacto humano, despertó valores que estaban ahí, pero anestesiados. Su visita además aceleró fuertemente el acercamiento entre el Estado y

la Iglesia. Para las fuerzas anticlericales —añadió— los millones de personas en la calle para ver al Papa fueron una
revelación porque habían perdido la noción de la fuerza de
la Iglesia".

"Si hay un país que quiere al Papa —me dijo muchas veces Juan Pablo—, ése es México."

México marcó profundamente a Juan Pablo II. Al volver
de su primera visita, que lo había dejado sin habla por el bro-
te indescriptible de fe, de júbilo y de esperanza de millones
de mexicanos que se volcaron a las calles de todo el país para seguirlo paso a paso, me comentó que su primer viaje a
México había de alguna manera inspirado y orientado todo
su pontificado. Lo que vio al llegar a la ciudad de México
fue, para él, "absolutamente extraordinario y emocionante",
comentó que se podía tocar con la mano la devoción de la
multitud. En México Juan Pablo II entendió cómo tenía que
ser Papa. Comprendió que su lugar estaba entre la gente,
que a él le tocaba recorrer el mundo para llevar el mensaje
de Cristo. También me dijo, muchos años más tarde, que al
final de cada una de las cinco visitas que realizó tuvo que
"vencer la tentación de quedarse en México".

En México descubrió a un pueblo sediento de expresar
con orgullo y alegría su religiosidad; escuchó "Las mañanitas" que no le dejaban descansar ni de día ni de noche, las
porras, que al principio no lograba entender, como la de
"chiquitibum" y "ra, ra, ra" que para él eran "a, a, a", los
espejitos mirando hacia el Sol para despedirlo, descubrió
que "¡los mexicanos saben rezar, saben cantar, bailar pero
sobre todo…, gritar!" Descubrió a la Virgen de Guadalupe.

Al cumplir 25 años de pontificado, recordó públicamente que en su primera visita a México "puso en manos de la
Virgen de Guadalupe su vida, sus trabajos, sus alegrías, sus
enfermedades y sus dolores; el futuro de México y de Amé-

rica Latina" y reconoció que "La Morenita" guió sus pasos durante todo el pontificado.

Sería suficiente con recordar que desde que volvió de su primer viaje a México, sobre su escritorio siempre estuvo una imagen de la Virgen de Guadalupe; que en la entrada de su casa estaba muy visible en la pared, un cuadro que representa a la Virgen de Guadalupe, y que después de la segunda visita a México, en 1992, inauguró en las grutas vaticanas la capilla dedicada a la Virgen de Guadalupe.

Durante la misa de inauguración, celebrada a las 7 de la mañana del 12 de mayo, el Papa afirmó que con toda la profundidad de su simbolismo, el Santuario Mariano, centro espiritual y factor unificador del pueblo y de la historia de México, "peregrina hasta Roma y planta sus raíces junto a la sede de Pedro, fundamento de unidad de la Iglesia universal. México, que se distingue por su fidelidad al Papa, da testimonio con esta capilla en el centro de la cristiandad, no sólo de su vocación mariana sino también de sus raíces históricas y de la fuerza unificadora de su cultura, que enriquece a toda la Iglesia".

Para Juan Pablo II, la Virgen de Guadalupe es el primer testimonio de Cristo en América. Según el Papa, la Virgen decidió aparecérsele a un hombre sencillo, a un indígena como Juan Diego, para anunciar que Jesús quiere salvar a los hombres de todas las razas y las culturas, a los indígenas que vivían en el continente, así como a las personas llegadas de Europa para traer, aunque con límites y culpas, la buena nueva.

Su empeño contra viento y marea por beatificar y luego canonizar a Juan Diego fue una prueba extraordinaria de su amor por México y por Guadalupe. En su penúltimo libro *Levantaos, vamos*, publicado un año antes de su muerte, el Papa quiso recordar la beatificación y la canonización de Juan Diego al afirmar que había sido una estupenda opor-

Valentina Alazraki 123

tunidad, para darle las gracias a Dios porque después de haber recibido el mensaje cristiano, sin renunciar a su identidad indígena, Juan Diego descubrió la verdad profunda acerca de la nueva humanidad.

Juan Pablo II fue el tercer Papa que recibió la invitación para inaugurar en Puebla la tercera reunión de la Conferencia Episcopal de América Latina, pero el primero en aceptarla.

Pablo VI había declinado la invitación por razones de edad y de salud. Juan Pablo I, recién elegido, no se había animado a empezar su pontificado con un viaje tan difícil. Juan Pablo II no dudó ni un instante en decidir que sí viajaría a México.

Después de recibir la invitación, sus más cercanos colaboradores le aconsejaron a Juan Pablo II que no viajara a México, porque la visita se presentaba demasiado compleja debido a la falta de relaciones diplomáticas y además la situación de la Iglesia latinoamericana, sobre la que soplaba el viento de la teología de la liberación, era muy compleja. El cardenal, secretario de Estado, Jean Villot intentó convencerlo diciéndole que no se podía realizar el viaje porque había demasiadas dificultades. Juan Pablo II, después de escuchar las supuestas dificultades, lo interrumpió y le dijo: "No le he pedido a mi secretario de Estado que me cuente las dificultades, sino que las resuelva, porque yo sí voy a viajar a México."

Antes de tomar la decisión, el Papa convocó a una reunión con sus más cercanos colaboradores y con monseñor Prigione, en ese momento delegado apostólico en México. Los comentarios, en su mayoría, giraron en torno a los riesgos del viaje en el sentido de que el Papa podría ser objeto de muchos desaires. De México habían llegado varios mensajes, por vía diplomática, que sugerían que el Papa no fuera. Monseñor Prigione fue el último en tomar la palabra. Éste es su recuerdo de aquel momento. "Yo no tomaría en cuenta estas recomendaciones, porque estoy seguro de que el Papa será bien recibido en México por un pueblo muy católico. Pienso que el Papa tiene que ir a México, porque de esta manera romperá la barrera de hierro que desde hace siglos separa a la Iglesia y al Estado." Al final de la reunión el Papa anunció que iría a México.

El Vaticano preparó una carta para que monseñor Prigione la llevara al presidente José López Portillo, en la que el Papa le informaba que había aceptado la invitación del Episcopado latinoamericano para inaugurar la conferencia de Puebla y quería informarle su decisión. Al llegar a México, monseñor Prigione logró concertar una cita para el 21 de diciembre con el presidente José López Portillo.

Monseñor Prigione acudió a la cita con el cardenal Salazar, que en ese momento era el presidente de la Conferencia Episcopal Mexicana. El presidente leyó la carta de Juan Pablo II y al final dijo: "Que sea bienvenido". Monseñor Prigione llamó inmediatamente al Vaticano para informar que había luz verde porque Juan Pablo II, en su primer encuentro con la Curia romana para el intercambio de felicidades navideñas, quería anunciar al mundo el primer viaje de su pontificado. Así lo hizo.

Según monseñor Prigione, en esa reunión el presidente López Portillo, además de ofrecer su colaboración para la organización del viaje, se refirió a las críticas de las que había sido objeto, con estas palabras: "Me importan un comino las críticas."

Las críticas llegaron inmediatamente, incluso de su secretario de Gobernación, Jesús Reyes Heroles, que ante la noticia de la decisión presidencial, le hubiera gustado decirle al delegado apostólico, con la Constitución en la mano para que quedara claro que ésta se estaba violando: "Ahí las mujeres…, el presidente se deja dominar por las mujeres", con una clara alusión al deseo de la mamá y de las hermanas del presidente de que Juan Pablo II viajara a México.

Durante los preparativos se evidenció el carácter "surrealista" de México, al que se refirió Juan Pablo II en varias ocasiones. Para la llegada del Papa, se encontró una solución que hoy hace sonreír. Se escogió el hangar de la Secretaría de Obras Públicas en lugar del hangar presidencial, porque no se recibía a un "jefe de Estado"; el presidente López Portillo sobrevoló el aeropuerto con un helicóptero hasta la llegada del Papa y aterrizó en el mismo momento que el avión papal. A los pies del avión, lo saludó, le dio la bienvenida y lo dejó en "manos de su Iglesia".

A pesar de que no había relaciones diplomáticas, no faltó en ese primer viaje una visita privada a la casa presidencial y a la residencia de la mamá del presidente que ahí le dijo a la comitiva papal: "Los dejo en manos de una familia católica". Durante el encuentro sumamente cordial se le ofreció a Juan Pablo II un jugo de lima. Los meseros, que no creían que les había tocado atender nada menos que al Papa, ¡guardaron como una verdadera reliquia el vaso sin lavar donde había bebido Juan Pablo II!

En muchas ocasiones Juan Pablo II me explicó que su deseo de iniciar su peregrinación como Papa en el santuario mariano de Guadalupe se debió en parte a su relación con el santuario de Jasna Gora, donde se venera a la Virgen Negra, patrona de Polonia.

Según el Papa, el amor que los mexicanos y los latinoamericanos sienten por la Virgen de Guadalupe tiene muchas analogías con la devoción por la Virgen Negra de Polonia que formó su espiritualidad.

El Papa quedó tan prendido de México, que recordaba incluso en el Vaticano las palabras de las canciones populares que le habían acompañado en sus recorridos. Entre sus favoritas estaba la de "La morenita":

"Conocí a una linda morenita y la quise mucho. Por las tardes iba enamorado y cariñoso a verla. Al contemplar sus ojos, mi pasión crecía. Ay morena morenita mía, no te olvidaré. Hay un amor muy grande que existe entre los dos…"

En la audiencia general del 24 de enero del 79, previa a su partida a México, después de que le di el sombrero, Juan Pablo II nos dijo: "Voy a México, al México siempre fiel, un país moderno que ha sido y quiere ser cristiano, cuya alma en la misma música popular canta la nostalgia eterna de Dios y la devoción a la Santísima Virgen, sus sentimientos religiosos y la firmeza de su fe, que han sido demostrados en momentos históricos difíciles, a veces incluso de manera heroica…"

Al día siguiente, en el aeropuerto de Fiumicino, explicó las tres razones fundamentales por las que iba a México: para postrarse ante la Virgen de Guadalupe, para invocar su ayuda y protección sobre su ministerio pontificio y para repetirle que "es todo suyo", y para poner en sus manos el futuro de la evangelización de América Latina.

Recuerdo haber leído, durante la primera visita del Papa a México, una frase que sigue describiendo a la perfección lo que significó para millones de mexicanos ver por primera vez a un Papa besando tierra mexicana en el aeropuerto, impartiendo la bendición en la plaza del Zócalo, arrodillándose frente a la Virgen de Guadalupe y recorriendo el país en medio de multitudes oceánicas: "Juan Pablo II representa la realización no de la esperanza, sino de lo imposible".

El mundo descubrió a Juan Pablo II en México: fue ahí donde quedó de manifiesto en una forma extraordinaria, su sentido del humor, su arte para acercarse a la multitud, su don de gentes, su capacidad asombrosa de improvisar incluso en un idioma ajeno al suyo, sus bromas, su paciencia ante el "asalto" de los fieles, su capacidad de asombro ante lo que veían sus ojos.

En esos días de enero del 79, México le dio muchísimo a Juan Pablo II: nunca había visto el Papa una alegría tan generalizada, semejantes manifestaciones incesantes y abrumadoras de júbilo ante su presencia, una expresión de fe tan fuerte.

Han pasado 27 años y en el Vaticano aún recuerdan los 256 minutos que duró el trayecto desde la ciudad de México hasta Puebla, en medio de filas ordenadas de millones de personas. Fue al llegar a Puebla, cuando un colaborador polaco de Juan Pablo II pronunció una frase que con el tiempo el Papa hizo suya: "México es el país del Papa". En el séquito papal, todos coincidían en que nunca se había visto algo así, un suceso que todos calificaban de "delirio". Lo más asombroso fue la llegada a Puebla donde, de todos los balcones y todas las ventanas, arrojaban flores y papelitos colorados. Sus colaboradores aún recuerdan al Papa de pie en el autobús que en ese momento fungía como papamóvil, apoyado en el barandal, mudo por la emoción y el asombro.

"Han pasado 27 años —me dijo monseñor Prigione, quien ese día estaba con él en el autobús— pero todavía se me enchina la piel. Nunca he visto algo parecido. Es inolvidable".

El doctor Renato Buzzonetti, uno de los ángeles de la guarda de Juan Pablo II, me contó que, al llegar a Puebla, empezaron a buscar como locos una crema que aliviara el ardor del Papa, cuya piel blanca se había quemado debido a las horas que estuvo parado en el camión que lo había llevado hasta Puebla. No fue nada fácil ya que todas las tiendas estaban cerradas, porque obviamente todos querían ver al Papa.

Monseñor Cipriano Calderón, que se encontraba en la comitiva papal me dijo que durante el largo recorrido hacia Puebla, el Papa no sólo se quemó por el sol, sino que además se deshidrató. Al llegar a Puebla el doctor Renato Buzzonetti estaba muy preocupado, incluso pensó en regresar al Papa en helicóptero a la ciudad de México. De hecho, durante el almuerzo antes de la inauguración de la Conferencia de Puebla, el Papa apareció sólo unos minutos y luego fue a descansar para reponerse.

El cardenal Sebastiano Baggio, representante oficial del Papa en la Conferencia de Puebla, nos dijo que "esa recepción tan desbordante, de ser otro hombre menos fuerte, lo habría matado".

Monseñor Estanislao me comentó en muchas ocasiones que las impresionantes muestras de cariño de los mexicanos representaron, a tan sólo tres meses de haber sido elegido Papa, una fuerza y un estímulo "Providenciales".

La primera visita a México fue el marco en el que Juan Pablo II dio a conocer por primera vez su posición acerca del camino que debería seguir la Iglesia en el continente americano.

En su primera homilía en México, en la Catedral de la ciudad de México, apuntó que "sólo debe haber una Iglesia" porque no hay una "nueva Iglesia" diversa u opuesta a la "vieja Iglesia".

Siguiendo la misma línea, en la inauguración de la Conferencia de Puebla, Juan Pablo II afirmó que "Cristo no es un político, revolucionario o subversivo" y que la Iglesia no puede comprometerse con las ideologías o los sistemas sociales".

En México, el Papa explicó a los obispos latinoamericanos que en los problemas del desarrollo, la justicia social, la propiedad privada, la violación de los derechos humanos y la paz, "la Iglesia quiere estar siempre al servicio del hombre y que no necesita recurrir a sistemas o ideologías para amar, defender y colaborar en la liberación del hombre".

De acuerdo con los editorialistas del mundo entero, en Puebla Juan Pablo II acabó con la teología de la liberación y por ello se le calificó de conservador; aunque después de escuchar sus llamados en favor del respeto a los derechos humanos, sobre todo de los más marginados, como fue el caso en Oaxaca, en su encuentro con los indígenas, se apreció su audacia en lo social.

La etapa en Oaxaca ha quedado en la historia de los viajes papales por haber sido el primer encuentro entre un Papa y el mundo indígena.

Según el fotógrafo de Juan Pablo II, Arturo Mari, una de las mejores fotos del pontificado fue la de Juan Pablo II levantando a un niño indígena en Cuilapan. La ternura que brota de ese abrazo es más elocuente que mil palabras.

Fue ahí donde el representante indígena, Esteban Hernández, le dijo al Papa, tuteándolo, que "los indígenas mexicanos viven peor que sus animales".

Juan Pablo II, que ahí tocó por primera vez con la mano la marginación y la desesperación, pronunció una frase memorable que le dio la vuelta al mundo: "La Iglesia defiende la propiedad privada, pero sobre ella pesa una grave hipoteca social, para que los bienes sirvan al destino general" y dijo, en medio del entusiasmo de los indígenas, que había llegado el momento de "emprender, sin esperar más, reformas urgentes". Ese día el Papa se convirtió en "líder de los indígenas".

Al día siguiente en Guadalajara, se convertiría, en "líder de los obreros".

En medio de una recepción digna de la mejor fiesta tapatía, Juan Pablo II, continuamente interrumpido por los aplausos y los mariachis, pidió a "los que tienen" que "promuevan una mayor justicia, aun dando de lo propio, para que a nadie le falte el conveniente alimento, vestido, habitación, cultura, trabajo y todo lo que da dignidad a la persona humana".

El Papa volvió a dirigirse a los obreros en su última etapa, en Monterrey, donde tras recordar su pasado como trabajador, se dijo solidario con sus exigencias y legítimas aspiraciones y pidió que "el trabajo no enajene ni frustre, sino que corresponda a la dignidad superior del hombre".

La última imagen de esa primera visita fue la de Juan Pablo subiendo la escalerilla del avión, mientras sonaba melancólica la entrañable canción "Las golondrinas", conmovido, abrumado por tanto calor humano y con pesar por dejar un país y un pueblo que habían hecho vibrar su alma.

En esa despedida se encontraba el mayor Alfonso Cortés Arcos, que había participado en la operación de seguridad del Papa, en su calidad de jefe de Reservas del Mando de la División General de Policía y Tránsito.

Juan Pablo II, cuyo camión blanco había sido acompañado en todo momento por los granaderos, corriendo a los dos lados, al final de su visita, pidió saludar, uno a uno, a todos los miembros de la escolta, que jamás habrían imaginado un gesto tan humano y humilde por parte de un Papa. Al despedirse del mayor Alfonso Cortés, le dio las gracias por haber sido su "ángel de la guarda".

Veinte años más tarde, en su cuarta visita, lo reconoció y le dijo una vez más: "Aquí está mi ángel de la guarda".

SEGUNDA VISITA

El 6 de mayo de 1990, a bordo del avión que nos llevaba a México, Juan Pablo II nos explicó las diferencias entre su primera y su segunda visita a México. "Vamos de nuevo a México; se podría decir *bis in ídem*, pero no es así, porque ha cambiado mucho en este tiempo, sobre todo desde el primer viaje, que era importantísimo para mí, como un Papa recién elegido.

"Fui la primera vez a México —nos dijo— para encontrarme con el continente latinoamericano y en aquella ocasión pude hacer también una breve visita pastoral a diversos lugares. Ahora no podré responder a todas las peticiones. Pienso que la mitad de las demandas ha quedado fuera de programa... Se podría tal vez pensar —bromeó el Papa— en una tercera visita para atender todas las peticiones". Luego prosiguió: "En los últimos tiempos se han realizado muchos esfuerzos para mejorar las relaciones entre el Estado y la Iglesia. Naturalmente está el problema de la Constitución, pero el presidente actual acogerá al Papa en el aeropuerto como lo hacen con otros jefes de Estado. Estoy muy agradecido; esperamos que en el futuro se pueda normalizar aún más la situación porque en México —dijo con una sonrisa—, 90% son católicos y 105% son guadalupanos".

Al referirse al envío por parte del presidente Carlos Salinas de Gortari de un representante personal ante la Santa Sede, el Papa comentó: "Las relaciones diplomáticas proporcionan una mayor dimensión a la vida de la Iglesia, a su misión, a la evangelización. Por lo tanto son un apoyo para la misión religiosa de la Iglesia; también son importantes para que los católicos no se sientan ciudadanos de una clase inferior."

Recuerdo que en ocasión de esa segunda visita, Juan Pablo me contó que durante su encuentro privado con el presidente José López Portillo, en enero del 79, había quedado claro que "México era un país surrealista, porque no se reconocía a la Iglesia a la que pertenecía la inmensa mayoría de sus habitantes. El Papa, visiblemente divertido, también me comentó que en ocasión de su primera visita, todos los obispos fueron al aeropuerto a recibirlo, sin sotana. "¡El único que llevaba sotana, me dijo con mirada pícara, era yo!"

El que estuviéramos visitando un México distinto nos quedó claro desde el aeropuerto, donde el presidente Salinas de Gortari afirmó que "recibirlo representaba una oportunidad para afirmar la profunda vocación pacífica del Papa y el destino de tolerancia y libertad de México".

Me quedó aún más claro horas más tarde, cuando me despertó a media noche una llamada del Estado presidencial que me anunciaba que al día siguiente, a las 7 de la mañana, tenía una cita con el presidente Salinas en Los Pinos. No lograba entender el motivo de la cita. En el transcurso de la noche hice muchas conjeturas, pero no di con el verdadero motivo de tan insólito requerimiento.

El presidente me recibió tal y como me lo habían anunciado: sin perder tiempo, me hizo muchas preguntas sobre cómo era el Papa, qué le agradaría o desagradaría escuchar, con qué oído escuchaba mejor, para que el presidente se sentara de la manera más indicada, cuáles eran sus principales preocupaciones con respecto a México y compartió conmigo varias inquietudes más. Después de atender lo que intenté decirle, sin sentirme en ningún momento en el rol de "consejera política", se despidió y se preparó para recibir al Papa, que llegó a las 8:15 a la residencia de Los Pinos.

El objetivo principal de esta segunda visita fue la beatificación de Juan Diego junto con la de los tres mártires de Tlaxcala: Cristóbal, Juan, Antonio, y el padre José María de Yermo y Parres.

El Papa destacó el lugar importantísimo ocupado por Juan Diego, en los albores de la evangelización de México, cuya figura es inseparable del suceso guadalupano en la Basílica de la Virgen de Guadalupe. El reconocimiento de su culto debía representar un fuerte llamado a todos los laicos mexicanos a "comprometerse más activamente con la reevangelización de la sociedad". El Papa invocó a Juan Diego como "protector y abogado de los indígenas".

Durante la visita a Zacatecas, en su penúltimo día en México, monseñor Javier Lozano Barragán, en ese momento obispo de Zacatecas, le dio las gracias por la beatificación de Juan Diego, a pesar de la polémica sobre su historicidad. "Si usted lo ha beatificado —le comentó—, quiere decir que ha empeñado su autoridad en favor de las apariciones de la Virgen de Guadalupe, después del escándalo provocado por monseñor Shulemburg, quien las negó." Juan Pablo II, muy sereno, le contestó: "¡No se preocupe, si hay quien niega la existencia de Jesús, no nos vamos a asustar si alguien niega que ha existido Juan Diego!"

Durante la estancia del Papa en Zacatecas, monseñor Lozano le contó a Juan Pablo II los grandes y numerosos problemas que habían tenido con el gobierno del estado, en la preparación de la visita. El Papa le dijo: "¡No se preocupe, después del Viernes Santo, llega la Resurrección! ¡Mire cuánta gente hay!" De hecho se reunieron 2.5 millones de personas, considerando que el estado de Zacatecas tenía 1 millón 200 mil, no estaba nada mal. En Zacatecas, el Papa le dijo a monseñor Lozano que estaba viviendo algo parecido a lo sucedido en el Sermón de la Montaña porque todos los cerros que rodeaban la plaza donde se encontraba estaban repletos de gente.

De su segunda visita a México, nos han quedado las palabras que el Papa pronunció en Chalco, una de las zonas más pobres de los alrededores de la capital, donde Juan Pablo II ante 2 millones de personas, reafirmó la opción preferencial aunque no exclusiva, de la Iglesia por los pobres, quienes "llevan en su rostro, los rasgos dolientes de Cristo". A las clases pudientes de México les dijo: "No podemos dormir tranquilos mientras que a miles de hermanos nuestros les falta lo más indispensable para llevar una vida digna."

Horas más tarde, el Papa que aún no sabía lo que era el cansancio a pesar de que ya tenía 70 años, viajó a Veracruz, donde los misioneros plantaron por primera vez la cruz de Cristo.

En el malecón, frente a un millón de personas, recordó que fue "la fe la que en México moldeó la identidad étnica y nacional". Juan Pablo no dejó de recordar que la evangelización fue marcada por éxitos y límites, por la santidad y los abusos, por luces y sombras.

El Papa estuvo con los jóvenes en San Juan de los Lagos, felicitó a todas las madres mexicanas el 10 de mayo en Chihuahua, advirtió a los empresarios mexicanos que "a pesar de sus riquezas naturales, México aún está lejos de los ideales de justicia", advirtió al mundo, a un año de la caída del Muro de Berlín, que "el fracaso del socialismo no significó el triunfo del sistema capitalista, que también atormenta a los países tercermundistas".

Uno de los momentos más significativos fue el que vivimos en el Centro de Readaptación Social de Durango, donde el Papa puso en seria dificultad a los hombres de la seguridad, al decidir pasar detrás de las rejas para saludar uno a uno a los ahí detenidos. Muchos presos lloraron. El Papa los acarició, les dio aliento y les deseó que tuvieran esperanza: "la pido para ustedes y la seguiré pidiendo". También les dijo que "la peor de las prisiones es un corazón cerrado y endurecido".

En Tuxtla Gutiérrez escuchamos a los indígenas decirle: "Juan Pablo, amigo, indígenas contigo", a lo que el Papa contestó: "Indígena, amigo, el Papa está contigo". En medio de los gritos: "Al Papa, al Papa, lo quiere todo Chiapas", Juan Pablo les pidió que no se dejaran seducir por los falsos ídolos del capitalismo, del alcohol y de la droga.

En Monterrey, en un encuentro dedicado especialmente a los obreros, Juan Pablo II afirmó que la Iglesia debe oponerse a todas las fuerzas que "pretenden instaurar formas de violencia y de odio como solución dialéctica a los conflictos". Con una clara alusión a la teología de la liberación, afirmó que la Iglesia no puede permitir que una ideología o una corriente política le quite la bandera de la justicia, que es una de las primeras exigencias del evangelio.

Las palabras más cariñosas las escucharon los mexicanos en la despedida de Juan Pablo II, quien, una vez más, conmovido por la entrega total e incondicional del pueblo de México, afirmó: "El Papa parte, pero se queda con ustedes. El Papa quiere permanecer a su lado para alentarlos a afrontar los problemas y acompañarles a lo largo de los difíciles caminos que deben recorrer".

TERCERA VISITA

Se trató de una visita relámpago los días 10 y 11 de agosto de 1993, de apenas 24 horas, dedicada enteramente al encuentro con el mundo indígena.

Juan Pablo II tenía planeada esta visita para el año anterior, con motivo de los 500 años del encuentro entre dos mundos, pero debido a la convalecencia por un tumor benigno en el colon se vio obligado a posponerla.

Este viaje se realizó apenas tres años después de la segunda visita, pero de por medio se había dado un evento muy importante: la reforma de la Constitución y el establecimiento de relaciones diplomáticas entre México y la Santa Sede, que provocó que en Mérida, Juan Pablo II fuera recibido por segunda vez por el presidente Carlos Salinas de Gortari, pero en esta ocasión, con todos los honores reservados a un jefe de Estado.

Al inicio de la presidencia de Carlos Salinas de Gortari, monseñor Girolamo Prigione, que pasó de ser delegado apostólico a enviado personal del Papa, recuerda que en uno de sus encuentros con Juan Pablo II, éste le pidió que le dijera al presidente que, en su opinión, había llegado el momento de mejorar las leyes anticlericales, porque ante los cambios que ocurrían en el mundo, esas leyes eran ya anacrónicas. El presidente Salinas de Gortari le pidió a monseñor Prigione que le respondiera al Papa que lo haría. Según monseñor Prigione, el presidente Salinas, por su pragmatismo, intuyó que el cambio en el tema de las relaciones entre el Estado y la Iglesia era necesario y útil para el país.

"Muchas veces —me comentó el primer nuncio en México— la Iglesia gana más de un presidente liberal que de un presidente 'mocho' porque los 'mochos' tienen miedo de ser acusados de ayudar a su Iglesia, mientras que un liberal no tiene ningún complejo".

Al referirse a la labor realizada en esos años, el ex nuncio comentó que había que convencer a muchos políticos de que la Iglesia era una fuerza viva de la patria y no una institución que había estado siempre en contra de las causas de México; que los miembros de la Iglesia eran igual de patrióticos que los demás mexicanos.

Al responder a una pregunta sobre las críticas de las que él fue objeto por su relación y protagonismo en el contexto político, monseñor Prigione me respondió que por la situación que se vivía en México, "había que romper esquemas y abrir puertas, y si éstas se abrían jugando tenis, había que jugar tenis", con una clara alusión a los partidos de tenis que jugaban con políticos en la delegación apostólica. "Había que convencerlos, no había opción, en esos años dominaba el PRI y yo tuve que colaborar con sus hombres" —expresó monseñor Prigione.

La presencia de Juan Pablo II en Yucatán, región a la que llegaron representantes de 52 etnias indígenas procedentes de varias naciones del continente latinoamericano, representó de alguna manera el cierre de las celebraciones por el V Centenario del Descubrimiento y la Evangelización de América.

El Papa volvió a dar muestra, al igual que lo hiciera en sus dos visitas anteriores, de su amor por los indígenas y reconocimiento por su rica sabiduría heredada. Una vez más Juan Pablo II dijo que sería la voz de quienes no tienen voz.

Uno de los momentos más conmovedores fue cuando un representante de las comunidades indígenas, Primitivo Cuxin Caamal, padre de nueve hijos, le dijo al Papa que los indígenas estaban sorprendidos de que quisiera hablar con ellos, porque "hoy, incluso muchos de nuestros hermanos se avergüenzan de hablar nuestras lenguas, de llevar nuestros vestidos..." El indígena le habló como se hace con un viejo amigo, de las duras condiciones de vida, de los abusos y de las injusticias, pero también de los errores cometidos al renegar de su cultura y su pasado. En pocas palabras le pidió a Juan Pablo II que los ayudara a lograr una vida más digna.

A todos nos sorprendió cuando Primitivo le dijo al Papa: "Dicen que tú has ayudado para que tu patria fuera libre, por eso creo que nos puedes ayudar a decir que tenemos derecho a vivir tranquilos, a ser diferentes, a tener lo necesario para sobrevivir".

El Papa, conmovido, dirigió un llamado para que el mundo reconociera su patrimonio cultural y el derecho a una mejor existencia. "Los indígenas —dijo— son la sal de la tierra. El mundo no puede sentirse tranquilo sabiendo que existen pueblos y personas sumidos en la pobreza."

Juan Pablo II también manifestó la esperanza de que "la solidaridad triunfe sobre la caduca pretensión de dominio", para que puedan ser respetados los derechos de las comunidades indígenas, puedan tener un espacio cultural, vital y social, como individuos y como grupos étnicos".

Con palabras fuertes que dieron la vuelta al mundo, el Papa dijo que la dramática situación en la que viven las comunidades indígenas de todo el continente americano, "reclaman soluciones audaces que hagan valer las razones de la justicia".

En su breve visita no faltaron las porras que tanto le gustaban a Juan Pablo. Al escuchar la más famosa *Juan Pablo II, te quiere todo el mundo*, el Papa dijo: "Yo no sé si me quiere todo el mundo, pero sí sé bien que todos los mexicanos quieren al Papa, especialmente los de Yucatán". El Papa finalizó diciendo en medio del entusiasmo, que se siente ciudadano de Yucatán.

El cardenal Roberto Tucci, entonces organizador de los viajes papales, me contó una anécdota muy simpática. Cuando llegó a Cancún para viajar a Mérida y preparar la visita, los aduaneros le preguntaron si Juan Pablo II visitaría

Cancún. Ante la respuesta negativa, desolados, comentaron: "¡Pobrecito el Papa, va a perderse la mitad del paraíso!"

CUARTA VISITA

La idea del cuarto viaje de Juan Pablo II a México nació durante el sínodo para América, cuando las palabras pronunciadas por el cardenal Norberto Rivera Carrera, arzobispo de la ciudad de México, en el sentido de que el santuario de la Virgen de Guadalupe sería el indicado para ser el marco de la entrega de la exhortación postsinodal, fueron largamente aplaudidas.

Juan Pablo II estuvo inmediatamente de acuerdo porque, en su opinión, no podría haber habido mejor lugar para dirigir un mensaje a todo el continente americano. No por nada la Virgen de Guadalupe era reina de México, pero también emperatriz de América.

Cada una de las cinco visitas a México tuvo su importancia y su impacto; la cuarta se distinguió por la voluntad del Papa de poner a México como punto de referencia para todo un continente, en la labor evangelizadora que él mismo trazó de cara al tercer milenio.

Al llegar al aeropuerto de la ciudad de México, en 1999, el Papa explicó que México sería en los días siguientes, el lugar privilegiado y excepcional de una cita histórica entre los obispos de toda América, que bajo el manto de la Virgen de Guadalupe, buscarían ser para el continente, factores de unidad y de concordia.

Juan Pablo, II quien en 1979 había puesto a México bajo reflectores al ser la meta de su primer viaje como Papa, 20 años más tarde volvió a situarlo como el centro de la atención, como punto de partida de un viaje y un mensaje con una dimensión continental.

A pesar, sin embargo, de que el objetivo principal del viaje fuera la firma y la presentación del mensaje postsinodal *Ecclesia in America*, no cabe duda de que el Papa también volvía a México por México.

Desde las primeras horas de su estancia, Juan Pablo II le recordó a todo el pueblo de México que, en los 20 años que habían pasado desde su primera visita, los mexicanos que le acogieron en el 79, "con los brazos abiertos y llenos de esperanza", le habían acompañado en muchos de los caminos recorridos. Dijo que siempre había mexicanos en las audiencias generales o en las grandes ceremonias y que los reconocía por sus gritos y saludos: "¡México siempre fiel y siempre presente!"

El recibimiento que le ofreció el presidente Ernesto Zedillo reflejó los cambios que se habían dado, a siete años del establecimiento de las relaciones diplomáticas. Además de agradecerle que hubiese escogido México para dar un mensaje de paz, esperanza y concordia a toda América, el presidente le dijo que su visita alegraba profundamente a todos los mexicanos porque él representaba el "afán de justicia que debe estar en el corazón de cada ser humano y que debe guiar la tarea cotidiana de toda persona y toda sociedad".

Sorpresivamente, a pesar de haber sido el huésped más distinguido que había tenido el país, nunca en las tres visitas anteriores, había sido declarado como tal. La suerte quiso que le tocara a Cuauhtémoc Cárdenas entregarle las llaves de la ciudad, Cardenas fué el primer Jefe de Gobierno capitalino perteneciente a la izquierda, partido de oposición. El evento histórico tuvo como marco en su primera etapa el Museo de la Ciudad.

Desde esos primeros momentos fue claro que una vez más millones de personas acompañarían los recorridos del Papa, anciano y cansado, pero con los ojos, la mirada y las manos puestas en los mexicanos, que como siempre gritaban, lloraban, rezaban y cantaban a su paso.

La Nunciatura, ocupada en ese momento por monseñor Justo Mullor, había sido remodelada para hacer frente a los cambios generados por la edad en el físico de Juan Pablo II. Las obras más importantes habían sido la colocación de un elevador, y la transformación de la cancha de tenis que solía utilizar monseñor Girolamo Prigione, en la Rinconada de los Ángeles, donde Juan Pablo II almorzaría con los presidentes de las conferencias episcopales de todo el continente americano y celebraría una misa privada, en la que por primera vez participarían los representantes de los tres partidos políticos, pues de acuerdo con el nuncio Mullor, el presidente Ernesto Zedillo estaba preparando el México del futuro, distinto al PRI tradicional".

"Juan Pablo II, por su parte, fue un líder que generaba el cambio y vivió tiempos excepcionales. El Papa —me dijo monseñor Mullor— no tuvo el proyecto de cambiar a México, él quería cambiar al mundo, y modificándolo cambió también a México. Lo que entendió es que había una clase política inmóvil y un pueblo que quería caminar."

Según el ex nuncio en México, fue ese pueblo el que forzó al presidente Salinas a establecer relaciones con la Santa Sede. "Tuvo la argucia de dar el paso que el pueblo estaba esperando" y para que no hubiese dudas acerca de su opinión, añadió: "Dios se sirve a veces del diablo para hacer cosas buenas." "Fue el pueblo mexicano, insistió, el que pedía esos cambios a gritos, aunque fuera con un clamor silencioso".

Las personas que trabajaban en ese momento en la Nunciatura pudieron vivir de cerca la sencillez y el calor humano del Papa, que tras constatar un día durante su estancia que el flamante elevador se había descompuesto, se apoyó en su bastón y le pidió al nuncio Mullor que lo llevara por el camino más directo, donde no hubiera muchos escalones. El nuncio, apenado, le dijo que el camino más directo cruzaba por la cocina. Con su habitual buen humor Juan Pablo II le dijo: "No será la primera vez que pase por una cocina, vamos". Así lo hicieron provocando un alboroto enorme entre las personas de servicio que pudieron saludar al Papa en su propio "reino".

La sencillez de Juan Pablo II, totalmente indiferente a muebles y decoración, le quedó clara a monseñor Mullor, quien había recibido en préstamo para embellecer la capilla, nada menos que un cuadro de Botticelli, pintado en 1492.

Al ver salir al Papa de la capilla, le preguntó si el cuadro que representaba a san Giovannino le había gustado. Juan Pablo II, casi extrañado, con una de sus sonrisas insinuantes, le dijo: "¡No he entrado a la capilla por el Botticelli, sino por el tabernáculo que es más valioso que cualquier museo!" Monseñor Mullor, recuerda que fue una gran lección la que le dio en ese momento el Papa.

El momento más solemne de la cuarta visita fue obviamente la misa que el Papa celebró en la Basílica de Nuestra Señora de Guadalupe para presentar la exhortación postsinodal *Ecclesia in America*, que había firmado en el curso de una breve ceremonia privada en la Nunciatura.

El Papa volvió a arrodillarse por tercera vez frente a La Morenita. En esta ocasión le pidió que acompañara a las iglesias de toda América a "desarrollar su labor en las naciones americanas, para que sean siempre evangelizadoras y renueven su espíritu misionero".

Especialmente conmovedoras fueron las palabras con las que le pidió a la "dulce Señora del Tepeyac" que acogiera a la multitud incontable de fieles que le rezan a Dios en América. "Tú que has entrado en su corazón, visita y conforta los hogares, haz que las familias cristianas eduquen a sus hijos en la fe de la Iglesia..., reduce la angustia de cuantos padecen hambre, soledad, marginación o ignorancia. Permítenos reconocer en ellos a tus hijos predilectos". También le pidió a la Virgen que "salvara a las naciones del continente" e hiciera que todos, gobernantes, y ciudadanos, aprendan a vivir en auténtica libertad, actuando según las exigencias de la justicia y el respeto de los derechos humanos, para que así se consolide definitivamente la paz.

El aplauso más fuerte se escuchó en la Basílica cuando Juan Pablo II anunció que había decidido declarar que el 12 de diciembre se celebre en toda América a la Virgen María de Guadalupe, con el rango litúrgico de fiesta.

Otro momento marcado por la conmoción fue cuando con un elevador colocado detrás del altar, el Papa subió al camerino de la Virgen. Rezó ahí y luego le besó los pies a la Virgen. Con él estaba su fotógrafo oficial, Arturo Mari, quien recibió, con la mirada del Papa, el permiso de hacer lo mismo.

Para monseñor Mullor la extraordinaria relación entre Juan Pablo II y México se debió sobre todo a su relación con la Virgen de Guadalupe. En México encontró una simbiosis única entre un pueblo y la Virgen. Gracias a su amor por la Virgen de Guadalupe —añadió—, logró entender el "plan diabólico" con el que se querían negar las apariciones a Juan Diego y la existencia de éste. "La máxima satisfacción de mi vida —me dijo el ex nuncio en México—, es haber contribuido a la canonización de Juan Diego. El día que vi a Juan Pablo II canonizando a Juan Diego en su quinta visita, lloré porque al fin había fracasado totalmente la conjura para quitarle a México su mayor riqueza, la Virgen de Guadalupe. La canonización de Juan Diego —me dijo— fue como una reaparición de la Virgen. Fue un momento muy significativo de la historia de México".

Ese mismo día por la tarde, Juan Pablo II visitó la residencia de Los Pinos, para un encuentro con el cuerpo diplomático.

Aquí, aún más que en el aeropuerto, experimentamos los cambios que se habían dado en el país, en las relaciones entre el Estado y la Iglesia.

En esta ocasión, en la visita oficial a la residencia de Los Pinos no sólo hubo un protocolo y cortesía como en la visita que Juan Pablo II realizó a Los Pinos para entrevistarse con el presidente Carlos Salinas de Gortari, en mayo de 1990. El presidente Ernesto Zedillo hizo un reconocimiento público del rol que Juan Pablo II y la Iglesia mexicana habían desempeñado y exaltó el valor de la identidad cristiana del pueblo mexicano, que gracias a su fe logró superar muchas adversidades a lo largo de su historia. En esa visita sucedió algo inimaginable hasta pocos años antes, el Papa bendijo a las personas fuera de los Pinos y la primera dama se persignó. El presidente Zedillo le dio la bienvenida en "la casa de todos los mexicanos", que ese día se había abierto a "niños y jóvenes, a hombres y mujeres de toda condición, a familias unidas por su amor a México y por su fe en el mensaje de paz de su Santidad". Con calidez y respeto el presidente le dijo al Papa que todos estaban ahí para "expresarle su cariño, respeto y alegría por tenerlo en nuestra casa". No cabía duda de que muchas cosas habían cambiado desde la visita absolutamente privada que el Papa había hecho en Los Pinos, invitado por la mamá y las hermanas del presidente José Lopez Portillo.

Otro momento sobresaliente de esa cuarta visita fue la misa en el Autódromo Hermanos Rodríguez.

El mayor Alfonso Cortés Arcos, que se había encargado de la seguridad del Papa ya en el primer viaje, recuerda que en el autódromo deben haber entrado unas 750 mil personas, pero desde la noche anterior había ahí cerca de dos millones de personas, en su mayoría sin boleto. Para evitar incidentes y para que nadie se desesperara decidieron abrir las rejas y dejar pasar a las personas. A partir de ese momento, sin embargo, hubo que enfrentar otro problema, el frío y el serio riesgo de hipotermia. Se pidió a todos que bailaran y cantaran para evitar dicho problema.

A mí me tocó llegar a las tres o cuatro de la mañana para transmitir en vivo la misa. Me llamó mucho la atención la manera en que centenares de miles de personas llevaban allí horas, a pesar de un frío muy intenso, rezando con un recogimiento impresionante. Vivimos momentos de una espiritualidad muy intensa, en medio de una fuerte neblina que hacía aún más sugestiva la explanada en la que muchas personas se protegían como podían del frío. Esa demostración de espiritualidad estuvo presente también durante la misa. De hecho, el Papa le comentó al cardenal Norberto Rivera Carrera que había quedado muy impactado por el silencio tan hondo durante la celebración y sobre todo al momento de la consagración. Por primera vez los mexicanos no habían "gritado", algo que —según Juan Pablo II— sabían hacer muy bien. Durante esa noche helada y a la mañana siguiente el autódromo se convirtió en un verdadero templo. Juan Pablo II vivió ahí la experiencia más espiritual de su cuarta visita.

Recuerdo que también quedamos impactados, sobre todo

los reporteros que no vivíamos en México, por el fuerte mensaje que pronunció el cardenal Norberto Rivera Carrera, acerca de los inmensos problemas que tenían que encarar los mexicanos. "México —dijo el cardenal— está pasando por situaciones difíciles, ha sido engañado y la pobreza lo invade, la violencia y modelos de vida extraños a su idiosincrasia lo están minando". También expresó que, como efecto de la globalización, México había sido "presa de los intereses inhumanos de los capitales económicos del mundo y de la deshonestidad interior". Habló del sufrimiento de los mexicanos por falta de justicia, de alimento, de salud, de trabajo dignamente remunerado, de paz. Manifestó que los mexicanos, a pesar del dolor y las debilidades, tenían fe y querían escuchar del "médico divino" palabras de vida y esperanza.

Juan Pablo II por su parte, en un mensaje más religioso que "político" abogó a favor de la solidaridad con los más necesitados y en forma especial se pronunció en defensa de la vida humana. "¡Que ningún mexicano —dijo Juan Pablo II— vulnere el derecho sagrado de la vida del ser que se encuentra en el vientre materno!"

Durante la misa hubo oraciones muy bellas: se rezó para que el Papa pudiera seguir con su misión, en maya se rezó en forma especial por los gobernantes de América para que sean plenamente conscientes de que tienen que promover la justicia y la paz entre los pueblos. En náhuatl se rezó por los pobres, los enfermos, los inmigrantes, los marginados, los pueblos indígenas y las minorías étnicas para que encuentren "en la Iglesia, el amor misericordioso del Padre y la defensa de sus derechos".

Uno de los momentos más emotivos de la misa se vivió cuando Luz Herlinda Torres Velasco, mejor conocida como "la niña del Teletón", logró hacer su primera comunión a manos del Papa. Para ella fue un día inolvidable. Cuando estuvo frente al Papa, logró sorprenderlo al decir lo único que se le ocurrió: "¿Tú eres Lolek, verdad?" Nunca se imaginó el Papa que esa niña mexicana conociera ¡el nombre con el que le llamaban de pequeño!

Durante ese viaje, el Papa visitó el Hospital Adolfo López Mateos. Ahí se encontraba un niño cuya vida cambió. El 26 de enero de 1999, Andrés Marrón Galindo, de 1 año y 8 meses, estaba en brazos de Rocío, su madre, quien logró ponerse al lado de la valla por la que pasaría el Papa. En cuanto lo vio, profundamente angustiada por la enfermedad de su hijo, le dijo a Juan Pablo II: "Santidad, si tú quieres, tú puedes hacerlo". Entonces el Papa contestó: "Sí, yo sé, su corazón". Juan Pablo II se inclinó hacia el pequeño para abrazarlo, besarlo, tocarle el corazón y darle la bendición.

Andrés estaba prácticamente desahuciado. Los médicos no les habían dado ninguna esperanza a sus familiares. Poco después de su encuentro con el Papa fue sometido a una intervención quirúrgica que le salvó la vida. Le operaron las arterias del corazón, ya que de nacimiento las tenía traspuestas.

En ese momento, Andrés renació y desde entonces, tanto él como su familia, le agradecen a Juan Pablo II lo que consideran un milagro.

Tres años después de su primer encuentro, Andrés, volvió a ver al Papa en la visita de agosto de 2002. Una vez más, con su madre, el niño se puso cerca de una valla, en uno de los recorridos papales. Ahí colocaron una pancarta que decía: "Soy Andrés, tengo 5 años y estoy enfermo del corazón, dame tu bendición". Andrés vivía ahora en Houston y había viajado a México, para volver a ver al Papa.

Durante esos años, Andrés había sido sometido a varias operaciones más. Este calvario no le había entristecido. Sonriente y con sentido del humor, recuerda que la primera vez que Juan Pablo II se le acercó para bendecirlo, se fijó sobre todo en su solideo. "Quería quitarle el gorrito", contó en muchas ocasiones que su sueño habría sido tener ese gorrito.

Esta cuarta visita fue el marco de otro suceso inolvidable: el encuentro del Papa con todas las generaciones del siglo, en el Estadio Azteca.

Me tocó hacer la transmisión en vivo y debo confesar ahora que me hubiera gustado ser una de las decenas de miles de personas del público que pudieron gozar de ese espectáculo único.

No por nada, en el vuelo de regreso a Roma el secretario del Papa, monseñor Estanislao pasó a la cabina de los periodistas para decirme que todos los que en Televisa habíamos hecho posible ese encuentro teníamos que sentirnos muy orgullosos porque era lo mejor que el Papa había visto, en ese tipo de eventos, en sus 20 años de pontificado.

De vuelta al Vaticano, monseñor Estanislao, se encargó de comentarle lo mismo a todos los que no habían estado con nosotros en México.

El mayor Alfonso Cortés me contó que estaban preocupados porque esa tarde hacía fresco y el cielo estaba completamente nublado. En cuanto el Papa llegó al estadio, el cielo empezó a despejarse, la temperatura aumentó y los organizadores sintieron un verdadero alivio.

Será difícil para todos los que ahí estuvieron, olvidar el rostro del Papa mirando siempre hacia arriba en el estadio; su sonrisa constante, el momento cuando cogió un osito que le hizo llegar una niña o cuando muy feliz dijo: "El año pasado me he sentido un Papa carioca. Hoy me puedo sentir mexicano". Al escuchar esto el estadio se vino abajo. El Papa no pudo resistirse y añadió: "¡Años atrás, me he sentido un Papa gaucho! Hoy debo sentir: ¡tú eres mexicano!"

Inolvidables también las palabras de despedida: "Les dejo como recuerdo y como prenda las palabras de despedida de Jesús que iluminan el futuro y alientan esta esperanza: 'Yo estoy con ustedes todos los días hasta el fin del mundo'".

Juan Pablo II nunca olvidó la ola, la proyección del rostro de la Virgen de Guadalupe, primero en el público y luego en el techo circundante del Estadio Azteca, los aplausos, las porras, la canción "Amigo" que tanto le recordaba su primera visita y la del "Pescador", compuesta para esta cuarta visita. Tampoco olvidó el momento cuando de las esquinas de la cancha surgieron cuatro imponentes cruces totalmente iluminadas, mientras en el techo del estadio apareció de nuevo la imagen de la Virgen de Guadalupe.

Al volver a la Nunciatura, visiblemente feliz, le comentó al nuncio, monseñor Justo Mullor, que "había vivido uno de los momentos más hermosos de su pontificado porque ver juntos a abuelos, padres, hijos y nietos había representado para él, conocer una síntesis maravillosa de México".

El nuncio me contó que esa noche el Papa se fue a acostar temprano, pero hacia las 11 de la noche se levantó y se fue a la capilla donde permaneció hasta las 6 de la mañana. Monseñor Mullor se lo encontró ahí por la mañana y pensó que se acababa de levantar, pero su secretario le contó lo que había sucedido y le comentó que el Papa había estado rezando toda la noche para agradecerle a Dios haber podido realizar esa visita, que había trascendido las fronteras de México a todo el continente americano.

Ese día entendió con más claridad que nunca que Juan Pablo II era un hombre profundamente contemplativo, "que vivió siempre en presencia de la Trinidad, de Dios y acompañado por la Virgen. Siempre abierto a Dios y a los demás, sin un minuto para sí".

QUINTA VISITA

En diciembre de 2001, antes de viajar a México para las vacaciones de Navidad, mantuve un encuentro informal con el portavoz vaticano Joaquín Navarro Valls para darnos la felicitación navideña. En esa ocasión me comentó que había comido en esos días con el Papa y que le habían comentado que Juan Pablo II no iría a México para la canonización de Juan Diego, que había sido anunciada el 20 de diciembre sin aclarar la fecha y el lugar de la ceremonia, debido a las condiciones de salud, ya delicadas, del Papa.

Al volver de las vacaciones, a principios de enero, empecé a oír rumores de que el Papa había decidido viajar a México a pesar de que sus médicos y colaboradores no estaban de acuerdo. Me comuniqué con la oficina de Navarro Valls y pregunté si estos rumores tenían fundamento. El portavoz vaticano me hizo saber que, en efecto, el Papa había tomado esa decisión y que se estaba planeando el viaje. Hablé a la Embajada de México ante el Vaticano para tener la confirmación del embajador Estrada Sámano, pero me contestaron que no había absolutamente nada y que, "en caso positivo, el gobierno mexicano lo informaría a su debido tiempo".

Pensé que la confirmación del Vaticano era más que suficiente. Me comuniqué con el noticiero de la mañana y anuncié que Juan Pablo II viajaría a México en coincidencia con la Jornada Mundial de la Juventud en Toronto en julio de ese año.

Supe luego que el embajador Estrada Sámano le "reprochó" al portavoz Navarro Valls que me confirmara esos rumores.

De hecho, la embajada confirmó el viaje en febrero, en coincidencia con el consistorio público en el que se dio el anuncio oficial del Vaticano con la fecha que se venía manejando públicamente desde hacía más de un mes.

La embajada nos envió un escueto comunicado en el que se nos informaba que el gobierno mexicano tenía el placer de informar que el Papa visitaría México por quinta vez.

La educación del pequeño grupo de corresponsales mexicanos que vivimos en Roma evitó que devolviéramos el comunicado con el comentario: "¿A poco?" Confieso que la tentación fue muy fuerte, sobre todo de mi parte...

La quinta y última visita de Juan Pablo II a México, inició con unas imágenes muy diferentes a las de las visitas anteriores.

Por primera vez en la ciudad de México, el Papa descendió del avión con un elevador. Ahora lo esperaba un presidente "abiertamente" católico que le besó el anillo y lo recibió como "nuestro hermano del alma y verdadero amigo del pueblo católico mexicano."

Según monseñor Giuseppe Bertello, nuncio en México, el último viaje de Juan Pablo II fue la muestra más grande del amor del Papa por México, porque para esa visita, que fue un verdadero calvario, un sacrificio enorme que quiso hacer el Papa para rendir homenaje a la población indígena, contó tan sólo con el apoyo de monseñor Estanislao y monseñor Renato Boccardo, organizador de los viajes papales.

En los meses anteriores al viaje hubo días en que unos colaboradores del Papa anunciaban que iría tan sólo a Toronto y otros, que viajaría también a México. Esto sucedió por ejemplo en el curso del viaje a Bulgaria y Azerbaiján, en mayo de 2002, durante el cual la salud del Papa fue desmejorando.

El cardenal Angelo Sodano, secretario de Estado de la Santa Sede, consultado por los reporteros que ahí estábamos, nos dijo que sólo se mantenía la etapa de Toronto, para la Jornada Mundial de la Juventud, mientras que monseñor Renato Boccardo, me dijo textualmente: "El Papa me ha dicho que irá a México y me pidió que organice el viaje, por lo tanto yo sigo adelante con la preparación". El portavoz vaticano Joaquín Navarro Valls, en una entrevista durante ese viaje, comentó: "Toronto es un hecho, lo demás está por verse".

El Papa logró tener la última palabra porque quería a toda costa despedirse de la Virgen de Guadalupe y deseaba canonizar a Juan Diego.

En ese último viaje todos percibimos el sufrimiento del Papa por no poder meterse entre la gente, por no poder improvisar, por no poder bromear ni demostrar siquiera con una sonrisa —debido a la inmovilidad de su rostro provocada por el Parkinson— la alegría que representaba para él estar nuevamente en México.

Creo que entre los recuerdos imborrables de esta última visita, se encuentra el del esfuerzo impresionante que el Papa hizo para ponerse de pie para escuchar los himnos de México y del Vaticano a su llegada a México, ayudado incluso por el presidente Fox a incorporarse; el recuerdo de la cabeza completamente doblada del Papa sobre sus hombros, hundido en el sillón, en la Basílica de Nuestra Señora de Guadalupe, sin más fuerzas que la tenacidad de su deseo de que los indígenas del continente americano tuvieran un santo.

La escenografía escogida para la ceremonia de canonización de Juan Diego, también resulta imborrable: nunca se habían visto decenas de caracoles marinos y millares de maracas resonando en la Basílica bajo una lluvia de pétalos de rosa.

Se trató seguramente de la ceremonia más espectacular del pontificado, debido también a las danzas que se le ofrecieron al Papa: 14 indígenas adornados con plumas multicolores, protagonizaron la música, las ofrendas y en general toda la colorida ceremonia.

Cuando el Papa, con una voz muy débil, proclamó la fórmula de la canonización, el grupo de danza conchera sonó guajes y caracolas.

Juan Pablo II, con una voz entrecortada por el sufrimiento y el agotamiento, afirmó que "Juan Diego, al acoger el mensaje cristiano sin renunciar a su identidad indígena, descubrió la nueva humanidad..., facilitó el encuentro entre dos mundos y se convirtió en protagonista de la nueva identidad mexicana, íntimamente unida a la Virgen de Guadalupe, cuyo rostro mestizo expresa una maternidad espiritual que abraza a todos los mexicanos".

Por primera vez en una misa papal vimos al presidente de la República y a su esposa Martha Sahagún, que el día anterior, al recibir al Papa habían desatado polémicas por arrodillarse ante él y besarle el anillo.

En el que sería el penúltimo mensaje a México, el Papa afirmó que "es necesario apoyar hoy a los indígenas en sus legítimas aspiraciones, respetando y defendiendo los auténticos valores de cada grupo étnico. México necesita a los indígenas y los indígenas necesitan a México". Añadió que "Juan Diego y la Virgen de Guadalupe tienen un hondo significado misionero y son un modelo de evangelización perfectamente inculturada".

También resulta imborrable la imagen del Papa arrodillado frente a la Virgen, al final de la ceremonia.

Juan Pablo II rezó por el futuro de América, pero seguramente rezó también por su futuro, para que Dios le diera fuerza para continuar con su misión.

Al igual que en las anteriores visitas, millones de personas se volcaron a la calle para ver al Papa, que tanto a la ida como al regreso de la Basílica necesitó una hora para recorrer los 30 kilómetros que la separan de la Nunciatura.

Después de la canonización de Juan Diego, la Nunciatura fue el marco del encuentro privado entre Juan Pablo II y el presidente Vicente Fox, a quien el Vaticano le había pedido que asistiera solo, es decir, sin su esposa.

A pesar de los esfuerzos diplomáticos del nuncio, monseñor Giuseppe Bertello, del cardenal Sodano, secretario de Estado de la Santa Sede, y de monseñor Renato Boccardo, el presidente quiso entrar a la Nunciatura con su esposa. El Vaticano decidió entonces que no saldría ni una foto en la que apareciera Martha Sahagún de Fox: se le pidió al fotógrafo Arturo Mari y al camarógrafo del centro televisivo vaticano que sólo tomaran al presidente con el Papa.

Durante el encuentro, de unos 25 minutos, hablaron sobre todo, de acuerdo con los boletines oficiales, de la lucha contra la pobreza, del respeto a los derechos de los indígenas y de migración.

En su último día en México, el Papa beatificó a los dos mártires de Oaxaca, Juan Bautista y Jacinto de los Ángeles, dos laicos casados, con hijos y asesinados por ser los princi-

pales asistentes de los sacerdotes de su zona. Entre las imágenes inolvidables de ese día está la limpia que una indígena le hizo al Papa; inolvidable también la *danza de las
plumas*.

Al beatificar a los indígenas zapotecas, Juan Pablo II
afirmó que "Juan Bautista y Jacinto son el hermoso ejemplo
de cómo no debe anteponerse nada, ni siquiera la propia vida, al compromiso bautismal, como hacían los primeros
cristianos".

También será difícil olvidar los ojos llenos de lágrimas de
los fieles que al interior de la Basílica, al final de la ceremonia, entonaron fuera del programa oficial "Cielito lindo"
para despedirse de Juan Pablo II.

Aún más conmovedoras fueron las palabras que Juan Pablo escogió para despedirse definitivamente de México: "Recordando una canción popular os digo: me voy pero no me
voy, me voy pero no me ausento, pues aunque me voy, de corazón me quedo. México, me voy pero mi corazón se queda.
México, México, México lindo. ¡Que Dios te bendiga!"

Ojos llenos de lágrimas también le vieron pasar en el recorrido desde la Basílica hasta el aeropuerto, porque todos
sabían que sería su último recorrido por México.

Cuando escuché "Las golondrinas" en la despedida del
99 en el aeropuerto de la ciudad de México, pensé que ésa
sería su última visita a México. Me había equivocado, pero
en la despedida de 2002 tenía la certeza de que sí sería la
última.

En ningún momento durante el viaje que hicimos de
Roma a Toronto, de Toronto a Guatemala y de Guatemala
a México, el Papa tuvo contacto con los periodistas que via-
jábamos con él.

En esta ocasión de nada sirvieron mis amenazas de tirarme del avión que habían sido exitosas en anteriores visitas a México y me habían dado la posibilidad, gracias a la bondad de monseñor Estanislao, de sentarme al lado del Papa y de hacerle alguna pregunta.

En esta oportunidad sólo logré conmover a monseñor Estanislao, momentos antes de que se cerraran las puertas del avión que nos llevaría de vuelta a Roma. "Aquí está Valentina", —le dijo a Juan Pablo II y me dejó pasar a la cabina del Papa. Cuando salí de ahí, agradecida y conmovida, fui consciente de que el Papa se había despedido para siempre de México. En la escalerilla del avión, las azafatas estaban llorando, escuchando una vez más la música desgarradora de "Las Golondrinas".

También el cardenal Juan Sandoval Íñiguez, que había invitado a Juan Pablo II para la clausura del Congreso Eucarístico en Guadalajara en octubre de 2004, que el mismo Papa había querido fuertemente que se celebrara en Guadalajara, supo al verlo despedirse de los mexicanos al final de esa quinta visita, que no tendría el honor y el gozo de recibirlo.

El cardenal Javier Lozano Barragán, en muchas ocasiones, durante los años siguientes, en coincidencia con algún empeoramiento de la salud del Papa, me comentó que en su opinión, el estado de Juan Pablo II había sido más delicado durante esa última visita a México.

Me contó que cuando se acabó la entrevista en la Nunciatura entre Juan Pablo II y el presidente Fox, el cardenal Angelo Sodano, secretario de Estado del Vaticano, le pidió al cardenal Lozano que pasara con el Papa. El cardenal se quedó a solas con Juan Pablo II durante unos 15 minutos que le parecieron interminables porque le hablaba al Papa pero él no le contestaba, lo cual hacía que deseara fuertemente que llegara alguien que le ayudara a salir del paso. Cuando ya no hallaba qué hacer, le dijo: "Santo Padre, está usted muy cansado" a lo cual el Papa respondió: "Cansado".

Ésta fue la única palabra que pronunció. Al cabo del cuarto de hora, llegó el cardenal Sodano a relevarlo, lo que representó para el cardenal Lozano un gran alivio.

Para el cardenal Lozano, que el Papa se empeñara en visitar por última vez México, en uno de los momentos más críticos de su estado de salud, debería representar para todos los mexicanos la prueba más grande del cariño tan especial que nos tuvo y un motivo de orgullo y gozo por haber sabido ganarnos un lugar tan privilegiado en su corazón.

Monseñor Dsiwisz, en el encuentro que mantuvimos en Cracovia a un año de la muerte de Juan Pablo II, reconoció abiertamente que el Papa estaba enamorado de México y de su pueblo.

Recordó que el Papa, cuando se sentía cansado o desalentado, pedía ver las videocintas con las imágenes de sus viajes a México, porque de esa manera "cargaba baterías". Ver el entusiasmo de la gente, las multitudes acompañándole de día y de noche, con sus cantos, sus oraciones y sus gritos era para él una especie de bálsamo. Monseñor Estanislao me contó que muy a menudo recordaban cuando les cantaban "Las mañanitas" y no los dejaban descansar ante tanto júbilo.

Me contó una anécdota muy divertida protagonizada por el cardenal Roberto Tucci, en ese momento organizador de los viajes papales: una noche, el cardenal, que pernoctaba en la Nunciatura con Juan Pablo II, se levantó y prendió la luz de su habitación. La gente que estaba fuera de la Nunciatura, pensó que era el Papa y empezó de inmediato a entonar "Las Mañanitas". El cardenal Tucci tuvo que asomarse por una ventana para aclarar el malentendido y pedir a la gente que dejara descansar a Juan Pablo II. ¡A partir de ese día los colaboradores del Papa, en caso de que tuvieran que levantarse por la noche, lo hacían prácticamente a oscuras!

Monseñor Estanislao me contó que se había enterado que la noche de la muerte del Papa, el papamóvil que Juan Pablo habia utilizado en México había salido a las calles de la ciudad de México, vacío e iluminado para que la gente pudiera despedirse del Papa.

Visiblemente conmovido me dijo: "Sólo en México habría podido suceder algo así. Como decía el Papa: "¡Como México no hay dos!"

VI. RELACIONES ESPECIALES
JUAN PABLO II Y LAS MUJERES

El hombre y la mujer, ambos, fueron creados a
"imagen y semejanza de Dios". Debido a esta
igualdad, la mujer no puede convertirse en objeto
de dominio y de posesión masculina.

JUAN PABLO II

La azarosa juventud de Juan Pablo II, sin precedentes en las biografías de sus antecesores, provocó que la prensa mundial se desatara después de su elección con las más fantasiosas reconstrucciones de los años anteriores a su decisión de dedicarse al sacerdocio. Se habló mucho en esos días de la supuesta novia del Papa, debido sobre todo al hecho de que, antes de ser ordenado sacerdote a los 23 años, el joven Karol había pasado por la universidad y el teatro, en medio obviamente de muchachos y muchachas. Se escribieron verdaderas telenovelas en las que aparecía primero una novia que acabó en un campo de concentración, luego una muchacha que prefirió a otro joven. También se manifestó que Karol se había casado y tenido un hijo, que su esposa se había enfermado y muerto y que nadie sabía qué había sucedido con su hijo. Una de las tesis que más se escuchó fue la de su noviazgo con Halina Krolikiewicz, una joven actriz que actuó con él en el Teatro de Cracovia. En realidad eran muy amigos y ella ya tenía novio, el hombre que llegó a ser su marido y con el que sería recibida años más tarde en el Vaticano por Juan Pablo II.

El periodista y escritor Gianfranco Svidercoski, que fue vaticanista e incluso subdirector de *L'Osservatore Romano* y

autor del libro *Historia de Karol,* que se convertiría en la serie
televisiva *Un hombre que se volvió Papa* y, en la segunda parte
Un Papa que se quedó hombre, afirmó que Juan Pablo II era un
hombre "realizado" incluso antes de volverse sacerdote, y su
relación extraordinaria con las mujeres lo demuestra.

En la primera parte de la película se enojó con el director que también era el guionista, porque había acentuado
demasiado el supuesto sentimiento entre Karol y Halina, su
compañera de teatro. Svidercoski me comentó que entre
ellos había atracción artística, incluso competencia, porque
hubo un concurso de teatro, ella lo ganó y después de años
seguían hablando de ello. Svidercoski me recordó que en el
último viaje del Papa a Polonia, en 2002, hubo una cena con
sus viejos amigos. Halina se sentó al lado del Papa y él le te-
ndía la mano debajo de la mesa. Esas imágenes, marcadas
por la naturalidad y la ternura, dieron la vuelta al mundo
porque al principio de la cena estaban presentes las cámaras
del Centro Televisivo Vaticano. Una vez más, Juan Pablo II
se mostraba tal y como era, con sentimientos humanos.

Gianfranco Svidercoski habló largamente con el Papa en
la fase preparatoria del libro *Don y misterio,* con motivo de sus
50 años de sacerdocio, que en un principio tenía que ser el resultado de una entrevista. Le preguntó abiertamente si había
tenido novia antes de ordenarse. Juan Pablo II le respondió
que la gente se extrañaba de que su amor fuera el teatro, pero así era. El Papa le recordó que en los años treinta y
cuarenta las relaciones entre los jóvenes eran muy diferentes,
no había la libertad y apertura que existe hoy en día. Entre
Halina y él sólo había amistad y el mismo amor por el tea-
tro.Cuando se volvió sacerdote, Halina ya estaba casada y
tenía una niña. El 2 de noviembre del 46 celebró su primera misa y el 15 de noviembre, antes de partir hacia Roma
para estudiar, bautizó a la hija de su amiga.

El actor Piotr Adamicz, que interpretó el rol de Karol Wojtyla en la serie televisiva, me dijo en una ocasión que, ante la insistencia del director de que experimentara un sentimiento especial por Halina, "hacía por fuera todo lo que él le pedía, pero no participaba por dentro".

El cardenal Roberto Tucci, que supervisó el guión, llegó a comentar que no habría sido un problema que el Papa hubiese tenido una novia antes de ser sacerdote porque eso habría explicado su extraordinaria relación con las mujeres.

Gianfranco Svidercoski, que realizó muchos viajes con Juan Pablo II, recuerda que cuando miraba a las mujeres guapas, apreciaba su belleza. En Papúa, Nueva Guinea, una muchacha de un colegio católico, en honor del Papa, se había puesto el vestido típico, una minifalda y una media luna que le tapaba apenas el busto. Juan Pablo II la miraba con la mayor naturalidad del mundo. Cuando lo fue a saludar, la acarició sin ningún problema. Detrás de él, el séquito no sabía a dónde mirar.

El único dato cierto y confirmado es que Juan Pablo II, en todas las fases de su vida, mantuvo excelentes relaciones con las mujeres.

A él le debemos que el tradicional saludo de los papas haya pasado de "Queridos hermanos" a "Queridas hermanas y hermanos". Con esta aparente pequeña innovación el Papa quiso expresar de inmediato su intención de atribuirle el justo valor a la mujer.

Contrariamente a lo que les sucedía a sus antecesores, Juan Pablo II nunca se sintió incómodo ante las mujeres. Decenas de veces nos sorprendió su naturalidad y su espontaneidad al verlo, por ejemplo, cantar agarrado de la mano de muchachas que bailaban en su honor con mallas y leotardos.

La naturalidad del Papa con las mujeres se debía seguramente al hecho de que siempre había tratado con ellas. En Polonia, después de haber elegido el sacerdocio, e incluso cuando ya era obispo y luego cardenal, nunca dejó de participar en excursiones con grupos de jóvenes en los que había también un buen número de muchachas. El amigo del Papa, Malinski, autor del interesantísimo libro *Mi viejo amigo Karol*, nos contó a este respecto una anécdota muy divertida y sobre todo reveladora.

En cierta ocasión, cuando era párroco de la iglesia de San Florián en Cracovia, Karol Wojtyla planeó una excursión a los montes Tatra, con su habitual grupo de jóvenes y amigos. Tenían que salir un sábado por la noche en tren. A la estación llegaron las cinco muchachas del grupo y seguidamente apareció el párroco Wojtyla, pero sin los muchachos en aquel entonces Wojtyla tenía 32 años. Explicó que habían decidido quedarse para preparar un examen. Las muchachas, pensaron que ya no irían a ningún lado. Estaban equivocadas: el futuro Papa decidió acompañarlas, con la condición de que lo llamaran "tío" delante de la gente... Su amigo Malinski, al contarlo, comentó que, para esos tiempos, en Polonia el gesto de Karol Wojtyla era casi una locura...

Después de su elección, Juan Pablo II no perdió su familiaridad y su naturalidad con las mujeres es más, yo diría que mantuvo con ellas una relación privilegiada, incluso en lo que se refiere a los periodistas que le seguimos por el mundo. Sobre todo en los primeros años de su pontificado, de 50 reporteros que viajaban con él, sólo dos o tres éramos mujeres, lo que hacía que para el Papa fuera mucho más fácil identificarnos y por lo tanto saludarnos, incluso llamándonos por nuestros nombres.

Recuerdo que durante un vuelo a Bolivia, el Papa había

celebrado su habitual rueda de prensa a 10 mil metros de altura, pero debido a una turbulencia había tenido que volver a su cabina antes de que las tres mujeres del vuelo papal hubiésemos podido hacer nuestra pregunta. En esa ocasión estábamos la enviada de la cadena de radio española Cope, la de la Radio Nacional de España y yo. Se nos ocurrió que podíamos escribirle una carta en plan "reivindicación feminista". Le explicamos lo que había sucedido y le preguntamos si podíamos pasar a su cabina para cumplir con nuestro trabajo. La verdad no teníamos muchas esperanzas de que nuestra misión feminista resultara exitosa. El Papa, sin embargo, decidió satisfacer nuestra petición. Nos mandó llamar y nos dijo: "¡El Año Internacional de la Mujer se ha acabado, pero vamos a darle una prórroga!" Visiblemente a gusto contestó nuestras preguntas y, si no hubiese sido por sus colaboradores, habríamos podido permanecer allí más tiempo, ¡como si fuera lo más normal del mundo!

En 1988, declarado Año Mariano, Juan Pablo II escribió una carta apostólica a las mujeres, *Mulieris dignitatem,* dedicada a la dignidad de la mujer.

El planteamiento del Papa sobre la vocación de la mujer, su diferencia respecto al hombre y la que debería ser su realización, parte de un concepto muy claro, fundamental, pero aún hoy en día no siempre reconocido o aplicado: el hombre y la mujer tienen absolutamente los mismos derechos y el mismo valor porque ambos fueron creados a "imagen y semejanza de Dios". De aquí que, debido a esta igualdad fundamental, la mujer no pueda convertirse en objeto de dominio y de posesión masculina. Tan sencillo como esto.

El Papa no se cansó de denunciar todas las situaciones en las que la mujer se encuentra en desventaja o es discriminada por el hecho de serlo, pero tampoco ocultó su convicción de que las mujeres, en su afán de liberarse del dominio del hombre, no deberían apropiarse de las características masculinas, en contra de su propia originalidad femenina.

Se han escrito artículos, tratados y libros sobre la visión que Juan Pablo II tenía del universo femenino. Para algunos autores, el Papa era un "machista" porque desde su perspectiva la mujer tenía que ser virgen, esposa y madre. Para otros era un Papa "feminista", que reconocía más que nadie el valor del que él mismo calificara de "genio femenino".

Entre los argumentos de los que le acusaron de "machismo", se encuentra obviamente su rechazo al sacerdocio femenino, que Juan Pablo II explicó de la siguiente manera: Cristo, al llamar como apóstoles sólo a hombres, lo hizo de modo totalmente libre y soberano. Al instituir la Eucaristía, la unió de manera explícita al servicio sacerdotal de los apóstoles, que actúan *in persona Christi,* que es un hombre.

El Papa explicó, sin embargo, que no se trató de una discriminación porque Jesús fue ante sus contemporáneos un gran promotor de la verdadera dignidad de la mujer y de la vocación correspondiente a esta dignidad. Según Juan Pablo II, la actitud de Cristo con las mujeres fue muy sencilla, y precisamente por eso extraordinaria, teniendo en cuenta el uso dominante y la tradición avalada por la legislación de su tiempo.

En junio de 1995, en la proximidad de la IV Conferencia Mundial sobre la Mujer que tendría lugar en Pekín, Juan Pablo II escribió una carta dirigida a todas las mujeres del mundo, en la que pidió perdón por la discriminación de la mujer, por parte de la Iglesia, a lo largo de la historia. En esa carta, el Papa afirmó que había llegado el momento de reconocer con valentía los errores y admitir que las mujeres han contribuido tanto como los hombres en la historia de la

humanidad. En esa carta Juan Pablo II abogó a favor de
una igualdad efectiva entre hombres y mujeres, en lo que se
refiere a los salarios y a la carrera, de la tutela de las madres
trabajadoras, de la igualdad de los cónyuges en el derecho
de familia, de los plenos derechos políticos de las mujeres; el
Papa también denunció el machismo agresivo y la explotación sistemática de la sexualidad.

En vista de la conferencia de Pekín, Juan Pablo II tomó
una decisión que no tenía precedentes. El jefe de la delegación vaticana no sería un hábil diplomático de la Santa Sede, sino una mujer, Mary Ann Glendon, profesora de
derecho en la Universidad de Harvard, especializada en derecho de familia comparado y legislación internacional en
materia de derechos humanos. En la delegación además había 14 mujeres y 8 hombres. Esto tampoco tenía precedentes en el Vaticano.

Lo más sorpresivo de esta decisión fue que Mary Ann
Glendon era una mujer divorciada, casada en su segundo
matrimonio con un abogado judío. Cuando el Papa tomó su
decisión se le informó de esta situación. Juan Pablo II contestó textualmente: "¿Y qué?"

A Mary Ann Glendon se lo contó Joaquín Navarro Valls,
que participó con ella en la conferencia de Pekín. Le comentó incluso que se sentía orgulloso de la respuesta del Papa. Mary Ann me habló de su situación durante una larga
conversación en la Pontificia Academia de Ciencias Sociales
de la que por voluntad de Juan Pablo II, llegaría a ser presidenta en 2004.

"De joven me casé por lo civil con un abogado de un
movimiento de defensa de los derechos civiles, que en el momento de dar yo a luz a mi primera hija, me abandonó. En

esos días también murió mi padre. Me sentí perdida, aterrorizada. Volví a casa de mi madre, me puse a enseñar leyes para mantener a mi hija. Mi matrimonio civil, que no estaba obviamente reconocido por la Iglesia, acabó con un divorcio. Pasé cinco años como madre soltera hasta que conocí a mi marido, un juez, judío, que se casó conmigo y adoptó a mi hija. Nos casamos por la Iglesia y tuvimos dos hijas más. Yo estoy en regla para la Iglesia, pero mi pasado habría sido un obstáculo de no haber sido Juan Pablo II lo extraordinario que era".

Mary Ann Glendon, que aún no sabe por qué Juan Pablo II la escogió para encabezar su delegación en Pekín, aunque supone que le ayudaron su graduación en Harvard, su especialización en derecho internacional y derechos humanos y el ser de madre de lengua inglesa, me comentó que, más sorpresivo aún que su elección, fue la total libertad que le dejó para establecer su estrategia.

"Fui al Vaticano, en la vigilia de la conferencia. Había escrito ya mis discursos y pensé obviamente que me los pedirían para revisarlos. Nadie lo hizo. Presionado por mí, monseñor Martin, quien era parte de la delegación y trabajaba en el Consejo para la Justicia y la Paz, me hizo algunas pequeñas correcciones. Al saber que estaba prevista una audiencia con el Papa, le pregunté a monseñor Martin cómo tenía que saludar al Papa, cómo debía portarme, puesto que habría cámaras. Me contestó que Juan Pablo II quería que le estrechara la mano y lo mirara directo a los ojos. Esta respuesta me sorprendió, pero me hizo entender aún más el trato que el Papa tenía con las mujeres. Durante la audiencia, Juan Pablo II sólo me dio dos sugerencias sobre la conferencia. Me pidió que fuera la voz de los que, no tienen voz y que en caso de encontrarme en serias dificultades, pasara por encima de las delegaciones y me dirigiera directamente a la gente, a través de la prensa. Sobre todo esta sugerencia me salvó en los momentos más críticos en los que todo parecía perdido".

Mary Ann Glendon, cuya experiencia del divorcio y de ser madre soltera fue, según ella, indispensable para que se volviera tan atenta y sensible a los problemas de las mujeres, está convencida de que Juan Pablo II fue un Papa feminista, y sobre todo mucho más moderno que sus colaboradores.

Le pregunté si había tenido problemas con los hombres que integraban la delegación vaticana en Pekín.

"El número dos de la delegación era el ahora cardenal Renato Martino, en ese momento representante de la Santa Sede ante las Naciones Unidas. Hasta Pekín, había sido el jefe de diversas delegaciones de la Santa Sede en las conferencias internacionales, incluso en la de sobrepoblación en El Cairo. Un día en Pekín me dijo: 'Tengo amigos que piensan que no se ve bien que un arzobispo esté por debajo de una mujer'. Entendí aún más el valor que había tenido Juan Pablo II al elegirme".

Para confirmar el reconocimiento pleno de la dignidad de la mujer en el proyecto divino, Juan Pablo II explicó repetidamente a lo largo de su pontificado que Dios escogió a María, una mujer, para hacer suceder el evento más grande de la historia de los hombres: el nacimiento de Jesús. El hecho de que Dios eligiera a una mujer para engendrar a su hijo, según el Papa, debe llevar al reconocimiento no sólo de su dignidad, sino también de su verdadera vocación, que sería la de saber acoger y atender al hombre y generar la vida.

"Los que utilizan el argumento de la devoción de Juan Pablo II a María, para afirmar que el Papa tenía una visión muy reducida de la mujer —me dijo Mary Ann Glendon—, no conocen a Juan Pablo II", esta devoción no tiene nada que ver con su visión del rol de la mujer en el mundo.

Juan Pablo II consideraba al hombre y a la mujer en su correspondencia perfecta, en su absoluta reciprocidad y complementariedad, pero también en su diferencia intrínseca.

No hay duda, sin embargo, que para Juan Pablo II la verdadera realización de la mujer debería ser el fruto de la riqueza de su feminidad, visible sobre todo en su disponibilidad al don de sí y a la aceptación de una nueva vida. Él pensaba que había que revalorar la maternidad, que no había que marginar o discriminar a las mujeres que quieren tener hijos. Hoy las mujeres jóvenes en Estados Unidos agradecen las luchas de las feministas de los años setenta, pero no comparten forzosamente el rechazo al matrimonio o a la maternidad. Quieren un futuro con un mayor respeto por la mujer y una mayor complementariedad entre hombres y mujeres. Este camino nos lo enseñó y abrió Juan Pablo II.

Lo que es muy interesante en la visión de Juan Pablo II acerca de la maternidad es que, aunque también el hombre engendra a su hijo, la que paga por este nacimiento es la mujer, por lo tanto el hombre debe estar consciente de que "contrae una deuda especial con la mujer". Según el Papa, ningún programa de "igualdad de derechos" del hombre y la mujer es válido si no se tiene en cuenta esta realidad.

A lo largo de su pontificado, el Papa se ocupó mucho del papel de la mujer en el mundo profesional. Se expresó siempre a favor del pleno reconocimiento del rol de la mujer en la vida pública, política, social y económica, pero aclaró que la mujer no debería verse obligada a trabajar y a salir de su casa por razones económicas. Esta reflexión le valió las críticas de las feministas que pensaron que Juan Pablo II quería que

las mujeres se quedaran en casa, cuidando a sus maridos y a
sus hijos. En realidad, el Papa estimaba que una sociedad que
obliga a la mujer a trabajar fuera de casa porque el salario de
su esposo no es suficiente para mantener a la familia, es una
sociedad injusta. En una visión quizá demasiado idealista, la
mujer debería trabajar sólo si así lo desea.

Por lo que se refiere al trabajo doméstico, debería ser reconocido por las instituciones y valorado incluso desde un
punto de vista económico.

Mary Ann Glendon, que es un ejemplo viviente del aprecio del Papa por el rol público de las mujeres, guarda como
un tesoro las últimas palabras que Juan Pablo II le dijo en la
audiencia en la Pontificia Academia de Ciencias Sociales,
después de su nombramiento como presidenta. Mary Ann
debía presentarle al Papa a los diversos miembros de la Academia. Era la primavera de 2004, Juan Pablo II podía hablar
muy poco, de repente Ann sintió que el Papa le ponía una
mano sobre el brazo y le decía algo. En ese momento ella se
le acercó para que le repitiera lo que quería decirle. Con un
gran esfuerzo el Papa le preguntó cómo estaba su familia.
Fue lo último que le expresó.

"El Papa conoció a mi familia, a mi marido, a mis tres
hijas y a dos de mis nietos. Una noche cené con el Papa junto con mi marido. Fue la primera vez que él lo conoció. Mi
marido, que es judío, se enamoró del Papa. Juan Pablo II tenía con los judíos el mismo trato que con las mujeres: natural y espontáneo, porque había crecido con ellos, tenía
amigos judíos. Para mis hijas, al igual que para los jóvenes
de todo el mundo, él era su Papa".

El Papa tuvo grandes amigas mujeres con las que estuvo
en contacto hasta los últimos tiempos de su vida. Una de

ellas fue Wanda Póltawska, que lo conoció cuando era un joven sacerdote. Lo que más le impactó de él en ese momento fue su preocupación y atención por las madres solteras y por las mujeres que durante el embarazo tenían problemas físicos o psicológicos.

"Ya desde entonces tenía una gran estima y un enorme respeto por la mujer, a la que veía, no hay duda, como madre potencial".

Wanda, junto con su esposo Andrzej Póltawski y sus cuatro hijas, eran parte de la "familia" de Karol Wojtyla. En los últimos dos meses de su vida, Wanda entró y salió del Hospital Gemelli, a través de una entrada de servicio, para que no la reconocieran. Su presencia fue importante y consoladora para Juan Pablo II que, después de ser sometido a la traqueotomía, en la misma pizarra en la que escribió "¿Qué me han hecho?", preguntó "¿Dónde está Wanda?"

Wanda, que se volvería profesora en la clínica psiquiátrica de la Academia de Medicina de Cracovia, era amiga y alumna de Karol Wojtyla desde 1947.

"Ya en sus años juveniles como sacerdote, Karol Wojtyla pasaba todo su tiempo libre con muchachos y muchachas, se iba de paseo con ellos, trataba de entender sus discursos, su forma de actuar. Su idea ya desde entonces era que había que salvar la santidad del amor humano, protegiendo sobre todo a las mujeres, que en su opinión eran más vulnerables. Para él, no hay duda, todas las mujeres eran madres potenciales, lo que las hacía merecedoras de respeto y amor. A los muchachos les decía siempre que debían respetar a sus compañeras, porque ellas dan la vida. La maternidad para él era algo fascinante, porque ocasionaba que de la mujer dependiera el futuro de la humanidad. Sin la mujer, decía siempre, la vida no existe.

A veces hablábamos del celibato sacerdotal. Él lo definía

"santo celibato", lo consideraba como una paternidad más plena, más desarrollada; los sacerdotes tenían que ser padres espirituales de miles de hijos".

Wanda estuvo en el campo de concentración de Ravensbruck y expresa:

"Antes de esta experiencia, yo era una muchacha feliz, con unos padres y hermanas que me querían, compañeras de la escuela que me amaban. Después toda mi escala de valores cambió. Al volver del campo de concentración ya no entendía a la gente, me parecía que vivían todos de manera estúpida y superficial. Además tenía problemas con mi idea de la mujer porque en el campo de concentración había mujeres guardianas que a veces traían a sus hijos y eran tiernas con ellos; minutos después escogían a las mujeres más ancianas para llevarlas a las cámaras de gas. Yo no lograba hablar de mi experiencia, pero con Karol Wojtyla logré hacerlo y él, como filósofo y pastor, logró reconciliar en mí la idea de la mujer y del sufrimiento. En alguna ocasión me explicó que él se sentía "salvado" porque durante la guerra no había sido detenido, no había estado en una prisión. Para él todos los que habían sufrido eran personas más queridas porque —decía— "han sufrido por mí". Me hablaba del valor de la mujer. En una ocasión, hablando del libro del Génesis, nos dijo que Dios había creado al hombre y le había salido bien, entonces creó a la mujer y salió una obra de arte.

"Hasta el final lo que más le preocupó es que estaba desapareciendo el culto a la maternidad, por parte de las mujeres que no quieren tener hijos, y el culto a la madre, por parte de los hombres que no reconocen el valor que tienen sus madres por haberles dado la vida. No cabe duda que para él la verdadera identidad de la mujer era la de ser madre".

JUAN PABLO II
Y LA MADRE TERESA DE CALCUTA

El Papa logró beatificar a la madre Teresa de Calcuta en ocasión del 25 aniversario de su pontificado. Para los que acusaban a Juan Pablo II de triunfalismo y protagonismo, resultó sorprendente la gran amistad que nació entre él y la madre Teresa. Cada vez que llegaba a Roma, el Papa la recibía en el Vaticano. Bromeando solía decir que era ella la que "le daba audiencia" y no lo contrario. Juntos crearon un albergue para los pobres, al lado del Vaticano, donde encuentran cobijo unos 80 *barbonis*, como les llaman despectivamente en italiano a los vagabundos.

El día de su beatificación, que fue posible a tan sólo seis años de su muerte, gracias a que Juan Pablo II permitiera la apertura de su causa de beatificación inmediatamente después de su fallecimiento, sin esperar los cinco años previstos por la ley de derecho canónico, el Papa reveló que a lo largo de todo el pontificado había sentido a la madre Teresa a su lado. Juan Pablo II la había elegido como su embajadora, sobre todo en defensa de la vida.

Ese día la recordó como una mujer valiente, que al llevar a cabo su servicio en favor de "los últimos de los últimos", no se vencía ni por los conflictos ni por las guerras.

JUAN PABLO II Y LA MADRE TECLA

La madre Tecla, a la que todos llaman "mamá Tecla", conoció a Juan Pablo II inmediatamente después de su elección, cuando era vicaria general.

"Las mujeres consagradas tenemos una maternidad que no es biológica sino espiritual. La madre Teresa fue una madre para la humanidad sufrida. Hay varias formas de maternidad. Nosotros damos a Dios el don de nuestra maternidad biológica, pero generamos otros hijos".

El Papa defendió siempre la dignidad de la mujer porque hay muchos países en los que aún no es respetada, donde aún no se le da su justo valor.

"Inmediatamente —me dijo en la sede de las brigidinas en la plaza Farnese en Roma— nació un gran sentimiento, fruto probablemente de la enorme fe que yo tuve desde el primer momento en su persona; entendí enseguida que era un hombre santo, con una carga humana impresionante. Si bien es cierto que Su Santidad se fue desarrollando con el tiempo y que resultó absolutamente evidente al final de su vida, yo la percibí desde el inicio de su pontificado. Entendí enseguida que era un hombre que había sido "elegido".

Lo primero que me preguntó fue cuál era mi congregación y cuál era nuestro carisma. Le contesté que era la oración, sobre todo encaminada a lograr la reunificación de los cristianos. Él me dijo: "Será un camino muy difícil." Siguió saludando a otras madres superioras luego volvió hacia mí y me dijo: "No se preocupe, todos los días rezaré para los países escandinavos".

Con el pasar de los años se desarrolló una gran amistad. La madre Tecla siempre estuvo invitada a los cumpleaños de Juan Pablo II. El viernes, antes de su muerte estuvo en su apartamento. El sábado, después de su muerte estuvo toda la noche velando al Papa en su capilla. Aquí su testimonio:

Rezamos y lloramos, toda la noche. Ver al Papa muerto fue un dolor enorme. Nunca olvidaré esos momentos, para mí fue un trauma. Había estado tantas veces en esa capilla, tantas veces lo había visto rezar ahí. No podía creer que hubiese muerto". Había serenidad, pero al mismo tiempo mucho dolor. Pero para él fue una liberación. El no poder hablar y comunicar, se había vuelto insoportable para él. Estoy profundamente agradecida a Dios por haberme dado la oportunidad de compartir tantos momentos con Juan Pablo II, él había entendido que yo era sincera, leal, fiel y devota.

Para la madre Tecla, Juan Pablo II era *Cristo en la Tierra*. "Lo miraba y veía a Jesús. No es una herejía. Para mí era realmente Jesús".

Para ella era un profeta que sabía leer detrás de los acontecimientos.

En 1999 nombró a santa Brígida copatrona de Europa. "El Papa siempre tuvo un enorme respeto por la mujer y trabajó mucho para que fuera reconocida su igualdad y su complementariedad con los hombres", dijo la madre Tecla en esa ocasión. Y añadió: "Había sintonía. Me alentaba siempre a seguir adelante. Me decía siempre que a lo mejor, yo no podría, pero la Providencia sí puede.

Con su enfermedad se consumió en el altar del holocausto. Supo vivir el dolor moral y el sufrimiento físico. No fue fácil para él, aceptar sus limitaciones, pero en todo momento estuvo a la altura.

El viernes, el día antes de morir, abrió los ojos y me miró. Intentó decir algo, pero no se entendían sus palabras. Me miró como diciéndome: 'Nos volveremos a ver allá arriba'. Murió con la mirada puesta en los demás. Su diálogo con el mundo nunca se interrumpió. Nos dejó mucha alegría, pero también un gran vacío. Su ausencia fue una gran aflicción. Para mí era un predestinado, un hombre escogido por Dios.

Lo que sucedió los días siguientes a su muerte es una prueba de la relación que tuvo con el mundo. Cuando íbamos a verlo se nos abría el cielo. En su último cumpleaños, le llevamos flores y algunos regalitos. Tenía una generosidad de gestos que brotaba de la grandeza de una persona. Me arrodillé, le acaricié con una mano la mejilla, él me acarició la otra mejilla.

Estaba muy agradecido, decía siempre que no era digno de tantas atenciones. Yo me sentía parte de la familia.

Cuando rezaba, sus oraciones eran letanías del corazón. Era un contemplativo itinerante. Se consumió por los demás. Cuando escuché que fue consagrado santo, no fue una sorpresa.

"Yo como mujer consagrada me he sentido realizada. El Papa era espontáneo con todas las mujeres, con las consagradas y con las que no lo eran. Su actitud reflejaba la pureza de su corazón. Por lo que se refiere al rol de la mujer dentro de la Iglesia, probablemente con el tiempo se podrán lograr puestos de mayor responsabilidad, pero hay que darle tiempo al tiempo. Lo importante es que se nos respete y se nos dé nuestro lugar.

En los dos meses que estuvo en convalecencia entre el hospital y la casa había momentos en los que se veía que ya no podía más. Fue muy duro tanto desde el punto de vista físico como psicológico."

La madre Tecla me contó que en la toma de posesión del presidente Vicente Fox estaba Fidel Castro y que el cardenal Juan Sandoval Íñiguez y monseñor Reyes fueron intermediarios para que ella pudiera abrir un convento en Cuba.

Fidel Castro le escribió una carta a Juan Pablo II en la que le pedía que enviara a la isla una comunidad que se ocupase de ecumenismo. El Papa accedió y Fidel Castro le brindó rápidamente a la madre Tecla una estructura porque quería fundar esa casa de las brigidinas en ocasión del quinto aniversario de la visita de Juan Pablo II, en 2003.

"El Papa me decía siempre que tenía que dialogar con Fidel Castro. Cada vez que he visto a Fidel me ha hablado de Juan Pablo II. Fidel le tenía un respeto enorme. Ha leído todas sus encíclicas y sus libros".

"Creo que logró captar su mensaje. Fue incluso a la misa que el cardenal de Cuba celebró en ocasión del fallecimiento de Juan Pablo II".

"En su testamento Juan Pablo II pidió a Don Estanislao que distribuyera sus objetos personales como quisiera. Durante la noche de su muerte juntaron sus cosas porque al día siguiente sellarían el apartamento. A mí me regalaron una sotana blanca del Papa. Fue el mayor regalo que recibí en toda mi vida y será expuesto en la habitación de la fundadora de las brigidinas para la veneración. Don Estanislao también me dio una Virgen que tenía en su cuarto, un ícono y otros pequeños objetos".

"Yo tengo una gran devoción por la Virgen de Guadalupe. En 1981 en Lugano (Suiza) tuve dos operaciones muy serias, le recé a la Morenita y le pedí la gracia de mi curación. Le prometí a la Virgen de Guadalupe que en caso de salvarme construiría otra casa de las brigidinas en México, en la paupérrima zona de Tacámbaro. En México yo había fundado ya cuatro casas: una en la ciudad de México, otra en Guadalajara, otra en La Paz y una más en Colima. La Virgen de Guadalupe me hizo la gracia y una vez más pude entender la grandeza del pueblo mexicano y de su enorme fe popular. Decidí dedicar la casa de Tacámbaro a Juan Pablo II porque quería muchísimo a México y a los mexicanos que le demostraron una fe sin límites".

En la relación tan especial que hubo entre Juan Pablo II y las mujeres ha habido algo muy curioso: las críticas más audaces al Papa siempre las hicieron las mujeres.

La mujer que abrió este camino fue la monja norteamericana Theresa Kane, en la primera visita papal a Estados Unidos, en octubre de 1979. En un encuentro con el Papa, en su calidad de presidenta de todas las religiosas dedicadas a la enseñanza, dejó de lado el discurso oficial de bienvenida y criticó abiertamente al Papa por no conceder más espacio a las mujeres dentro de la Iglesia.

En Holanda, años más tarde, la presidenta del Consejo Misionero, Hedvig Wasser, cuestionó al Papa cómo podía excluir en lugar de acoger a las parejas de hecho, a los divorciados, a los homosexuales y a los sacerdotes casados.

Días más tarde, en el Palacio de las Exposiciones de Lieja, Bélgica, Anne Marie Gilson, presidenta de la Acción Católica Rural, sin morderse la lengua criticó el fasto y el esplendor de los viajes del Papa, la imperfección de la institución eclesiástica y la de los obispos y pidió mayor responsabilidad para la mujer dentro de la Iglesia.

Una joven belga en la Universidad de Lovaina, le habló de la inquietud de los jóvenes ante su condena de los métodos anticonceptivos y su posición hacia la teología de la liberación en América Latina. En todas estas circunstancias el Papa se limitó a escuchar, sin interrumpirlas.

Juan Pablo II vivió también encuentros con mujeres jefes de gobierno y poco diplomáticas. Fue el caso de la primera ministra de Noruega, Gro Harlem Bruntland, que sin el menor empacho le pidió al Papa que reflexionara sobre el problema del sida y modificara su posición contra el uso del preservativo.

Afortunadamente, las mujeres "bravas" han sido pocas y las "aficionadas" han sido muchas, empezando por las monjas y religiosas, en las que Juan Pablo II, sobre todo en los primeros años de su pontificado, provocaba un entusiasmo desbordante que ponía a dura prueba la seguridad del Papa. Asistir a un encuentro del Papa con ellas era como ir a un "concierto de rock" con adolescentes desatadas. Juan Pablo II electrizaba a su audiencia; las monjitas más extasiadas y emocionadas rompían a llorar, mientras que las más "modernas" se empeñaban en tomarle una foto con sus cámaras recién estrenadas.

Juan Pablo II llegó a tener incluso jefes de su seguridad mujeres. Esto sucedió por primera vez en los países escandinavos, en Noruega, donde en la etapa de Tromso, la seguridad del Papa quedó en manos de la señora Elen Olager Aldenais, que nunca entendió por qué a la prensa que seguía al Papa le parecía tan raro que ese cargo lo ejerciera una mujer de la que se destacaba, además, lo que la ofendía profundamente, que era casada y tenía cuatro hijos. Además de todo era luterana y nos confesó que, antes de la visita papal, no sabía absolutamente nada del Papa ni del Vaticano. La señora Elen lo hizo muy bien, Juan Pablo II le agradeció su labor y ella nos pidió con cierta coquetería que le enviáramos los artículos que habíamos escrito sobre ella.

Al final de su segunda visita a Estados Unidos, el Papa, al recibir a los encargados de su seguridad, vio que entre los agentes del Servicio Secreto sólo había dos mujeres y las hizo enojar con una broma: "¿Será porque las mujeres no saben guardar un secreto?", —dijo el Papa divertido. A las dos agentes, seguramente feministas, la broma no les causó ninguna gracia. Juan Pablo II se dio cuenta de inmediato y para "arreglar" la situación, dijo: "¡Lo que dije no es cierto porque el secreto del misterio más grande de la humanidad, es decir el de la Encarnación, lo conserva una mujer!"

En los labios de las mujeres del Servicio Secreto volvió a aflorar la sonrisa...

JUAN PABLO II Y LOS MEDIOS

El hecho esencial de la comunicación es una relación en dos direcciones entre el comunicador y la opinión pública. Los comunicadores deben saber escuchar las exigencias, las necesidades de la gente y sobre todo la voz con la que se manifiesta la dignidad de cada ser humano.

JUAN PABLO II

Una de las características que más llamaron la atención de Juan Pablo II fue su extraordinaria capacidad como comunicador, que le vino no sólo de su indudable carisma personal sino también de su increíble y verdaderamente asombrosa naturalidad ante los medios de comunicación. El Papa no sólo no le tuvo miedo a los medios, sino que debido a un instinto innato, se colocó siempre en las situaciones más apropiadas desde el punto de vista de los fotógrafos y de los camarógrafos. Todos los que le siguieron por el mundo comentaron que Juan Pablo II representaba una fuente inagotable de sorpresas.

El pontificado de Juan Pablo II fue el primero verdaderamente mediático y él fue un personaje extraordinario para la televisión, trascendió la pantalla desde el primero hasta el último día de su vida, incluso después de su muerte. Lo hizo tanto cuando su voz no vacilaba, él era fuerte y joven como cuando mudo, en una silla de ruedas, se había vuelto la imagen del dolor y de la limitación física.

El Palacio Apostólico se volvió una "casa de cristal" en la que Juan Pablo II viviría permanentemente bajo las miradas del exterior e incluso moriría bajo los ojos del mundo.

Angelo Scelzo, en su calidad de secretario del Pontificio Consejo para las Comunicaciones Sociales, estuvo encargado de coordinar la labor de fotógrafos y camarógrafos durante los dos meses de agonía que pasaron desde la primera hospitalización de Juan Pablo II hasta su muerte, el 2 de abril, y luego el cónclave y la elección de Benedicto XVI.

Desde el día anterior a la muerte del Papa hasta el inicio del pontificado de Benedicto XVI, el Pontificio Consejo concedió 4,843 acreditaciones a 876 órganos de información, entre televisoras, agencias fotográficas y radios de 122 países. Para el Vaticano fue el máximo evento mediático de su historia.

Según Angelo Scelzo, la movilización sin precedentes de todos los medios vaticanos fue la lógica consecuencia de la decisión de Juan Pablo II de vivir un pontificado totalmente "transparente".

"No podíamos traicionar esta voluntad del Papa. Por eso seguimos paso a paso no sólo la enfermedad, sino también la agonía y la muerte de Juan Pablo II. En esos días llegamos a preguntarnos si era justo o no hacer esa cobertura que algunos calificaron como espectacularización del dolor. Hubo un debate interno, pero llegamos a la conclusión de que teníamos que respetar la decisión que el Papa había tomado desde el primer día de su pontificado de compartir toda su vida con los fieles. Incluso al final de su vida Juan Pablo II se quería comunicar con el mundo, incluso a través del silencio, cuando se quedó mudo. Su silencio fue más elocuente que muchas palabras. El Papa hizo participar a la humanidad en el don de sí, en su entrega hasta el final".

El Papa supo unir el auge de los medios de comunicación, el desarrollo a escala planetaria de los enlaces vía satelite y de las demás tecnologías de transmisión a larga distancia con su impresionante disposición personal para "llegarle" a la gente. Su pontificado rompió con muchos moldes: a través de la televisión, la radio, los periódicos e incluso la internet entró en millones de hogares, se acercó fisicamente a la gente dejando atrás la imagen de un pontificado hiératico e inasequible.

De hecho, lo que más me han agradecido de mi labor profesional, es haber "llevado" al Papa al interior de las casas, mostrándolo tan cercano como nunca se había visto. La gente sintió que Juan Pablo II era parte de su vida, de su familia y esto explica de alguna manera la participación del mundo en las últimas horas de su existencia. Sintió que México y los mexicanos estaban cerca de él, debido a la cobertura constante de los medios. Los fieles mexicanos, gracias a la televisión, tuvieron la impresión de que sus ojos y sus oídos estaban cerca de él.

Nadie se habría imaginado hasta octubre del 78 que hubiese podido contemplar a un Papa esquiando, nadando, paseando o leyendo en un bosque; almorzando, despachando en su estudio, hablando por teléfono, cantando, llorando, entrando y saliendo de hospitales, sufriendo e incluso agonizando. Con Juan Pablo II se rompieron todos estos tabúes.

El director de cine Krzysztof Zanussi, compatriota y amigo del Papa al dar una explicación del "éxito televisivo" de Juan Pablo II comentó en muchas ocasiones que estriba en que el Papa al hacer público prácticamente todo su ministerio con valor y confianza, éste fue siempre creíble. En ninguno de sus gestos, de sus palabras o de cualquier otra manifestación la gente advirtió algo falso. A través de la televisión Juan Pablo II se sometió constantemente a "pruebas de la verdad" por parte de los medios, tan asiduos a desnudar, decepcionar, saturar y criticar a personajes públicos; sin embargo con su coherencia y su espritualidad las superó todas, demostrando que también los medios masivos son capaces de establecer un contacto basado en la confianza y ofrecen la posibilidad de acercar a la gente y promover e incluso reforzar una relación de cariño.

Para Juan Pablo II, los medios representaban también la gran oportunidad de dar voz a los que no tienen voz. En una ocasión dijo: "La Iglesia del silencio ya no existe, ahora habla con mi voz". Una voz escuchada, de hecho, en el mundo entero por millones de personas.

Al visitar la sede de la Asociación de la Prensa Extranjera, bajo mi presidencia en 1988, el Papa nos dio una verdadera lección de lo que debería ser la comunicación.

Con un tono de voz muy pausado, como si impartiera una cátedra, pero con un ritmo y una claridad que nos fue involucrando a todos, Juan Pablo II nos dijo que el hecho esencial de la comunicación es una relación en dos direcciones: entre el comunicador y la opinión pública. Los comunicadores deben saber escuchar las exigencias, las necesidades de la gente y sobre todo la voz con la que se manifiesta la dignidad de cada ser humano. El periodismo que no escucha al hombre provocará que éste lo desprecie. Escuchar al hombre significa respetarlo y enfrentar sus problemas individuales y sociales.

El Papa abogó en favor de un periodismo independiente que no se dobla ante las ideologías o compromisos con el poder. El hombre que elige esta profesión —nos dijo— debe intentar buscar con pasión la verdad por sí misma. Con la independencia y el rigor, su trabajo puede ser una contribución inestimable a la sociedad, porque ésta necesita información completa, dentro de los límites de la justicia y de la caridad. El Papa dijo que conocía algunos de nuestros problemas, como por ejemplo la presión del poder ideólogico o económico que intenta condicionar nuestra información, los tiempos reducidos para redactar la noticia, el tener que escribir sobre temas que no conocemos a fondo y que a veces son incluso contrarios a nuestros principios, la necesidad de viajar y alejarnos de nuestras familias para radicar o visitar otros países. Nos advirtió que nuestra dignidad debe ser más importante que el éxito ó un ascenso. "Si se dejan dominar por estos criterios —nos dijo—, vuestra vida se volverá vacía".

Angelo Scelzo fue durante años subdirector de *L'Osservatore Romano*, diario oficial del Vaticano. Como periodista vivió la revolución que Juan Pablo II hizo en lo que se refiere a la relación entre un Papa y los medios, fueran o no del Vaticano.

"La forma de comunicar del Papa con respecto a sus predecesores dio un giro de 360 grados, cuando Juan Pablo II, al volar hacia Santo Domingo y México, fue a la cabina de los periodistas y dio su primera rueda de prensa a 10 mil metros de altura. Para los que trabajábamos en el Vaticano fue una señal impactante; el inicio de una nueva era, que ahora nos parece absolutamente normal, pero que en aquel momento era algo asombroso".

"Durante todo su pontificado, Juan Pablo II estuvo consciente del interés que suscitaba en los medios, pero lo que facilitaba su relación con ellos, aunque paradójicamente no actuaba para ellos, era que se conducía con su naturalidad habitual, siendo siempre él mismo. Convivía con ellos, pero no se dejaba condicionar por ellos. Era totalmente libre e independiente y esta actitud aumentó aún más el interés que los medios sentían por él.

El Papa nos enseñó a quienes manejábamos los medios de comunicación del Vaticano a no tenerle miedo a los medios, sino al contrario, a hacer de ellos nuestros aliados.

Nos enseñó a utilizarlos como instrumentos pastorales de evangelización".

Según Ángelo Scelzo, en esta relación con los medios el Vaticano no puede dar marcha atrás.

Una prueba extraordinaria de la importancia que Juan Pablo II atribuía a su relación con los medios —según Angelo Scelzo—, es que el último documento papal estuvo dedicado justamente al rápido desarrollo de los medios de comunicación.

"Para nosotros, ese texto es una forma de testamento".

El recuerdo más fuerte que Angelo Scelzo tiene de Juan Pablo II es el de su último regreso al Vaticano, después de la segunda hospitalización en el Gemelli, cuando fue sometido a la traqueotomía. El Papa fue recibido por varios representantes de la Curia, el gobierno central de la Iglesia.

"Juan Pablo II estaba sentado en su silla de ruedas. No se podía mover, pero su mirada era muy intensa. Se notaba la alegría de volver a casa, a pesar del estado en el que se encontraba. Sabía probablemente que lo haría por última vez. Estaba contento porque quería morir en casa".

La relación de Juan Pablo II con los medios nunca fue una mera cuestión "técnica" o una simple estrategia de comunicación. Para él, detrás de una cámara, de un lente, de una grabadora o de una pluma, había ante todo un ser humano.

A Daniela y a Víctor Simpson les tocó experimentar esta realidad. El 27 de diciembre de 1985, en el aeropuerto romano de Fiumicino, un grupo de terroristas islámicos asaltaron con bombas de mano y ametralladoras el área de *check in* de la compañía israelí El Al. El balance del asalto fue de 16 muertos y más de 80 heridos. Entre las personas que murieron, además de una joven mexicana que trabajaba en la embajada de México en Italia y que ese día había acompañado al aeropuerto al agregado militar, se encontraba Natasha Simpson, hija de los periodistas Daniela y Víctor, queridos amigos míos desde hace muchos años. En el momento del asalto, Daniela se encontraba fuera del aeropuerto con su perro que iba a viajar con ellos a Estados Unidos, país de origen de Víctor, quien por su parte estaba haciendo los trámites frente a las ventanillas de TWA. Cuando empezó la explosión de las bombas y el tiroteo, Víctor se abalanzó sobre sus dos hijos para protegerlos. Él y Mikael se salvaron, Natasha murió ahí mismo con 10 impactos de bala. En el taxi que los llevaba al aeropuerto le había dicho a sus padres que tenía malos presentimientos, que tenía miedo de volar.

Joaquín Navarro Valls, amigo de Daniela y Víctor, avisó de inmediato a Juan Pablo II. Lo lógico o quizás lo "normal" hubiera sido que el Papa expresara su participación del dolor a la familia con un telegrama y que en alguuna ocasión los recibiera para darles su bendición. Sin embargo, no fue así.

A partir de ese momento el Papa los acompañó en el duelo, en los momentos buenos y en los malos, donde el dolor y la nostalgia por la pérdida de su hija eran más fuertes que la aceptación de lo ocurrido. Dos años después del atentado, Daniela, con 44 años, dio a luz a Deborah. Era diciembre, el mismo mes en el que había muerto Natasha. Para ella no fue la "sustitución" de una persona con otra, sino más bien una especie de milagro por el que había rezado con Juan Pablo II, que hacía que la vida continuara.

Han pasado más de 20 años, Juan Pablo II ha muerto, pero Daniela aún no ha olvidado que dos meses después de la muerte de Natasha, en cuyos funerales Juan Pablo II se hizo presente a través de monseñor Regali, quien leyó un mensaje en su nombre, el Papa, en el curso de la visita a una parroquia romana, quiso verla a solas. En esa ocasión le dijo una frase que le quedó dentro para siempre y que en los momentos difíciles le da mucha fuerza: "Rezaremos juntos".

"El saber que el Papa, en algún momento de su día rezaba conmigo para solucionar algo mío —me comentó Daniela—, es algo extraordinario. Durante su agonía y muerte yo sentí la necesidad de devolverle esas oraciones."

En otra oportunidad caminó con ella tomándole la mano en el largo pasillo de un colegio que estaba visitando. Quiso que le contara exactamente lo que había pasado en el aeropuerto. Ella lo tenía bloqueado, pero frente al Papa logró revivir esos momentos tan dolorosos y le contó todo con una gran naturalidad, como si estuviese con un viejo amigo; al terminar salió de ahí con una gran paz.

Durante muchos años, hasta que su salud se lo permitió, Juan Pablo II recibió a la familia Simpson unos días antes de Navidad para recordar a Natasha. Después del nacimiento de Deborah, el Papa preguntaba por ella cada vez que veía a sus padres en la cobertura de algún evento. Deborah creció con la sensación de que ella era algo "importante" para el Papa porque a pesar de todo lo que tenía en su mente, se acordaba de ella y de su nombre.

Lo más valioso para Daniela es que sintió siempre que su familia contaba con su cercanía espiritual: "Era un hombre que te daba la impresión de que en los momentos duros estaba contigo, a pesar de que hubiese millones de tragedias en el mundo que le preocuparan, sentías que compartía especialmente tu sufrimiento. Sería extraordinario en cualquier ser humano, pero en un Papa es algo increíble. Escuchar a un Papa que pregunta por tus hijos con sus nombres, o que mira sonriendo la foto de tu nuevo bebé gordito y sonriendo comenta: 'Se ve que está muy bien', manifiesta la calidad humana de este hombre que revolucionó su relación con los medios, no sólo por lo que se refiere a su empleo, sino sobre todo por su visión de los periodistas como seres humanos".

Víctor es de religión judía. Cuando el Papa murió, al igual que Daniela, Mikael y Deborah, lloró mucho. Todos se sienten huérfanos y Victor expresa su admiración y su agradecimiento por lo que recibió y por el gran apoyo que sintió al vivir esa tragedia que, como les dijo en una oportunidad su amigo Joaquín Navarro Valls, "es parte de su biografía, no pueden escapar de ella y deberán convivir con esa experiencia para siempre".

JUAN PABLO II Y EL CINE

Monseñor Enrique Planas es una de las pocas personas que vio llorar a Juan Pablo II.

En su calidad de director de la filmoteca vaticana, asistió con Juan Pablo II dos veces al año a la proyección de películas que se escogían para que el Papa las viera, en la sala cinematográfica del palacio San Carlos, sede de la Pontificia Comisión de las Comunicaciones Sociales.

La experiencia más emotiva que vivió sentado a su lado, fue durante la proyección de la película *San Francisco de Asís* de la directora italiana Liliana Cavani.

Fue muy impactante para mí ver al Papa profundamente conmovido, con lágrimas en los ojos, durante las escenas en las que San Francisco, de regreso de Tierra Santa, se encuentra en el monte Averno. San Francisco siente ahí en carne propia la soledad ante Dios, su abandono. Al ver a Juan Pablo II llorando pensé en la soledad de ese hombre, que a lo largo de casi toda su vida estuvo frente a Dios teniéndole a él como único punto de referencia. Por enorme que sea su comunicación con Dios, pensé, es difícil dejar completamente de lado los sentimientos humanos.

Otro momento sumamente emotivo ese día, fue cuando al final de la proyección de la película el Papa abrazó a la directora.

Fue un abrazo larguísimo, entrañable, absolutamente sin complejos entre el Papa y una mujer artista que le había tocado el corazón. Esa imagen ha calado hondo en mí porque habla no sólo de la extraordinaria sensibilidad del Papa sino también de la naturalidad de su relación con las mujeres. Ojalá toda la Iglesia tuviera esa actitud.

Después de presentar su película al Papa, Liliana Cavani le escribió una carta para darle las gracias por su emoción, por su absoluta falta de prejuicios y por haberle querido dar tantas veces las gracias a ella, independientemente de que fuera una mujer.

Otro momento marcado por la ternura, lo vivimos durante la proyección de *La vida es bella* de Roberto Benigni. Monseñor Foley, el presidente del Pontificio Consejo para las Comunicaciones Sociales —recuerda monseñor Planes—, estuvo tenso durante toda la proyección porque temía que Benigni brincara, como suele hacerlo con otros anfitriones, sobre las rodillas del Santo Padre. Afortunadamente no lo hizo. Nos llamó mucho la atención que el actor y director lo nombrara durante el encuentro "Papá". Después de la proyección, Benigni se disculpó por no haberle llevado un regalo al Papa. No le traigo ni una rosa —le dijo— pero quiero darle esto. Sacó de su bolsillo una cajita de cuero en la que había unos pensamientos de Santa Teresita y se la dio. El Papa apreció mucho el gesto.

Monseñor Planes recuerda que una de las películas que más le gustó al Papa fue la nueva versión de *Ben Hur*. "Hizo muchos elogios de esta cinta. Lo vi realmente entusiasmado". En otra ocasión el Papa pidió ver una película antes de su visita a la India para prepararse para el viaje. Fue *Gandhi*.

A monseñor Planes le tocó organizar en 2000 el Jubileo del Espectáculo. "Junté en la Plaza de San Pedro payasos, artistas, cirqueros, bandas musicales, bailarines. Había quienes temían que al Papa no le gustara todo ese colorido, pero al contrario, se divirtió mucho."

Otro momento muy interesante de la filmoteca vaticana

fue cuando, tras la llegada al poder de Mijail Gorbachov, el Kremlin le envió una película que consideraba de gran interés para el Papa.

"La *Perestroika* —comenta con orgullo, monseñor Planes—, empezó aquí. Le enseñamos al Papa la película *Arrepentimiento* en la que se demostraba que el comunismo se había equivocado en el tratamiento que le dio a la religión; aparecía ahí la persecución religiosa en la ex Unión Soviética, se ponían en evidencia los errores cometidos y al final la tesis era que todos los caminos conducen a la Iglesia. Nunca informamos de las películas que veía el Papa, pero en esta ocasión Juan Pablo II le pidió a su portavoz que informara a la prensa. Se puede decir que así empezó la relación entre el Papa y Gorbachov que llevaría al histórico encuentro del 1° de diciembre de 1989."

Monseñor Planes, antes de asumir la dirección de la filmoteca vaticana, fue durante muchos años asistente del cardenal polaco Andrzej Deskur, presidente emérito de la Pontificia Comisión de las Comunicaciones Sociales; pero sobre todo gran amigo de Juan Pablo II. El entonces monseñor Deskur fue el prelado que hizo salir por primera vez del Vaticano al Papa, inmediatamente después de su elección, ya que Deskur había sido hospitalizado de urgencia en el Gemelli por un derrame cerebral. A lo largo de todo el pontificado, el Papa cultivaría esa amistad. Todos los domingos, monseñor Deskur subía al apartamento papal para almorzar con Juan Pablo II, quien en sus años en Polonia siempre le había considerado un maestro y un guía.

En los años anteriores a los cónclaves del 78, a monseñor Planes le tocó recibir al cardenal Wojtyla cada vez que de paso en Roma iba a saludar a su amigo, en cuya casa incluso se quedó muchas veces. Lo que más le sorprendía en esos años es que nunca pidió pasar por delante de personas que habían sido citadas. Se sentaba y esperaba su turno, sin hacer grandes pláticas. De hecho monseñor Planes comenta que contrariamente a la fama de extravertido que tenía, él siempre consideró al cardenal Wojtyla como un hombre de pocas palabras, sumergido en su mundo interior. La ocasión en la que más habló con él fue justo antes del cónclave del que saldría elegido. Hablaron de lo que comentaba la prensa acerca de los supuestos papables y de las aparentes "corrientes".

¡Monseñor Planes no ha superado aún el trauma de no haberse imaginado ni durante un segundo que estaba hablando con el futuro Papa!

JUAN PABLO II Y LOS JÓVENES

Los jóvenes son como una primavera que nace
en el mundo y en cada país con su luz y sus promesas.
JUAN PABLO II

En la última Jornada Mundial de la Juventud, en la que participó en Toronto, Canadá, en julio de 2002, Juan Pablo II con una de sus últimas sonrisas plenas, abiertas y no ligeramente esbozada, como sucedería a partir de ese momento, le dijo a los jóvenes de quienes ya se había ganado el corazón: "Soy un joven de 83 años".

En esta frase sencilla y espontánea se encuentra, creo, el secreto de la relación privilegiada que el Papa mantuvo con los jóvenes de todo el mundo. Juan Pablo II siempre fue joven por dentro, a pesar de la edad, de las enfermedades y de sus crecientes limitaciones físicas.

El Papa tenía una certeza que le venía de un famoso dicho polaco: "¡El que está con los jóvenes, se mantiene joven!", y en una ocasión, visiblemente feliz, intentó traducirlo del polaco al italiano para el millón de jóvenes reunidos en Roma para la Jornada Mundial de la Juventud, durante el Jubileo del año 2000.

Juan Pablo II no se acercó a la juventud después de que lo eligieran Papa. En todas las fases de su vida en Polonia, había mantenido una espléndida relación con los jóvenes.

Su espontaneidad y su sencillez, tanto en los gestos como en las palabras, permitió que Juan Pablo II les hablara de tú a tú, como en un diálogo personal. Con los jóvenes el Papa cargaba baterías; llegaba a un encuentro con ellos anciano y cansado, y se despedía de ellos como un joven más, contagiado de vigor y entusiasmo. Siempre les decía que representaba una sorpresa enorme y que lo acogieran como si fuera uno de ellos. Eso hacía que se viera obligado a "aparecer" joven. Su espíritu y su cuerpo rejuvenecía con ellos.

Los mensajes de Juan Pablo II a los jóvenes nunca fueron "fáciles", al contrario siempre fueron exigentes pero sinceros, por lo mismo logró imponerse como un líder seguro y dio un testimonio auténtico de esperanza.

Desde el primer día de su pontificado, Juan Pablo II le dijo a los jóvenes que ellos eran su esperanza y la de la Iglesia. Les manifestó que eran su consuelo y su fuerza. Desde su primer viaje tanto dentro como fuera de Italia, siempre buscó un encuentro con los jóvenes. Su gran contribución en 1985 fue la de instituir las Jornadas Mundiales de la Juventud, que reunieron a millones de jóvenes en todo el mundo.

Al participar en ellas, los que seguimos a Juan Pablo II nos percatamos de que para los jóvenes el Papa era un amigo del que se fiaban, porque no intentó nunca hacerse querer, llevándoles la corriente. Con ellos siempre fue claro, incluso duro, al ponerlos en guardia contra los que solía llamar los falsos ídolos como el dinero, el sexo, la fama o el poder, y al presentarles como modelo de humanidad a Jesucristo en lugar de figuras más asequibles y de moda. Al pedirles que asumieran sus responsabilidades en la creación de una sociedad más justa, más sana y más solidaria, les hizo entender que no podían estar ausentes en la construcción del futuro. Los jóvenes —solía decir el Papa— me dan la certeza de que nuestro mundo tiene un futuro.

Para Juan Pablo II los jóvenes eran como "una primavera que nace en el mundo y en cada país con su luz y sus promesas".

La evidente sintonía entre Juan Pablo II y la juventud impactó al mundo. Aún más, impactó la manera en la que la juventud quiso acompañar a Juan Pablo II en los últimos días de su vida y la presencia de miles de jóvenes, desde el día de su muerte, en las largas colas de peregrinos que se forman para bajar a las grutas vaticanas, donde se encuentra su tumba.

"Soy Carolina. La hija de Valentina. Si me preguntaran cuál fue el momento de mayor sufrimiento en mi vida, diría que fue la muerte de Juan Pablo II, y fue también la primera pérdida verdadera en mi vida. Desde que era una niña él para mí significaba muchísimo. Cuando mi mamá se iba de viaje mi papá siempre me decía que estaba con mi abuelo. Y para mí así era. Juan Pablo II era una presencia constante en mi casa, siempre oía hablar de él y sin darme cuenta, en mi infancia y en mi adolescencia llegué a pensar que él era inmortal. Lo pensé de verdad. No me parecía posible que después de todo lo que había pasado, de lo que había hecho para el mundo, pudiese dejarnos.

Recuerdo esa noche. El 2 de abril de 2005. El mundo se encontró unido en un único dolor independientemente de razas, religiones, condición social y edad. Esa noche todos los corazones que habían amado a Juan Pablo II latían juntos, rezando por él. Algunas personas en ese momento se dieron cuenta de lo que significaba en su vida y cambiaron. Yo habría querido estar en la Plaza de San Pedro, y en cambio estaba en la oficina de mamá, completamente sola, por primera vez en esos días de la agonía de Juan Pablo, porque todos andaban trabajando en el Vaticano.

Tal vez era mi destino darle yo esa noticia a mi madre. 21:37, agencia ANSA: el Papa ha muerto. Me quedé congelada durante algunos momentos, habría querido escaparme, llorar y no demostrar una fuerza que no tenía; pero después pensé en mi mamá que estaba esperando en la azotea del Vaticano que le confirmase la noticia oficial para transmitirla en vivo. En ese momento decidí no escaparme y decírselo, porque nadie más habría podido hacerlo.

Fue un momento muy difícil, era como si tuviese que decirle que había muerto su padre, uno de los hombres más importantes de su vida. No lloré, ni ella tampoco. Nuestros corazones lloraban por dentro.

Al día siguiente fui a San Pedro, miré las ventanas del Papa, y no podía pensar que ya no estaba allí. Vi el cuerpo, días más tarde la tumba, pero para mí continuaba estando vivo, lo sentía cerca de mí. No podía habernos abandonado. Y después de todos estos meses puedo decir que no lo hizo. Él vive en los corazones de quienes lo conocieron y de quie-

nes sólo oyeron hablar de él. Era una fuente de amor y fuerza inextinguible. Él me enseñó que la fuerza verdadera no
es la exterior, sino la que llevamos dentro, la fuerza del alma
que es la que nos hace soportar muchas cosas, que es lo que
le hizo enfrentarse al dolor como él lo hizo.

Me habría gustado nacer años antes, para poder conocer
al Juan Pablo II joven y vital, para participar en alguna Jornada Mundial de la Juventud. Por mi edad actual, 14 años,
nunca pude hacerlo. Yo conocí a un hombre anciano y enfermo, pero eternamente joven, que en los momentos de mayor
dolor sabía dar fuerza a los demás, que con cada una de sus
sonrisas decía: 'Siempre se puede seguir adelante!'

Aunque yo vi a Juan Pablo II sólo en los últimos 14 años
de su vida, es como si lo hubiese conocido desde siempre.
Cuando nací, a través de mi nombre y de mi mamá, la figura de este hombre ya estaba dentro de mí.

Cuando me acercaba a él no podía dejar de sentir su
paz, la luz inmensa que salía de su interior hasta en los momentos más difíciles. Por eso para mí siempre fue santo.

Si yo soy lo que soy ahora se lo debo a él, después de mis
padres. Juan Pablo estuvo tan presente en mi camino, que no
pudo no cambiarme. Por eso, más allá de todas estas palabras,
yo le tengo que decir gracias. Por lo que me ha enseñado, por
haberme hecho entender el significado de la palabra fuerza,
por no abandonarme en los momentos difíciles.

Juan Pablo II no me dejó. Cada vez que miro adentro de
mi corazón lo encuentro allí con su amor, sus miradas y su
sonrisa. Esto es algo que nadie podrá quitarme. Nunca."

JUAN PABLO II, LOS JÓVENES Y EL DOLOR

"Me llamo Ileana. Soy una muchacha italiana de 29 años que a los 21 descubrí que tenía una enfermedad incurable.

El cielo de mi vida hasta ese momento había sido claro, se cubrió de nubes negras. En los días oscuros que siguieron a mi descubrimiento pensé que la luz ya no existía. Al igual que millones de seres humanos no sabía ver más allá de mi proprio dolor.

De manera repentina e inesperada, la luz apareció el 2 de abril de 2005 cuando ya era de noche. El toque de las campanas anunciaba el fin de la agonía de Juan Pablo II. Me encontré rezando con mi madre por un hombre que nunca había querido escuchar, pero en ese momento sus palabras se grabaron de manera indeleble en mi alma. Entendí en medio de un diluvio de lágrimas que inundó al mundo entero que el Padre de todos nosotros ya no estaba. El Padre de los marginados, de los jóvenes, de los enfermos, de los ateos, de los fieles de otras religiones, se había apagado lentamente como una vela, después de haber encendido otras miles. Fue el tiempo de la reflexión y del silencio. La mente regresó a todas las emociones de los últimos años: el descubrimiento de una enfermedad incurable, el rechazo de un Dios que me había abandonado, el alejamiento de todo lo que había creído hasta ese momento, el llanto de un alma que se sentía sola e incomprendida. En ese momento vislumbré por primera vez el proyecto que Dios tenía para mí. Entendí que el sufrimiento que me había dado hacía posible que esa noche captara e hiciera mío el testimonio de Juan Pablo II: el Papa había aceptado plenamente su sufrimiento para que nosotros aceptásemos el nuestro y lo mostráramos al mundo. Los hombres necesitan ver que además del propio dolor existe el de los demás, necesitan compartirlo para poderlo soportar. Durante años no había entendido la razón por la que Juan Pablo II había continuado estando a la cabeza de la Iglesia, a pesar de su enfermedad y sus crecientes limitaciones. Entendí sólo después de su fallecimiento que la enfermedad estaba destruyendo su cuerpo, pero reforzando su alma. Sólo esa noche comprendí que un cuerpo sin alma no podía sobrevivir mientras un alma podía resplandecer después de la transformación de la materia.

Después de dos meses exactos, el 2 de junio, salí de viaje hacia Roma aunque mi salud estaba bastante delicada. Hice una cola de horas para poder llegar hasta su tumba: ese día decidí que aceptaría mi cruz porque la compartiría con él.

Al volver a casa, viví impotente el empeoramiento de mi enfermedad. A mi alrededor las personas no entendieron la razón de ese viaje que había comprometido aún más mi salud.

Sin embargo a partir de ese día encontré la fuerza para seguir adelante en mi camino, por doloroso que fuera."

JUAN PABLO II Y LOS JUDÍOS

Los judíos son nuestros hermanos mayores.
JUAN PABLO II

Entre las relaciones privilegiadas de Juan Pablo II hay que incluir también la que mantuvo con los judíos. Ésta, que haría historia, comenzó con una amistad muy grande que tuvo como escenario la Segunda Guerra Mundial y el holocausto. Se trata de la amistad que existió entre Juan Pablo II y Jerzy Kluger, al que todos llamamos "el amigo judío del Papa".

Jerzy es un ingeniero ahora retirado, casado y con dos hijos que vive en Roma. La última vez que lo vi fue en Wadowice, el pueblo natal de Juan Pablo II, durante la visita que realizó Benedicto XVI. Estaba sentado en la primera fila, en la plaza frente a la Basílica, para recordar una vez más que "todo había iniciado ahí".

Antes de la guerra, Jerzy y Karol vivían ahí, en este pueblo ubicado a 60 kilómetros de Cracovia. El padre de Jerzy era el presidente de la comunidad judía. Jerzy tenía muchos amigos, pero en su clase también había antisemitas. A veces los partidos de futbol eran el pretexto para que éstos lo insultaran. El joven Karol intervino muchas veces para defenderlo. Cuando los alemanes invadieron Polonia, en septiembre de 1939, Jerzy Kluger y su padre decidieron irse. En Wadowice se quedaron la madre del joven, su hermana y su abuela. Ellos por huir de los alemanes acabaron en manos de los rusos, ellas fueron deportadas a varios campos de concentración, donde murieron. Jerzy tras ser liberado después de que se declarara la guerra entre Rusia y Polonia, entró en el ejército polaco y combatió en Egipto, Irak y luego en Italia, país del que ya no quiso salir, lugar donde en 1978 volvería a ver a su amigo Karol, es decir a Juan Pablo II.

Fue el propio Papa quien lo convenció de volver a su tierra. Le pidió que inaugurara una lápida en el lugar donde fundaban la sinagoga de Wadowice, para recordar a todos los judíos de Wadowice y de la región, muchos de los cuales habían sido sus compañeros en el liceo donde habían hecho juntos el examen de bachillerato. Jerzy no quería volver, pero entendió lo difícil que era decirle que no a un Papa... Regresó, hizo lo que el Papa le había pedido y leyó incluso una carta de Juan Pablo II en la que recordaba los sufrimientos y el holocausto del pueblo judío y advertía a los pueblos y a las naciones que lo que había pasado no tendría que repetirse nunca más.

Más allá de esta amistad singular, el "Papa de los gestos" pasará a la historia también por haber sido el primer Papa que entró en una sinagoga y el primer Papa que rezó en un campo de concentración.

Por primera vez en la historia un Papa entró en una sinagoga el 13 de abril de 1986. La visita de Juan Pablo II a la sinagoga de Roma fue un gesto sin precedentes que representó la culminación de un proceso de muchos años, en cuyo transcurso la secular actitud de hostilidad o de mutua indiferencia en las relaciones entre judíos y cristianos fue reemplazada poco a poco por una nueva actitud de interés y comprensión recíproca.

Juan Pablo II quiso visitar la sinagoga de Roma para demostrar el cambio de actitud de la Iglesia católica después del Concilio Vaticano II y de la *Declaración Conciliar Nostra Aetate;* pero obviamente la visita no hubiera sido posible si el deseo del Papa no lo hubiese compartido el rabino jefe de Roma, Elio Toaff, que sería la única persona recordada por Juan Pablo II en su testamento, junto con su secretario de toda la vida, monseñor Estanislao.

Tres meses antes de la visita a la sinagoga el Papa había anunciado el histórico encuentro de oración de Asís, en el que debían participar los representantes de todas las religiones. En un mundo amenazado por fanatismos peligrosos y totalitarismos incalificables, Juan Pablo II tuvo la gran intuición de promover una alianza entre todas las religiones, para salvaguardar la paz en el mundo; pero antes de ese encuentro quiso realizar el solemne acto de reconciliación con la religión hebraica.

El rabino Elio Toaff, en la vigilia de la visita, expresó:

"La visita de Juan Pablo II a la sinagoga de Roma es el acontecimiento religioso más importante de nuestro tiempo y servirá para trazar el camino futuro que unirá a católicos y judíos."

El 13 de abril de 1986 el Papa borró, recorriendo apenas un kilómetro, heridas seculares.

Fuera del templo fue recibido con un abrazo por el rabino Toaff. Adentro, el Papa calificó a los judíos como "nuestros hermanos mayores", pidió que no volviese a existir discriminación, antisemitismo, restricción de la libertad religiosa, civil y social en contra de los judíos.

En una atmósfera llena de conmoción, el Papa y los representantes judíos recordaron los momentos duros de la comunidad hebrea durante la guerra, el genocidio, los prejuicios, las injusticias... También se mencionaron los silencios de la Iglesia y su indiferencia en ciertas épocas.

El momento más emocionante fue cuando se entonó el "Ani Ma' amin", el himno que cantaban los judíos cuando eran conducidos al exterminio. Entre los presentes se encontraban sobrevivientes de los campos de concentración que no pudieron reprimir las lágrimas.

En la sinagoga estaba presente Jerzy Kluger quien, visiblemente conmovido, afirmó que ese día pensó sobre todo en su pobre padre, que habría sido "tan feliz de asistir a un encuentro tan grande".

En la historia de la relación privilegiada entre Juan Pablo II y los judíos hubo luces, pero también sombras. Con el pasar de los años estas últimas se fueron opacando, mientras que las luces fueron más brillantes.

Se llegaron a vivir momentos difíciles, por ejemplo en ocasión de la controvertida audiencia que Juan Pablo II le concedió en el Vaticano al presidente de Austria Kurt Waldheim, quien durante su mandato como secretario general de las Naciones Unidas, fue acusado de haber sido nazi y cometido crímenes de guerra. Kurt Waldheim no había logrado ser recibido en forma oficial fuera de Austria. Estados Unidos lo declaró "persona no grata". El Vaticano se convirtió en su primera meta como presidente austriaco.

La reacción de la comunidad judía internacional fue durísima. Las palabras más utilizadas en esos días fueron "vergüenza", "ofensa", "protesta", "tensión", "condena".

La sala de prensa del Vaticano deploró con un comunicado oficial estas reacciones al afirmar que el gesto del Papa no habría tenido que "arrojar dudas e interrogantes sobre la consideración y el respeto de Juan Pablo II y de la Santa Sede hacia el pueblo judío, y concretamente hacia su actitud acerca de la inhumana persecución de la que fue víctima". También se dijo en esos días que el Papa no absuelve a un jefe de Estado sólo por el hecho de recibirlo y que no habría podido negar la audiencia a ningún presidente católico, de un país católico, elegido democráticamente.

Kurt Waldheim llegó al Vaticano después de apenas un mes y medio de que habíamos vuelto de Alemania, donde Juan Pablo II no había perdido ocasión de condenar al régimen nazi y al holocausto. En su segunda visita a Alemania, además el Papa había beatificado al jesuita Rupert Mayer que durante el nazismo heroicamente llegó a pronunciar hasta 70 sermones contra el régimen. También beatificó a una monja carmelita de origen judío, Edith Stein, considerada por la Iglesia como una mártir católica. Para evitar fricciones con la comunidad judía Juan Pablo II afirmó que murió en el campo de concentración como "hi-

ja de su pueblo martirizado" y que el haber recibido el bau-
tismo no significó de ninguna manera para ella "romper
con el pueblo de Israel".

Otro momento difícil se vivió en el verano de 1989
cuando se produjo un serio enfrentamiento entre la Iglesia
polaca y la comunidad judía por la presencia de un convento de monjas carmelitas en el campo de concentración de
Auschwitz. La comunidad judía pidió que el convento fuera
trasladado para que Auschwitz quedara como el principal
símbolo del holocausto.

Para evitar una ruptura con la comunidad judía, el Papa
tomó las riendas de la situación que había dejado en manos
de la Iglesia polaca: pidió a las monjas que salieran del campo
de concentración, se pronunció en favor de la construcción en
ese lugar de un centro de información, documentación y oración para los fieles de todas las religiones y se dijo dispuesto a
contribuir financieramente a su construcción. La luz disipó
una vez más las sombras. Le tocó al Papa Benedicto XVI,
en su primera visita a Polonia, visitar el centro.

Si bien Juan Pablo II quiso siempre separar el aspecto
político del religioso, un momento histórico fue el establecimiento de las relaciones diplomáticas entre Israel y la Santa Sede, en 1993.

Cuando Juan Pablo II murió, el diario israelí más importante, *Yediot Ahrnot*, tituló en primera plana: "Era el Papa de
los judíos".

El primer ministro israelí Ariel Sharon, al que el Papa
había criticado por la decisión de construir un muro para
garantizar una mayor seguridad, lo calificó "hombre de
paz, amigo del pueblo judío". Frente a sus ministros lo recordó como uno de los hombres "más importantes del siglo

XX", como un hombre que por su capacidad de "acercar a los pueblos, unir a las naciones, comprender y tolerar, nos acompañará durante mucho tiempo".

Tras anunciar su participación en los funerales, el ministro de relaciones exteriores, Sylvan Shalom afirmó que "Israel, el pueblo judío y el mundo entero perdieron a un gran campeón de la reconciliación y fraternidad entre las diferentes creencias". Según el canciller israelí, Juan Pablo II supo promover la comprensión y el diálogo entre las diversas religiones, gracias a su voluntad de afrontar el pasado para construir un futuro de recíproco entendimiento.

Según el presidente israelí, Moshe Katzav, Juan Pablo II será recordado como "el Papa valiente capaz de acabar con las injusticias históricas, al rechazar oficialmente los prejuicios y las acusaciones contra los judíos".

El rabino David Rosen, que en 1993 participó en las negociaciones que llevarían al reconocimiento recíproco entre Israel y la Santa Sede, definió a Juan Pablo II como "el verdadero héroe de la reconciliación entre judíos y cristianos".

El embajador de Israel ante la Santa Sede, Oden Ben Hur, al hacer un balance de la relación entre Juan Pablo II y los judíos, meses después de su muerte, me comentó que la vía de acercamiento entre judíos y cristianos, recorrida por el Papa, fue un camino que inició en su corazón, no en su mente, porque a él le tocó vivir los horrores del nazismo a través de sus compañeros y de sus vecinos.

Me dijo que Juan Pablo II gozaba de una estima y un respeto enormes en Israel. "Se trata de un gran hombre que fue con nosotros un gran Papa. Después de su muerte, recibí llamadas de varios representantes de la comunidad judía internacional que me hicieron saber que estaban dispuestos a pedir ellos también la beatificación y la canonización de Juan Pablo II." Según el embajador se trata de la confirmación de las relaciones especiales que hubo entre Juan Pablo II y los judíos.

No cabe duda de que en la historia de estas relaciones quedará como un momento extraordinario el viaje a Tierra Santa que Juan Pablo II logró realizar en el año 2000.

EL VIAJE A TIERRA SANTA

Desde su primera Navidad como Papa, Juan Pablo II había manifestado su profundo deseo de viajar a Tierra Santa. Tuvo que esperar 22 años antes de poder realizar el sueño de pisar las huellas de Abraham y de Jesús. Logró hacerlo, anciano y cansado, apoyado en su bastón, durante el jubileo convocado para recordar los 2 000 años del nacimiento de Cristo.

Juan Pablo II había querido iniciar su peregrinación en Ur, en la antigua Mesopotamia, ahora tierra iraquí. Por razones políticas y de seguridad no pudo realizar este viaje.

Por primera vez en su pontificado decidió realizar un viaje "virtual". Lo hizo en el aula Pablo VI donde a través de pantallas vio imágenes de las tierras que no había podido visitar. Además en el aula de las audiencias se colocaron unos robles, como los de Mamre, donde Abraham había recibido la visita de los tres ángeles del Señor. También fue colocada una piedra con una llama que recordaba los primeros altares de Abraham.

El Papa sí logró llegar al monte Sinaí. No subió hasta la cima donde Dios le entregó los 10 mandamientos a Moisés: revivió ese evento bíblico en el monasterio de Santa Catalina.

Juan Pablo II había acariciado el sueño de reunir en el monte Sinaí, en el año 2000, a judíos, musulmanes y cristianos, pero no logró realizarlo. En el monasterio sólo le esperaban los monjes ortodoxos y un pequeño grupo de católicos.

El Papa que en varias ocasiones había sido calificado como "Nuevo Moisés", reafirmó en el monasterio en el que se guardan los restos de Santa Catalina y las raíces de la zarza ardiente de Moisés, que las tablas de la ley no han perdido su validez y su actualidad. Visiblemente conmovido Juan Pablo II, en la montaña sacra del Sinaí afirmó que los 10 mandamientos no son la imposición arbitraria de un Dios tirano sino que éstos representan la única base auténtica para la vida de los individuos, de las sociedades y de las naciones. Se manifestó convencido de que constituyan el único futuro de la familia humana, porque la salvan de la fuerza destructiva del egoísmo, de la mentira y del odio; del afán de poder y de placer que degradan la dignidad humana. Desde el monasterio de Santa Catalina, respetado por los musulmanes y cargado de significado para judíos y cristianos, el Papa dirigió un apremiante llamado a las tres grandes religiones monoteístas para que incrementaran y mejoraran su diálogo con el objeto de servir a la humanidad. Juan Pablo II manifestó la esperanza de que en el nuevo milenio el monasterio del monte Sinaí se volviera un faro luminoso que permita a las diversas iglesias conocerse mejor y redescubrir lo que las une.

El viaje a Tierra Santa comenzó un mes más tarde, desde Amman, Jordania. El Papa quiso ir inmediatamente al monte Nebo desde donde Moisés había contemplado la tierra prometida, sin poder llegar hasta ella. La imagen del Papa mirando hacia el horizonte es una de las más bellas de ese viaje. Frente al valle del Jordano, el mar Muerto y Jericó, no lograba salir de su asombro por estar mirando lo que habían visto los ojos de Moisés. Desde ahí dedicó cada paso de su viaje a Jesús, que en esa tierra había nacido, vivido y muerto.

A partir de ese momento fue recibido como un peregrino de paz. El rey Abdullah de Jordania le dijo que su presencia les recordaba a todos que "la potencia del amor es más fuerte que el conflicto y el odio".

Al llegar a Israel, en medio de unas impresionantes medidas de seguridad, fue acogido con el saludo de "Shalom, shalom!" El presidente israelí Ezer Weizmann, lo calificó "hombre de paz y artífice de paz".

El Papa, profundamente conmovido en Jordania, Israel y Belén, abogó por una paz justa para todos y por una mejor relación entre judíos, musulmanes y cristianos.

Al llegar a Belén el Papa besó la tierra, como lo hacía cada vez que llegaba a un país soberano. Ahí fue recibido por el líder palestino Yasser Arafat que lo acogió con conmoción recordando a Jesús, "profeta del amor".

Al celebrar una misa en la plaza principal, Juan Pablo II recordó los sufrimientos del pueblo palestino bajo los ojos del mundo entero, y pidió el respeto del derecho internacional y de las resoluciones de las Naciones Unidas. Durante la misa sucedió algo inesperado que evidenció el respeto de Juan Pablo II por las demás religiones. De repente se escuchó el grito del *muezzin* que recordaba a los musulmanes la hora de la oración e invocaba a *Alá*. La ceremonia se interrumpió un momento, en señal de respeto. A su vez el *muezzin*, por respeto al Papa, abrevió la invocación.

Los momentos más emotivos de la visita se vivieron sin embargo en Jerusalén, en el Memorial de las Víctimas del Holocausto, el Yad Vashem y frente al Muro de las Lamentaciones.

En el memorial, un lugar en el que hasta las paredes de piedra negra vibraron de emoción, Juan Pablo II rezó frente a la llama ardiente que recuerda a las víctimas, abrazó a unos supervivientes de los campos de concentración con sus uniformes de rayas y el número grabado en el brazo; en un silencio irreal, afirmó que no había palabras demasiado fuertes para deplorar la terrible tragedia de la Shoa. "He venido aquí —dijo el Papa—, para rendir homenaje a millones de judíos que despojados de todo y sobre todo de su dignidad humana, fueron matados durante el holocausto".

Percibí muchos ojos con lágrimas. Los que más me impactaron fueron los de un compañero de la prensa alemana.

El Papa visitó el muro de las Lamentaciones el último día de su estancia en Tierra Santa. Ahí presenciamos una escena extraordinaria. Después de haber rezado durante largo rato frente al muro, el Papa, apoyándose en su bastón, se acercó a éste, puso una mano encima de las piedras, y luego, con uno de esos gestos inolvidables, fruto de una intuición excepcional, Juan Pablo II puso un papelito en una fisura del muro. En éste pedía una vez más perdón por el comportamiento de aquellos cristianos que a lo largo de los siglos provocaron el sufrimiento del pueblo judío y se comprometía a que éstos vivieran en auténtica fraternidad con el pueblo de la alianza. Ese gesto fue más valioso para los judíos que un documento completo sobre la relación judío-cristiana.

En Tierra Santa, el Papa también fue a Nazareth, estuvo lleno de emoción en el lugar donde de acuerdo con la tradición, el ángel Gabriel se le apareció a María. Con mucho esfuerzo logró arrodillarse y besar el piso. Ahí estuvo meditando durante largos minutos. Visitó el huerto de los olivos, en el lago de Galilea, fue al Santo Sepulcro. Conmovido por haber rezado frente al lugar de la sepultura de Cristo, sobre una tumba vacía "testimonio del evento central de la historia de la humanidad, es decir la Resurrección", Juan Pablo II salió de ahí con una convicción: volver cuanto antes. De hecho ese mismo día "obligó" a sus colaboradores a regresar al Santo Sepulcro. Quiso subir solo, sin ayuda, hasta la capilla del Calvario. Ahí permaneció rezando durante 20 minutos. Con esa oración finalizó su viaje a la tierra de Cristo.

VII. JOAQUÍN NAVARRO VALLS, PORTAVOZ DEL PAPA

Juan Pablo II nos enseñó a los hombres que sólo asumiendo
nuestras responsabilidades morales al actuar,
llegaríamos a ser verdaderos seres humanos.

J. NAVARRO VALLS

Pocos meses antes de la muerte de Juan Pablo II, Joaquín Navarro Valls celebró 20 años como portavoz del Papa. En los dos meses de enfermedad y agonía de Juan Pablo II tuvo un papel protagónico. Los reportes médicos del Hospital Gemelli fueron sustituidos por boletines de la sala de prensa. No tuvimos contacto con algún médico, contrariamente a lo que había sucedido en las anteriores hospitalizaciones del Papa. Nuestro único interlocutor fue Joaquín Navarro Valls, al que, el día anterior a la muerte del Papa, vimos por primera vez con lágrimas en los ojos.

Pocos días después del fallecimiento de Juan Pablo II mantuve con él esta conversación.

Aquí el testimonio de Joaquín Navarro Valls:

"¿Me pregunta si lloré cuando el Papa murió?", No, no lloré. Cuando vi morir a Juan Pablo II no tuve tiempo de reflexionar. Inmediatamente después tuve que informar; se vinieron luego días muy intensos, muchos cambios. No tuve tiempo para llorar.

Estuve al borde del llanto en la conferencia de prensa del primero de abril, cuando tuve que informar acerca de la gravedad del estado del Papa. Estaba preparado para res-

puestas de tipo profesional, no humanas. Un reportero alemán me cogió de sorpresa al preguntarme cómo me sentía
en ese momento. Lo inesperado de la pregunta y la tensión
de los últimos días provocaron que no pudiera controlar mi
reacción. Me fue difícil mantener la distancia de los hechos
que una información correcta exige. Me sentía como un hijo que estaba perdiendo a su padre, por lo tanto estaba muy
vulnerable; sin embargo, no me arrepiento de haber perdido en parte el control. En los días siguientes llegaron a mi
oficina muchísimas cartas de gente que había apreciado el
rostro humano de la información, personas que apreciaron
mi conmoción.

    ¿El último recuerdo? Imposible aislar un momento. Fue
muy difícil ver sufrir al Papa, desde febrero. El recuerdo que
permanece en mí, más allá de su sufrimiento, es su absoluta serenidad, hasta el final. No le vi ni un gesto de impaciencia o de rebeldía."

    Asimismo Joaquín Navarro Valls me contó cómo inició
su relación con Juan Pablo II:

    "Mi vida cambió en 1984. Mientras presidía una rueda de
prensa con el presidente de Fiat, Gianni Agnelli, en mi calidad de presidente de la Asociación de la Prensa Extranjera,
recibí una llamada en la que se me comunicaba que tenía una
invitación para almorzar con Juan Pablo II. En esa comida el
Papa me preguntó cuál era mi visión de la comunicación. Le
expliqué que en mi opinión la información procedente del
Vaticano ya no tenía que ser considerada como la de una
fuente meramente religiosa, relevante sólo para el mundo católico. Sino que el Vaticano tenía que ser considerado como
una de las principales instituciones mundiales y la figura del
Papa tenía que volverse un punto de referencia prioritario en

el escenario mundial. También le dije que para lograr esto teníamos que modernizar las estructuras informativas de la
Santa Sede, incluso desde el punto de vista tecnológico.

En esa época estaba pensando en irme de Roma, donde
era corresponsal del diario español *ABC* y volver a España, a
mi antiguo amor, es decir, la medicina. La propuesta del Papa para asumir la dirección de la sala de prensa de la Santa
Sede, ocasionó obviamente que abandonara este proyecto.
Entendí enseguida, que no se le puede decir que no a un Papa. Ante mi evidente nerviosismo por la fuerte responsabilidad que conllevaría el nuevo cargo, Juan Pablo II me dijo
algo que me ayudó mucho a tranquilizarme. "No se puede
hacer ningún trabajo pensando sólo en la responsabilidad
porque esta valoración te encorseta, te quita libertad."
También entendí de inmediato la visión que Juan Pablo II
tenía de la información. El Papa creía que la gente tenía el
derecho a la información y por tanto el Vaticano debía respetar ese derecho. Pensaba que la propuesta de valores cristianos de la Iglesia tenía que ser presentada como propuesta
y no como imposición, sin una lógica de mercado. Tenia, al
mismo tiempo, un respeto enorme por la dinámica de los
medios. Por lo tanto al asumir el cargo tuve que crear dentro del Vaticano una nueva mentalidad. Ya no se trataba de
manipular los medios, ni de reducir al mínimo los daños
provocados por su atención —por ejemplo, establecer una
excesiva transparencia que pudiera conllevar críticas y cuestionamientos sobre la actuación del Papa o de la Iglesia católica. Había llegado el momento de establecer una
semántica, reglas nuevas. Al proceder de Polonia, país donde no existía opinión pública porque las personas no creían
lo que leían, Juan Pablo II sentía la exigencia de participar,
integral y directamente, en la dialéctica mediática. Esto significaba aceptar un lenguaje, ofrecerse a la crítica de la

prensa como persona y como símbolo. De hecho, uno de sus grandes misterios era el hecho de que a pesar de haber nacido y vivido en un país donde no había libertad de información, sabía perfectamente lo que era la comunicación.

Creo que la clave para entender mi relación con Juan Pablo II y más en general la relación con los medios es la asequibilidad del Papa. Siempre conté con información de primera mano, no hubo una sola oportunidad en la que necesitara consultar al Papa y él no estuviera disponible.

Nosotros le proporcionábamos la información pero no teníamos nada que enseñarle en este terreno. Se vio desde la primera vez que salió a la logia central de la Basílica, minutos después de su elección, cuando no le hizo caso a los responsables del protocolo que le habían dicho que sólo tenía que impartir la bendición "porque así se usaba" y empezó a hablarle a los fieles que se encontraban en la Plaza de San Pedro.

Nunca necesité construir o manejar su imagen, él lo hacía todo solo. No necesitaba de nadie. Sólo en los últimos tiempos de su vida hice algo para mejorar su imagen.

El Parkinson le había provocado una gran rigidez en la mandíbula, lo que le impedía sonreír. Entonces, cuando había que tomar alguna foto, sobre todo en los momentos privados o en las vacaciones, yo me ponía una nariz roja de payaso, porque sabía que los payasos le encantaban. En cuanto me veía, su rostro se relajaba, sonreía aunque fuera por dentro y se le sacaba la foto.

Era fascinante, antes de un viaje, ver la manera en la que el Papa se preparaba sobre los países, la historia, la personalidad de aquellos que tenía que visitar. En esos viajes sus improvisaciones impactaban a la prensa. Yo creo que éstas eran el fruto de las largas meditaciones que el Papa hacía antes de visitar un país.

Antes de un evento importante, por ejemplo la visita a la sinagoga de Roma, la primera de un Papa en 2000 años, Juan Pablo II me pedía que le hiciera muchas preguntas para que yo pudiera transmitir la mejor información posible a los medios.

Lo que me impactaba era el aspecto humano de todo lo que hacía, las relaciones humanas que lograba establecer. La visita a la sinagoga no fue histórica, sino también un momento importante en la amistad que construyó con el rabino jefe de Roma, Elio Toaff, al que recordó incluso en su testamento. Cuando el Papa se cayó en su apartamento y se rompió el fémur, el rabino Toaff fue inmediatamente al Hospital Gemelli, de hecho fue una de las primeras personas en ver al Papa.

También fui testigo de su amistad con el ex presidente de la República Italiana, Sandro Pertini, quien fue la primera persona en llegar al Hospital Gemelli después del atentado del 13 de mayo del 81. Se tenían cariño, se llamaban por teléfono, incluso fueron a esquiar juntos.

Antes de volverme el vocero del Papa, almorcé un día con el presidente Pertini, quien me contó que en el hospital pidió una bata blanca para poder quedarse en la sala fuera del quirófano. Cuando Juan Pablo II salió de la operación, aún inconsciente, le tomó la mano. Le pregunté qué habría hecho si el Papa se hubiese muerto. El presidente Pertini me respondió que se habría ido a su casa y se habría encerrado en una habitación para llorar. ¿Por qué, si usted no cree en Dios?, le pregunté. A lo que contestó: "Yo no soy creyente y espero morir como tal pero si el más allá existe, yo sé que entraré ahí llevado de la mano de mi madre y del Papa".

Durante sus 20 años como portavoz, Joaquín Navarro Valls fue testigo de la relación humana y "profesional" entre Juan Pablo II y el cardenal Joseph Ratzinger.

La suya era una colaboración en los grandes temas del pontificado, su visión era complementaria. En su libro *Levantaos, vamos*, el Papa habla de él como su amigo de confianza.

Recuerdo que en su último encuentro, cuando el Papa estaba ya en el umbral de la muerte, el cardenal Ratzinger entró a la habitación, se arrodilló, le tomó la mano a Juan Pablo II y le agradeció todo lo que le había dado. Era un cardenal fiel, pero sobre todo el amigo que sabe que su amigo se está muriendo.

Hay quienes creen que Juan Pablo II lo llevó de la mano hasta la Capilla Sixtina. A lo mejor..., la lectura de estos signos queda abierta. De lo que no hay duda es de la enorme confianza que Juan Pablo II le tenía al cardenal Ratzinger así como la convicción de su extraordinario valor humano.

Le pedí a Joaquín Navarro Valls que compartiera conmigo algunos recuerdos de sus 20 años con Juan Pablo II.

"Las experiencias de 20 años son muchas. Recuerdo con nostalgia los momentos privados, cuando nos íbamos de excursión; salíamos de una forma muy discreta en coches sin las placas del Vaticano y el Papa se ponía encima una capa negra que había conservado de sus tiempos en Cracovia. Nadie lo reconocía, ni siquiera en las casetas de la autopista o en los altos en la ciudad.

Le encantaba la ciudad de Roma; el momento que prefería era ver el atardecer desde la terraza, arriba de su apartamento. Monseñor Estanislao, su secretario, me comentó muchas veces que bendecía todas las noches la ciudad desde su ventana.

Por lo que se refiere a su relación diaria con los medios, miraba los titulares de los periódicos más importantes que le entregábamos todos los días y escuchaba los encabezados de los noticieros a la hora de la cena; si había un buen programa se lo grababan y lo veía por la mañana.

En los tiempos en los que el futbolista polaco Boniek jugaba la Roma, a finales de los ochenta, el Papa miraba algunos partidos y le iba obviamente al equipo de su compatriota.

La transparencia informativa en la última fase de la enfermedad fue una decisión implícita del Papa, era una deducción lógica de su comportamiento anterior. Yo pensé que no se podía amputar de la biografía de un Papa como Juan Pablo II parte de su vida personal, como es la agonía y la muerte. El problema en esos días no fue la falta de información sino cómo informar acerca de la muerte de un Papa y sobre todo de un Papa como Juan Pablo II. Entendimos que lo fundamental eran los hechos. Los contábamos como inciertos cuando había incertidumbre y como graves y muy graves cuando llegó el final de su vida." ·

Según Navarro Valls hubo una interacción perfecta entre la información que salió del Vaticano y la reacción de millones de personas que decidieron venir a Roma.

Le comenté que a pesar de que bajo el pontificado de Juan Pablo II la salud del Papa dejó de ser un tabú, nunca se reconoció oficialmente que padeciera Parkinson. La única excepción fue una declaración suya en 1996, en el sentido de que el Papa padecía un síndrome extrapiramidal, descripción que para aquellos que saben es prácticamente sinónimo de Parkinson.

Es cierto —me contestó—, no dijimos nunca que el Papa tenía Parkinson; ¿pero es necesario decir de una mujer que se ve embarazada de cinco o seis meses, que está embarazada?

Para explicarme la decisión que había tomado de aludir al síndrome extrapiramidal, me dijo: "El Papa no se había planteado el problema de si había que decir o no lo del Parkinson, porque no le importaba. En ninguna de sus enfermedades recibí de él alguna indicación de lo que tenía o no que decir. En esa ocasión pensé que debía enfrentar un problema ético: me pregunté si había la certeza de un diagnóstico, me respondí que sí lo había, me pregunté si se trataba de algo irreversible, pues sí lo era, entonces tomé la iniciativa de dar esa información".

Le pregunté a Navarro si había tenido problemas a raíz de esta decisión. "Habría podido tenerlos, pero para la persona que estaba implicada, mi información no representaba un problema. Por lo tanto no los tuve".

En otras ocasiones, Navarro Valls se enfrentó a una mentalidad que él consideraba anacrónica. "Cuando el Papa se cayó en su baño y se rompió el fémur, yo lo conté tal cual. Hubo quienes me preguntaron por qué había mencionado lo del baño... ¿Acaso el Papa no tiene un baño? —pregunté".

Según Navarro Valls, la transparencia y el seguir su agonía prácticamente en vivo hizo que este Papa que nos había enseñado a vivir, nos enseñara también a morir, a enfrentar la muerte. No se podía perder esa oportunidad, —me dijo. Añadió que al estar a su lado, sobre todo en esos últimos meses, uno se daba cuenta de qué gran diferencia hay entre una fe y otra: "la de Juan Pablo II era muy sólida, se podía cortar con un cuchillo".

Joaquín Navarro Valls recordó que Juan Pablo II no quería morir, decía siempre: "Moriré cuando Dios quiera".

Lo que también impactó mucho a Joaquín Navarro en sus 20 años al lado de Juan Pablo II fue el papel del Papa como líder global.

Ninguna otra personalidad con autoridad en el mundo

occidental se ha preocupado de la condición interior del hombre, como él. Estoy convencido de que el gran interés que Juan Pablo II ha despertado en los medios de comunicación, se debe a su esfuerzo por restablecer un sistema común de valores, por vivir con una coherencia: la fe, por humanizar la figura y el papel del Papa.

Juan Pablo II nos enseñó a los hombres que sólo asumiendo nuestras responsabilidades morales al actuar llegaríamos a ser verdaderos seres humanos. A través de sus viajes, llamó la atención del mundo sobre la dimensión religiosa. Con Juan Pablo II la religión salió de la esfera de la subjetividad y se hizo visible, se volvió un hecho público que puede ser observado en directo y también comentado por los medios de comunicación; pero al mismo tiempo los viajes han supuesto la oportunidad de hacer visible a la Iglesia en cada uno de los lugares visitados.

Se ha hablado mucho, le comenté a Joaquín Navarro, de la revolución que Juan Pablo II hizo en cuanto a la percepción del pontificado.

Al inicio de éste, la imagen transmitida por la prensa era la de una gran novedad personal dentro de una institución antigua; con el paso de los años el acento se desplazó principalmente hacia los cambios que Juan Pablo II generó en la institución misma.

Pablo VI fue el primer Papa que viajó fuera de Italia, se limitaba a saludar a los periodistas, pero no aceptaba preguntas. Juan Pablo II provocaba a los periodistas: aceptaba sus preguntas y respondía usando todos los idiomas en los que eran formuladas las preguntas. Pese a que algunos colaboradores advirtieron al Papa de los riesgos que conllevaba esa actitud, Juan Pablo II prosiguió sus viajes con esta innovación radical y de hecho estos encuentros con la prensa fueron un medio muy eficaz para comunicarse con la opinión pública de todo el mundo. No fue un Papa que transmitió de vez en cuando mensajes grabados de antemano para los momentos importantes del año, como hacían sus predecesores, sino un Papa que participó de la dialéctica del periodismo moderno, aceptando sus reglas y aprovechándolas para transmitir los valores cristianos.

Juan Pablo II revolucionó la imagen del papado porque se salió de los moldes culturales establecidos por los papas anteriores.

A lo largo de los 20 años a su lado pude constatar el modo en el que su extraordinaria libertad interior lo llevó a modificar y al mismo tiempo actualizar la tradición histórica que pesaba sobre la institución pontificia. Ya no se contempla al Papa como al gran administrador de la Iglesia sino como al primero de sus apóstoles.

Hasta los espíritus críticos del pontificado entendieron que ante la crisis de Dios en nuestra sociedad, este pontificado ofreció certezas sobre Dios y el hombre, sobre las ruinas de cierto humanismo.

Estuve 20 años al lado de un gran intelectual europeo, con un extraordinario pensamiento abstracto y al mismo tiempo una gran ternura humana, notoria cuando acariciaba a los niños, cuando te miraba a los ojos, cuando te estrechaba la mano. Fue un filósofo y un poeta. Un hombre libre. Sorprendió de hecho el que después de la caída del Muro de Berlín, criticara el modelo capitalista por su falta de valores éticos.

Joaquín Navarro tuvo la impresión, en esos 20 años, de ver pasar la historia de cerca, sobre todo en su dimensión religiosa.

Es una sensación muy fuerte sobre todo en el caso de los cambios de época, en la revolución en los países de la Europa centro oriental. Pienso también en Cuba, en Fidel, Castro, en la crítica al sistema cubano frente a Fidel que lo escuchaba.

En mis recuerdos está un Papa que fue dos veces a la ONU, el primero en entrar a una sinagoga, a una mezquita, que no renunció nunca al diálogo con el Islam; que visitó países difíciles como Indonesia y Sudán porque se opuso siempre a un choque entre civilizaciones, sobre todo después del 11 de septiembre.

Sobre su relación personal con el Papa, me dijo: "Juan Pablo II y yo hablábamos en italiano. Me llamaba siempre *dottor* Navarro, en italiano, pero cuando empezaba a hablar en español yo sabía que me estaba preparando alguna broma".

Le pregunté si vivió muchos momentos difíciles, al lado del Papa, a lo que respondió:

"Momentos difíciles sí los hubo, como por ejemplo cuando revelé, como le dije, que el Papa tenía un "síndrome extra piramidal" que fue el único reconocimiento oficial de algo parecido al Parkinson. Ya no se podía callar, había que empezar a preparar a la opinión pública.

Uno de los momentos más difíciles de mi vida como vocero, no está directamente relacionado con el Papa. Fue cuando el 4 de mayo del 98 me hablaron por la noche, para informarme que había tres muertos en el cuartel de la Guardia Suiza, el comandante Alois Estermannh, su esposa Gladys y el cabo Cedric Tornay. Mis superiores me dijeron que al día siguiente había que decir algo. 'No —les contesté—, hay que decir algo ahora'.

El hecho en sí era muy dramático: entrar en una habitación y encontrar tres cadáveres, en medio de la sangre, de dos personas que conocía bien, sobre todo al comandante, con quien habíamos hecho muchos viajes del Papa. Aunado a esto se trataba del jefe de la seguridad del Vaticano, lo cual podía hacer pensar a la gente: '¿En qué manos está el Papa?' Además me di cuenta de la potencialidad de que lo que había pasado fuese interpretado de manera distinta, es decir, pensar en un delito pasional, en un triángulo o en un caso de homosexualidad. Me esperé a que el forense hiciera la primera hipótesis, me hicieron saber que el cabo había tenido problemas de disciplina y no le había sido concedido un ascenso y redacté esa misma noche el primer comunicado. A la mañana siguiente recibí a la prensa. Hubo todo tipo de preguntas, que si estaban vestidos o desnudos, si se había tomado en cuenta la pista homosexual. Contesté que sí se había considerado, pero se había descartado porque se había tratado de un arranque de locura del cabo Cedric Tornay. En esa circunstancia pensé que era mejor decir todo.

Lo mismo sucedió con la enfermedad del Papa, cuando por ejemplo le dije a la prensa que Juan Pablo II tenía un tumor y debía ser operado.

Se me ha acusado de usar la sofisticada técnica de 'decir todo', que en la práctica significa no decir nada, pero no ha sido así."

Al referirse a los cambios de mentalidad y de estructuras respecto a la relación entre el Vaticano y la prensa, Navarro me comentó: "Cuando me hice cargo de la sala de prensa sólol 20 por ciento de las noticias sobre el Papa y el Vaticano salían de allí. Diez años más tarde eran ya más de 80 por ciento. Antes se ocupaban del Papa y del Vaticano, sobre todo los diarios y la televisión italiana, además de algunos europeos expertos en información religiosa. Para los medios y las cadenas de televisión internacionales, sobre todo las norteamericanas, él era tema sólo en ocasión de los grandes eventos, y ya."

Navarro Valls entendió que en esta época de globalización, lo importante era la televisión, sobre todo las grandes cadenas. Empezó a adueñarse psicológicamente de los *networks*. Comenzó a difundir noticias, interpretaciones, anécdotas.

Cuando Navarro Valls dice que vio pasar la historia de cerca, sabe por qué lo dice.

El portavoz papal, por ejemplo, conquistó a Fidel Castro en el curso de una larguísima conversación nocturna en La Habana: primero lo convenció de permitir la transmisión en vivo de las ceremonias del Papa durante su visita a la isla. Empezaron a hablar de curas y acabaron hablando de extraterrestres.

El Papa me puso en algunos momentos muy cerca de la historia. Me envió a Cuba antes de su viaje para que hablara con Fidel Castro. Recuerdo su receptividad, accedió a todas nuestras peticiones. Le entregué, de parte del Papa, el libro *Cruzando el umbral de la esperanza*, en español, firmado y dedicado para él. Castro lo aceptó con mucha ilusión.

Joaquín Navarro Valls es un numerario del Opus Dei; como tal renunció al amor conyugal, a la familia y eligió el celibato.

"El celibato me ha ayudado a conquistarme a mí mismo. Cada elección conlleva el renunciar a algo más..."

Le pregunté si nunca tuvo nostalgia por una familia propia. La familia en la que nació fue muy unida: su padre fue un abogado liberal de gran rigor intelectual, su madre fue muy cariñosa. Murió a los 92 años, un mes antes del primer aniversario de la muerte de Juan Pablo II. Tuvo una hermana, Assunta, con la que se llevaba muy bien. Murió de repente a los 35 años, debido a un aneurisma cerebral. Dejó cuatro niños chiquitos que Joaquín vio nacer. Joaquín y Assunta hacían una pareja extraordinaria, tenían una gran sintonía, iban a las fiestas juntos, incluso con su novia, pero ellos dos bailaban tango juntos.

"Era estupendo estar con ella, decían que éramos muy buenos bailando."

Navarro Valls ha desmentido la versión según la cual de joven fue torero, pero reveló que fue actor en la universidad. En invierno recitaban Elliot y Priesley, en verano Shakespeare. Él hacía sobre todo los papeles de Romeo y Hamlet.

JOAQUÍN NAVARRO UN AÑO DESPUÉS DE LA MUERTE DE JUAN PABLO II

A partir de la muerte de Juan Pablo II, Joaquín Navarro Valls ya no fue el portavoz que conocimos durante más de 20 años.

Su presencia, que antes era habitual en las conferencias en la sala de prensa, así como en actos oficiales del Vaticano, se volvió un hecho extraordinario.

A un año de la muerte de Juan Pablo II me concedió una entrevista, la primera, después de la que me dio pocos días después del fallecimiento del Papa. Durante un año prefirió mantener el silencio, incluso con los periodistas más cercanos.

No hay dudas de que para Joaquín Navarro Valls, el luto continúa.

Le pregunté enseguida si extrañaba a Juan Pablo II.

"Antes de su muerte —me explicó—, hablaba con el Papa en algún momento del día. En este año he podido hablar con él las 24 horas del día. Este año ha sido muy intenso, ha habido poco tiempo para los recuerdos. He necesitado mucho tiempo para entender, para reflexionar acerca de lo que pasó en los días de su agonía e incluso después de su muerte.

¿Qué es lo que le hace falta de Juan Pablo II? —volví a preguntarle. Su respuesta no pudo haber sido más clara: "Verlo" —me dijo.

"El cristiano —me explicó—, vive con su cuerpo, con sus ojos. Necesita de la presencia física. Juan Pablo II, a lo largo de más de 26 años, no llenó sólo las televisoras del mundo entero, también llenó los corazones de millones de personas, a las que hoy, les hace falta su presencia.

El recuerdo más triste que tengo no es el del momento de su muerte, en el que en contra de toda lógica no se rezó una oración de sufragio sino un Te Deum de agradecimiento. Quizás el momento más triste fue algún día antes de su muerte, en el que le vi pasar en la silla de ruedas, empujada por una de las religiosas que le cuidaban, cubierto por una manta blanca, mientras iba de su habitación hacia la capilla. Ver aquella figura tan frágil, pero tan fuerte interiormente, que al borde de la muerte sólo quería rezar en su capilla, me conmovió mucho. Recuerdo constantemente esa imagen. Ha quedado en mi memoria y en mi corazón.

Hubo un momento en los últimos días en el que me acerqué a él. Besé su mano, me reconoció. No quise decirle nada, todo estaba dicho; después de tantos años sabía del afecto que yo le tenía, yo sabía el afecto que él me tenía. Lo que me impresionó fue la frialdad de su mano, había tenido un choque, era la mano que tantas veces había tocado, la mano que millones de personas habían besado, pero en aquel momento era la mano de una persona que se estaba acercando a la muerte.

Lo que más me llamó la atención en esos días, además del dolor que todos compartíamos, fue la serenidad del Papa, que sabía que se estaba acercando su hora. El día anterior a su muerte quiso que le leyeran las estaciones del Vía Crucis como si quisiera recorrer su último camino con Jesús.

A un año de su muerte, lo que está claro es que Juan Pablo II sigue presente y sigue hablándole al mundo, a lo mejor porque ya se le reconoce como santo.

Para mí un aspecto de Su Santidad era su buen humor, hasta el final de su vida. Creo que una de sus principales virtudes era la alegría. Siempre tuvo un buen humor de fondo, siempre veía el lado positivo de las cosas. Al trabajar con él, se la pasaba uno bien. Conservar el buen humor en medio de tanto sufrimiento y tantas limitaciones, es consecuencia de una santidad interior. El Papa no se enojaba nunca, en casa sólo reaccionaba con dureza cuando se atropellaba a los seres humanos o a sus derechos. No lo soportaba y siempre hacía escuchar su voz de protesta. No le importaba enfrentarse a los poderosos para defender a los que, como él decía, 'no tienen voz'.

Me pregunta usted si en este último año yo he cambiado, si mi trabajo ha cambiado. Creo que sí ha cambiado. Llega un momento, después de tantos años, en el que uno piensa en renunciar. Se lo hice saber al Papa, pero Benedicto XVI me pidió que por el momento me quedara.

Existe indudablemente la dificultad de entender la nueva mentalidad y la nueva personalidad del Papa; además creo que hay que respetar las características de cada persona. Juan Pablo II desde el punto de vista humano era muy comunicativo, muy extravertido. En Benedicto XVI prevalece la custodia de los sentimientos personales, que depende probablemente de su procedencia geográfica y de su propio carácter, que es más reservado. Mas allá de estas diferencias, el trabajo de mi oficina continúa. Hoy, al igual que ayer, estamos al servicio del Papa."

En junio de 2006 mantuve otra larga conversación con Joaquín Navarro Valls. Me confirmó el que era un secreto a voces, es decir que dejaría su puesto.

"Le estoy muy agradecido al Papa Benedicto XVI por la delicadeza que mostró al aceptar mi renuncia. Tenía la autoridad para rechazarla, pero respetó mi voluntad.

Trabajar un año y medio con Benedicto XVI fue fantástico —me explicó—, porque fui testigo de la fuerza del pontificado, vivido por dos personalidades extraordinarias y diferentes. Con Benedicto XVI viví 'la pastoral de la inteligencia', por la riqueza y densidad de su pensamiento."

Me comentó que durante sus 22 años como vocero, si bien recibió mucho más de lo que dio, tuvo que renunciar a varios proyectos personales, que ahora podrá retomar, con un fuerte sentido de responsabilidad, "porque —me dijo— la extraordinaria experiencia profesional y humana que viví, me marcará para siempre y me obligará moralmente a dar lo mejor que pueda."

Joaquín Navarro Valls, como muchos millones de personas, espera estar presente, aunque no sea como portavoz del Vaticano, en la Plaza de San Pedro, el día en el que Juan Pablo II será beatificado.

"En muchísimas ocasiones —dijo—, sentí que estaba cerca de un santo. Sobre todo, la densidad de su oración te hacía pensar en la santidad. No me llevo sin embargo recuerdos de hechos extraordinarios o 'paranormales'. No vi levitar ni presencié eventos espectaculares, lo que vi fue una entrega total en la vida de todos los días, para cumplir con el proyecto que Dios tenía para él desde su niñez. En todo lo que hacía había una entrega. No olvidaré por ejemplo, la manera en la que en cuaresma adelgazaba bajo nuestros ojos, porque no comía y hacía penitencia. No olvidaré, algunas noches, en el mes de mayo, cuando subía a la terraza sobre su apartamento y le cantaba a la Virgen en su mes. No olvidaré cuando, caminando en la montaña, con el rosario en la mano, invocaba en polaco la paz para algún país del mundo. Yo sólo lograba entender el nombre del país que en ese momento de descanso estaba en su pensamiento y en su corazón".

El 12 de julio de 2006 mediante un comunicado lleno de atenciones y agradecimientos por la labor realizada durante 22 años, el Vaticano informó que el papa Benedicto XVI había aceptado la renuncia de Joaquín Navarro Valls y en su lugar había designado al padre jesuita Federico Lombardi, ya director de Radio Vaticana y del Centro Televisivo Vaticano.

Ese día se cerró definitivamente la era de "Joaquín Navarro Valls, vocero de Juan Pablo II"; desapareció el último símbolo de un pontificado mediático. Creo que con su salida desapareció también el papel de portavoz del Papa, un rol que Juan Pablo II inventó para él, dándole al director de la sala de prensa de la Santa Sede, hasta ese momento, un diligente funcionario vaticano, "más papista que el Papa", un protagonismo personal, y una visibilidad internacional sin precedentes. Más que todo esto desapareció sin embargo el hombre que muchas veces fue objeto de críticas por su mismo protagonismo y por su afán de "interpretar y vender" la imagen del Papa, pero que no logró superar a nivel humano, y sobre todo profesional, la pérdida que sufrió el 2 de abril de 2005.

VIII. LOS ÁNGELES DE LA GUARDA DE JUAN PABLO II

Si tuviera que sintetizar la vida de Juan Pablo II, diría que ésta fue el testimonio de una lucha por afirmar que la verdad sobre el hombre es inseparable de la verdad sobre Dios.

MONSEÑOR ESTANISLAO

MONSEÑOR ESTANISLAO DSIWISZ. EL SECRETARIO PERSONAL DEL PAPA

Estanislao Dsiwisz nació el 27 de abril de 1939 en la ArquiDiócesis de Cracovia. En 1957 entró al seminario mayor, donde estudió filosofía y teología. Fue ordenado sacerdote el 23 de junio del 63 por el arzobispo de Cracovia. Desde 1966 hasta 1978 fue secretario de Juan Pablo II en Cracovia, luego del 78 a 2005 en el Vaticano. En 1998 el Papa lo nombró obispo, recibió la ordenación episcopal el 19 de marzo de 1998.

En 2003 fue elevado por Juan Pablo II a la dignidad de arzobispo. El 3 de junio de 2005, Benedicto XVI lo nombró arzobispo de Cracovia, cumpliendo con el deseo de su predecesor. En la bula que se leyó durante su consagración lo calificó como la mejor persona para ejercer esa posición: "Los fieles conocían su dedicación y con certeza lo obedecían, —escribió Benedicto XVI—, y tengo la certeza de que te obedecerán".

Don Estanislao está consciente de que su vida cambió, especialmente cuando la gran campana de la catedral de

Wavel tocó, después de la elección de Juan Pablo II, es decir, cuando "un espíritu nuevo voló sobre nuestra nación".

Al tomar posesión de la Diócesis de Cracovia el 27 de agosto de 2005, afirmó que "su mayor deseo era continuar con la labor del Papa, que hizo del hombre el principal elemento de su pontificado".

Añadió sin embargo que, cada vez que pensaba que era su sucesor en Cracovia, "le daban escalofríos".

"Confieso que siento temor porque continuar la labor de san Estanislao y de Juan Pablo II en Cracovia es algo muy grande. Yo me pregunto a mí mismo, sintiendo cómo late mi corazón, si estaré en condiciones de cumplir bien la misión".

Con una mitra blanca y dorada, monseñor Estanislao encabezó una procesión de cientos de sacerdotes, obispos, monjas y funcionarios municipales. Llevaba un báculo de plata dorada que solía usar Karol Wojtyla cuando era arzobispo en Cracovia.

De Roma llegaron muchos de los colaboradores de Juan Pablo II. Monseñor Estanislao los recibió como si fueran de su familia. De hecho, lo habían sido durante casi 27 años.

En esos días, monseñor Estanislao mostró su satisfacción porque fue hecho público su nombramiento como arzobispo de Cracovia el día en que se celebra la fiesta del Sagrado Corazón de Jesús, una fiesta muy querida por Juan Pablo II quien solía decir que "del corazón de Cristo crucificado, nace, redimida, la nueva humanidad". "El hombre del 2000, decía Juan Pablo II necesita el corazón de Jesús para conocer a Dios y para conocerse a sí mismo". El nuevo arzobispo hizo suya esta convicción.

En ocasión del 16 de octubre de 2005, aniversario de la elección de Juan Pablo II y, por decisión del Parlamento polaco *Día del Papa*, monseñor Estanislao anunció la creación de la fundación No Tengáis Miedo, que no será sólo un museo o un centro de estudios sino un lugar donde se intentará mantener vivo lo que Juan Pablo II ha sido y sigue siendo, para el mundo.

Deberá edificarse cerca del Santuario de la Divina Misericordia, consagrado por Juan Pablo II en el curso de su última visita a Polonia, en el terreno donde se encontraba la fábrica Solvay en la que el Papa trabajó como obrero. Consistirá en un centro capaz de acoger a estudiantes de todo el mundo, al mismo tiempo que un centro de documentación, de diálogo ecuménico, con una escuela, un hospital y un centro deportivo.

Don Estanislao, para el que Karol Wojtyla era un místico profundo con el corazón de un niño, se definió siempre como un "hombre tocado por el misterio, un pequeño sacerdote al que le tocó vivir la Historia, con H mayúscula".

A él le tocó cubrir el rostro de Juan Pablo II, con un velo de seda blanco, antes de que cerraran el ataúd. A él le toco ser recordado en el testamento de Juan Pablo II, en el que el Papa sólo mencionó a dos personas vivas en ese momento: a su secretario y al rabino jefe de Roma, Elio Toaff.

"Si tuviera que sintetizar la vida de Juan Pablo II, diría que ésta fue el testimonio de una lucha por afirmar que la verdad sobre el hombre es inseparable de la verdad sobre Dios".

Lo que no es muy sabido es que su relación con Karol Wojtyla inició gracias al esquí. Don Estanislao, hijo de unos campesinos pobres, aprendió a esquiar muy pronto. Un día el obispo Wojtyla, en una de sus excursiones en los montes Tatra, decidió meterse a una zona algo peligrosa. Le aconsejaron que alguien experto le acompañara. El elegido fue Don Estanislao, que estaba a punto de entrar al seminario.

Don Estanislao fue ordenado sacerdote por Karol Wojtyla en 1963. Durante dos años fue vicepárroco al sur de Cracovia. En 1967 obtuvo la licenciatura en teología. Como secretario del cardenal Wojtyla se distinguió por su discreción y su capacidad de trabajo.

El Papa, que lo llamaba Staszek, solía decirle: "Dziwisz, nie dziwic sie!" "Dziwisz, ¡no te sorprendas!" Dsiwisz, sin embargo se siente "lleno de asombro y agradecimiento por todo lo que Dios quiso darle".

En los meses que siguieron a la muerte de Juan Pablo II encontré varias veces a monseñor Estanislao.

Durante el mes de julio de 2005, parecía un hombre derrotado por el dolor. Verle era pensar en alguien sobre el que había caído un peso enorme, alguien sobre quien había pasado un tren. Parecía ensimismado, incapaz de sonreír. Asistí a una misa que celebró en su nueva casa, un centro para peregrinos polacos en las afueras de Roma. En la capilla todo rememoraba a Juan Pablo II. El recuerdo viviente más impresionante, además del dolor y el duelo visibles de monseñor Estanislao, fue el rostro desencajado de la hermana Tobiana, la religiosa más cercana a Juan Pablo II que no dejó de llorar ni un minuto, durante toda la celebración.

Lo volví a ver en octubre, para la inauguración de una exposición dedicada a la relación entre Juan Pablo II y la ciudad de Roma. Me dio la impresión de una persona convaleciente de una grave enfermedad.

En diciembre, en ocasión de su estancia en Roma para la visita *ad limina* de los obispos polacos al Papa, volví a ver al Estanislao que había conocido 27 años antes. Lo increíble fue que percibí en monseñor Estanislao, cómo sucede a veces entre padres e hijos, gestos, comportamientos y miradas muy parecidas a las de Juan Pablo II.

En él había vuelto la serenidad, fruto seguramente de la

convicción de que Juan Pablo II seguía de alguna manera presente. Se mostró cariñoso y con el mismo sentido del humor del Papa Juan Pablo II, con el mismo interés humano que el Papa demostraba por las personas que estaban a su alrededor. Al igual que tantas veces lo había hecho Juan Pablo II, dijo refiriéndose a mí, frente a todos los reporteros que habíamos ido a verle: "Ella es muy buena, ha hecho todos los viajes, menos uno, porque estaba embarazada. Es más, ¿cómo están sus hijas? ¿Crecen bien?" Le contesté que estaban muy bien, pero que extrañaban mucho al Papa. Me sonrió, como para decir: "No son las únicas".

"Lo vimos en la sede de la Organización de los Trabajadores Católicos Italianos, donde inauguró una capilla. En esa oportunidad le pregunté cómo habían sido esos ocho meses sin Juan Pablo II. "No tiene que hablar de la ausencia del Papa —me dijo—, Juan Pablo II está más presente que nunca. La gente lo quiere todavía más. Trata de estudiar y profundizar aún más en su pontificado. El día de su funeral, el evangelio se cerró de golpe. Fue algo que nos dejó pensando. Lo que creo es que a partir de ese momento se abrió una nueva fase, una nueva página en su historia, que el mundo escribe sobre Juan Pablo II. El mundo quiere descubrir aún más al Papa.

Usted sabe bien quién era Juan Pablo II, le llamaban Karol el Grande".

Monseñor Estanislao dijo que espera que el Papa Benedicto XVI contribuya notablemente a mantener viva la memoria de Juan Pablo II porque lo recuerda continuamente y lo quería muchísimo. Comentó que Polonia esperaba la visita del nuevo Papa y quería verlo asomado del balcón del Arzobispado de Cracovia desde el que Juan Pablo II solía ha-

blarle a los jóvenes. "Juan Pablo II nos ha preparado para acoger bien a su sucesor. Benedicto XVI quiere ir a Polonia para
unirse espiritualmente con Juan Pablo II y su gente y darle las
gracias. Seremos testigos de un lazo maravilloso de gratitud,
amistad y devoción del nuevo Papa hacia su predecesor".

Comentó que el hecho de que, entre el viejo y el nuevo
milenio, hubiese habido un Papa polaco y un Papa alemán,
representaba un gran paso hacia adelante en la reconciliación sobre todo entre polacos y alemanes.

Monseñor Estanislao nos confesó que volver a Roma
era como "sumergirse en una vida entera llena de recuerdos muy cercanos y muy lejanos". Mencionó que, al entrar en el Palacio Apostólico donde vivió cerca de 27
años, para la visita *ad limina* a Benedicto XVI, sintió una
emoción enorme porque revivió momentos de alegría y
otros llenos de dolor y sufrimiento. Recordó también los
momentos cuando Juan Pablo II, junto con su amigo el
cardenal Ratzinger, hablaban de la vida diaria de la Iglesia o de problemas teológicos y filosóficos. Según monseñor Estanislao, Benedicto XVI era el sucesor ideal, su
continuador directo, su verdadero heredero.

Monseñor Estanislao rechazó en esa ocasión las acusaciones que algunos medios le habían hecho acerca de su rol en
la última fase del pontificado, en la que él era el único en entender lo que Juan Pablo II, con un gesto o un sonido incom-
prensibles, quería decir. "No es cierto, nunca goberné en
lugar del Papa. Hasta que estuvo lúcido él tomó todas las decisiones. Pensar lo contrario —nos dijo— sería desconocer su
inmensa, invencible fuerza y su energía extraordinaria".

Visité a monseñor Estanislao en Cracovia, en febrero de
2006, para preparar unos reportajes sobre el primer aniversa-

rio del fallecimiento de Juan Pablo II. Estuve con él en el Arzobispado, donde había vivido con Karol Wojtyla, asistí a varias misas oficiadas por él en Cracovia y Katowice. Me recibió como a alguien de casa, con su habitual gentileza y calidez.

En su casa vi a las cinco religiosas que cuidaron a Juan Pablo II hasta el último día de su vida. Encontré a la hermana Tobiana, sentada en un escritorio, ocupándose de la correspondencia. Conocí al secretario de monseñor Estanislao, don Darío, y a su portavoz, don Roberto, algo a la defensiva, debido probablemente al hecho de verse obligado a "proteger" a monseñor Estanislao del asalto de los medios del mundo entero. La residencia estaba en obras porque se estaba preparando para la visita del papa Benedicto XVI, prevista para el mes de mayo.

Tomamos un café en la sala donde se encuentran los retratos de todos los arzobispos de Cracovia y monseñor Estanislao me habló largamente de los meses vividos sin Juan Pablo II.

"Claro que lo extraño, pero así es la vida. La vida es un pasaje y lo importante es que todos estamos de paso. Juan Pablo II durante toda su existencia caminó hacia el Señor y nos enseñó que nuestra última etapa es la vida eterna. Ahora él vive en Dios y ésta es nuestra alegría.

En esta casa recuerdo siempre que, cuando era obispo y arzobispo, escribía los discursos y sus documentos en la capilla, porque para él la jornada era una oración continua, una alabanza al Señor. El misterio del Santo Padre, de toda su vida, fue la oración, su diálogo con Dios. Se podría decir que fue un contemplativo. Estaba siempre en contacto con el Señor, sumergido en el misterio. En Roma también, todo su día y su trabajo eran una oración. Él no cambió cuando lo eligieron Papa, no modificó su vida, lo que llevaba adentro lo llevó a Roma.

Debo decir que durante las últimas horas de su existencia, en casa había una gran tranquilidad y una gran paz. Él sabía que iba hacia el Señor. No tenía ningún miedo. El último día quiso que le leyéramos el Evangelio. Fue el de Juan. Era precioso porque hablaba de la llegada del Señor al Cenáculo. Luego celebramos la misa y tuvimos la intuición de celebrar la misa de la Divina Misericordia. Hacia las 8 de la noche le dimos el viático, algunas gotas de la sangre preciosa. Estuvimos a su lado hasta el último latido de su corazón. Después de su muerte no rezamos el *Requiem Eterna* sino un *Te Deum* de agradecimiento.

Él pidió en su testamento que su muerte también sirviera a la causa de la evangelización. Después de ver lo que sucedió en Roma y en el mundo, creo que fue así.

Las últimas palabras que yo oí el sábado por la mañana, fueron *Totus tuus*. Por la tarde la hermana Tobiana oyó que le decía: 'Déjenme volver a la casa del Padre'.

Ver y escuchar todo lo que sucedía en la Plaza de San Pedro en esos días, para nosotros fue muy conmovedor. Se trató de una conmoción dolorosa. Para el Papa representó un gran apoyo, en los últimos momentos de su vida. Yo pienso que estaba feliz porque no se iba solo, se iba acompañado por la querida Diócesis de Roma, por el mundo y sobre todo por los jóvenes, con quienes siempre se había entendido. También los jóvenes que no se sentían muy cerca de la Iglesia, estaban cerca de él. Un hombre dedicado a la política cuya familia pasaba por ciertas dificultades me contó que sus hijos, que se habían alejado de la Iglesia vinieron a Roma e hicieron esas largas colas para ver al Papa. Cuando volvieron a casa eran diferentes. Su padre no logra entender lo que les sucedió en Roma.

Yo creo que esta historia no se ha acabado, es más, es una historia que empieza ahora. El Papa está frente a Dios, que lo amaba y lo seguía. Por ese amor tan grande que le tenía a Dios, hoy él está más fuerte que nunca, entre nosotros, en la Tierra. Vemos a miles y miles de personas que cada día visitan su tumba, porque buscan ese amor que él tuvo desde niño. Ustedes lo conocieron como Papa, en tantos viajes fueron testigos de cómo rezaba, de cómo lograba aislarse a pesar de estar en medio de la gente, del ruido, de cómo lograba comunicar con Dios. Nada lo molestaba en esa contemplación de Dios.

Yo pienso que los jóvenes, aun sin darse cuenta, buscan a Dios, persiguen valores y buscándolos, encontraron a Juan Pablo II, porque él llevaba en sí mismo la presencia de Dios. La gente lo quería por esto."

Entre los recuerdos más tristes de monseñor Estanislao, están las últimas apariciones de Juan Pablo II, totalmente mudo, en su ventana.

"Para mí fue un misterio el que se quedara mudo porque antes de asomarse a la ventana, el Papa había hablado con nosotros. De no haber sido así no habríamos puesto un micrófono, nunca habríamos hecho quedar mal al Papa. Yo creo que fue la emoción, la conmoción. Dios lo quiso así. El Papa quiso asomarse a la ventana todavía tres días antes de su muerte porque sabía que le daba fuerza a la gente, a pesar de la situación en la que se encontraba. Lo más curioso es que nos daba fuerza y seguridad también a nosotros, incluso a los médicos que vivían prácticamente con él en el apartamento".

Monseñor Dsiwisz se extrañó durante nuestra plática de que no le preguntara algo sobre la relación entre Juan Pablo II y México. —De México, nada— me preguntó y sin esperar mi respuesta, me dijo:

"Se puede decir que Juan Pablo, en lo que se refiere a los países, con excepción de la Diócesis de Roma, que es la Diócesis del Papa, tenía dos amores: Polonia y México. Tuvo un gran amor por México, por su gran pueblo, un pueblo no corrupto, sano desde el punto de vista religioso, fruto quizás de la persecución. El Papa recordaba muy seguido el grito de Cristo Rey con el que los católicos mexicanos perseguidos iban hacia el martirio. Un pueblo alegre, recuerdo el encuentro con los seminaristas en Guadalajara, la cita era a las seis de la tarde, pero empezó hacia la medianoche. Llegamos a México a las dos de la mañana, las calles estaban llenas. "Las mañanitas" no nos dejaban dormir nunca.

Además, México le abrió las puertas de Polonia. El Papa decía que, después del viaje a México, el régimen comunista polaco se sintió obligado a invitarlo. Bueno, el problema no era con los gobernantes polacos sino con Moscú. De eso no hay dudas, hay documentos que lo prueban. ¡Qué sufrimiento había en esa época! El Papa Pablo VI quería visitar Polonia en 1966. Todo estaba listo, pero a última hora se lo impidieron. Fue vergonzoso que no pudiera visitar un país católico como Polonia.

Afortunadamente, Juan Pablo II sí pudo hacerlo. Por eso además de todo, el Papa le estaba tan agradecido a México".

Le recordé a monseñor Estanislao que, con motivo del 27 aniversario de la elección de Juan Pablo II en octubre del 2005, había revelado que tenía una grabación con la voz del Papa antes de la operación de traqueotomía y que hasta ese momento no la había escuchado. Le pregunté si ya lo había hecho.

"No, no la he escuchado. La he guardado, la escucharé cuando tenga la fuerza de hacerlo. Era justo antes de la operación de traqueotomía. No fue un testamento sino un saludo a sus seres queridos y su bendición. Era de noche, no había nadie en la habitación".

Le pregunté si el Papa sabía que corría el riesgo de no volver a hablar.

"Nosotros no se lo hicimos sentir así, sólo le pedimos que grabara unas palabras, un saludo para nosotros".

Monseñor Dsiwisz, me contó que después de la traqueotomía, el Papa vivió un momento muy difícil. Al darse cuenta, después de la intervención, de lo que había sucedido, le pidió una pequeña pizarra a la hermana Tobiana y escribió, con una mano muy insegura: ¿Pero qué me han hecho?, e inmediatamente después escribió *Totus tuuts*."

En Cracovia, al celebrar una misa en memoria de Juan Pablo II, monseñor Estanislao recordó que en los últimos momentos de su vida los ojos del Papa, iluminados por un pequeño cirio prendido en su habitación, se dirigieron hacia una imagen de la Virgen de Chestokowa y una fotografía de sus padres, que estaba encima de su mesita.

"Hace un año, poco a poco, se consumió la vela de la vida. Todo lo que hizo en su vida adulta, como sacerdote, obispo y Papa, ardía y se quemaba día tras día, por el Señor y por el hombre. Se consumía hasta el último aliento."

Volví a verlo en ocasión del primer consistorio de Benedicto XVI, que lo hizo cardenal. Sus apariciones en la Plaza de San Pedro, en ocasión de la entrega por parte del Papa del birrete cardenalicio y del anillo, fueron las más aplaudidas y las más emotivas. Durante las dos ceremonias, se le vio conmovido, sobre todo cuando el Papa Benedicto, al referirse a la fiesta de la Anunciación en la que se celebraba el consistorio, recordó a Juan Pablo II y su relación con la Virgen, cuya presencia en su vida fue profundamente importante y especialmente visible durante el atentado del 13 de mayo, cuando le salvó la vida.

Después de la ceremonia en la que recibió el birrete, el cardenal Dsiwisz bajó a las grutas vaticanas, para rezar frente a la tumba de Juan Pablo, porque —me dijo horas más tarde—, "todo lo que le sucedió, empezó con él".

Por la noche, en el Centro de Estudios de los Legionarios de Cristo, tuvo lugar la recepción para festejar al nuevo cardenal.

Faltaba sólo Juan Pablo II. Estaba toda su "familia". Alrededor del que esa noche seguía siendo para todos Don Estanislao estaban el médico personal del Papa, el doctor Buzzonetti, varios médicos del Hospital Gemelli, su fotógrafo Arturo Mari, los hombres de la vigilancia que lo cuidaron en Roma y por el mundo, Alberto Gasbarri, uno de los organizadores de los viajes papales, monseñor Leonardo Sandri, el sustituto de la Secretaría de Estado, también conocido como "la voz del Papa", el otro secretario de Juan Pablo II, monseñor Mietek, el fiel camarero Angelo Gugel y obviamente sus colaboradores polacos.

El neocardenal conmovió a los presentes al afirmar que en ese momento "Juan Pablo II estaba presente, una vez más los unía y con ellos se alegraba por esa fiesta". Recordó que más que nunca en ese momento sentía el misterio de su existencia, un misterio relacionado con la parábola extraordinaria de Juan Pablo II. El cardenal quiso dar las gracias a todas las personas que con amor y entrega sirvieron a Juan Pablo II

en los diferentes ámbitos. Les pidió que siguieran mostrándo-
le su benevolencia y no lo olvidaran. "Los espero a todos en
Cracovia, a la que llaman 'la pequeña Roma'", dijo tras darle las gracias a Dios por haberle hecho participar de tantas
maravillas, al lado de Juan Pablo II e incluso después de su
muerte.

Después de la cena, comentó que cuando el joven obispo Karol Wojtyla le llamó para que fuera su secretario, no
habría podido imaginar ni la milésima parte de lo que le tocó vivir.

Viajé a Cracovia, en ocasión del primer aniversario del
fallecimiento de Juan Pablo II.

Como en los tiempos en los que era para todos, sencillamente Don Estanislao, el neo cardenal nos recibió con cariño y nostalgia. "El verlos —nos dijo— me hace sentir en
Roma".

Una vez más no quiso hablarnos de la "ausencia" de
Juan Pablo II en el último año porque nos explicó, "yo sigo sintiendo su presencia, al igual que todas las personas
que lo buscan, le rezan, visitan su tumba o piden su intercesión". Nos comentó que se seguía sintiendo "muy pequeño y limitado" como sucesor de Karol Wojtyla en el
Arzobispado de Cracovia, pero estaba convencido de que
Juan Pablo II, que le había enseñado a conocer y a servir
al hombre y a la Iglesia, le ayudaba desde arriba.

Al cardenal Dsiwisz le tocó presidir misas y procesiones
en recuerdo del Papa.

El acto más significativo fue la clausura del proceso diocesano para su beatificación en la catedral del Wavel, antigua residencia de los reyes polacos en la que en algún
momento de su vida Juan Pablo II pensó ser enterrado. Al

igual que sucedió la noche de su muerte se entonó un *Te Deum* en agradecimiento por el "don misterioso y fecundo de la muerte, de Juan Pablo II que no borra el dolor y las lágrimas, pero hace que el corazón se abra a la esperanza y no se cierre en la amargura", dijo monseñor Estanislao, quien afirmó también que "Juan Pablo II fue el profeta de Jesús Cristo, al dar el testimonio más convincente, es decir la oferta de su vida".

Tras recordar que desde el inicio de su pontificado le pidió al mundo que abriera las puertas a Cristo, comentó que él las abrió desde su infancia hasta el último día de su vida, en el que "Dios le abrió la puerta de su casa".

El cardenal Dsiwisz decidió celebrar la misa en recuerdo de Juan Pablo II el 2 de abril en el santuario de la Divina Misericordia, con el que el Papa tenía una vinculación muy estrecha. Además de haber sido conquistado ya de joven por el mensaje de Santa Faustina Kowalska, murió la noche del sábado cuando iniciaba la fiesta de la Misericordia, después de haber asistido a la misa de la vigilia. En su último viaje a Polonia en 2002, Juan Pablo II confió a Polonia a la Divina Misericordia.

Don Estanislao recordó el testamento de Juan Pablo II, en el que el Papa decía que no dejaba ninguna propiedad. "Nos dejó su corazón de padre —comentó el cardenal—, se trata de un tesoro que su pobreza material puso aún más de relieve. Nos dejó un ejemplo a seguir. Nos demostró que el evangelio siempre es actual, que puede ser vivido plenamente incluso en nuestro mundo y nos enseñó que el corazón del evangelio es el sacrificio, es la muerte."

Con conmoción, su secretario recordó que Dios quiso que su sacrificio iniciara en la Plaza de San Pedro, el día del atentado. "Ese día inició su vía crucis en esta tierra. Inició su camino hacia el Gólgota".

En esos días en Cracovia, el cardenal nos contó que, desde el inicio de su pontificado, Juan Pablo II convivía ya con el pensamiento de la muerte y se refería a ella en su testamento, que inició al escribir el año de su elección. El Papa, ya un año antes del atentado, se preparaba para la muerte. Pensaba constantemente en el misterio del sufrimiento, de la pasión, de la muerte y de la resurrección. En la agonía y muerte de Jesús encontraba el sentido de su propio sufrimiento y de su propia muerte. Tenía 60 años, estaba sano y fuerte, pero vivía la vida como un pasaje hacia otra vida. Albergaba ya la esperanza de que su muerte fuera una semilla que diera muchos frutos y ayudara a los hombres.

El cardenal comentó que la Providencia hizo que la muerte de Juan Pablo II quedara relacionada con la Pascua, para ayudarnos a vivir la pasión de Cristo en nuestra vida, al igual que él.

En los días del primer aniversario de la muerte, en la ventana del Arzobispado de la que Juan Pablo II, durante sus viajes a Polonia, solía asomarse para dialogar con los jóvenes, se colocaron flores, la fotografía del Papa y unas velas. El cardenal Dsiwisz no se asomó allí para saludar a las personas que frente al edificio rezaban y encendían velas. Prefirió presidir una vigilia de oración con jóvenes italianos y polacos en la capilla del Arzobispado en la que Karol Wojtyla fue ordenado sacerdote, el 1 de noviembre de 1946. "Esa ventana —me dijo— es la ventana del Papa". El cardenal reveló que antes de morir Juan Pablo II habría querido presidir una vigilia de oración sobre todo con los jóvenes que se encontraban en la Plaza de San Pedro rezando por él. "No podía verlos físicamente —dijo Don Estanislao—, pero miraba a los jóvenes llegados de todo el mundo durante su agonía, con los ojos del corazón".

Tras afirmar que el día de la muerte del Papa se cerró el libro de su vida terrena, Don Estanislao invitó a todos aquellos que se sienten "la generación de Juan Pablo" a escribir una nueva historia, recogiendo su herencia inmensa.

MONSEÑOR LEONARDO SANDRI. LA VOZ DEL PAPA

El testimonio del Monseñor Leonardo Sandri:

"Llegué en octubre de 2000 al Vaticano, como sustituto de la Secretaría de Estado, después de haber sido nuncio en México. El Año Santo se estaba acabando y se hablaba mucho de la enfermedad del Papa. Inicié a trabajar a su lado por lo tanto en un momento en que su salud estaba bastante resquebrajada. Me tocó el paso del Papa con bastón al Papa de la silla de ruedas. Me tocó el ulterior agravamiento cuando él perdió prácticamente la voz y necesitaba una ayuda especial, sobre todo en las ceremonias en las que muy seguido no lograba completar el discurso.

Mi colaboración en este sentido inició en ocasión de la celebración del vigesimoquinto aniversario de su pontificado y al día siguiente en la beatificación de la madre Teresa de Calcuta.

Para mí fue algo muy emocionante.

En los meses siguientes me tocó ayudarlo en varias ocasiones en la lectura de sus discursos. En los ángelus, estaba en el apartamento papal, preparado en caso de que me necesitara. Este hecho de prestarle la voz, que no es más que un apoyo técnico al sucesor de Pedro, a un Papa de la calidad de Juan Pablo II, que traía en sí mismo toda la historia humana: la guerra, la paz, el sufrimiento, la cultura, la filosofía, el deporte, las lenguas, los pueblos, los mundos nuevos; representó para mí una gran emoción; era para mí como un acto litúrgico. En una ocasión me tocó leer el discurso en una misa presidida por el entonces cardenal Ratzinger, ahora Papa Benedicto XVI, quien al final de la ceremonia me felicitó porque, según él, yo era la voz del Papa!". Yo le contesté: "Sí, pero el verbo es el de Juan Pablo II".

Prestarle tantas veces la voz a Juan Pablo II representó un enriquecimiento extraordinario a nivel personal. Mi amor por él fue aumentando. Mi cercanía con él se construyó no tanto con palabras, porque el Papa hablaba poco, sino con miradas. En los encuentros que manteníamos, Juan Pablo II escuchaba, y al final yo le preguntaba su opinión. Necesitaba pocas palabras para comunicármela.

No tengo recuerdos de frases especiales que el Papa me haya dirigido, pero creo que toda la riqueza de comunicación que yo tuve con él se reflejaba en sus gestos y sus ojos.

Estuve a su lado en los últimos viajes que hizo, viajes difíciles porque eran a países en los que se suponía que había un contexto nuevo de diálogo, de entendimiento con partes del mundo no perfectamente integradas con la vida de la Iglesia católica y el mundo occidental. Lo acompañé a Ucrania, Azerbaiján, Kazajistán, a Bulgaria, a Siria, a Grecia. Se trataba de viajes complicados en sí mismos. La prensa evidenciaba la dificultad del diálogo con las diversas iglesias ortodoxas. El Papa a pesar de todas sus limitaciones, en esas ocasiones, logró abrir puertas.

Mis recuerdos personales más fuertes de esos viajes son

la destreza con la cual él tomaba su bastón e iba adelante aun cuando su cuerpo, no le respondía. Esa lucha entre su gran espíritu y su cuerpo que lo limitaba y de alguna manera lo humillaba, ha quedado grabada en mí.

Recuerdo, por ejemplo, cuando bajó la escalerilla del avión, al llegar a Toronto, para la Jornada Mundial de la Juventud. No obstante la delicadeza de sus secretarios que querían ayudarlo, el Papa se impuso bajar solo porque quería demostrarse a sí mismo que podía hacerlo, sin la ayuda de nadie. Esa escalerilla parecía no acabar nunca.

En su fuerza de voluntad yo veía la grandeza del alma del Papa, el ejemplo que nos daba a todos nosotros, que nos rendimos ante la primera limitación o malestar.

Recuerdo la dignidad con la que, a pesar de estar en silla de ruedas, se hacía presente ante las autoridades de esos países. Con una majestad impresionante elevó la silla de ruedas a un verdadero trono de amistad y de apertura.

Recuerdo su mirada, una mirada que decía: "Aquí estoy, sí, limitado, pero voy adelante y voy a transmitir el mensaje de Cristo a pesar de las limitaciones de mi propio cuerpo".

Las veces que estaba a su lado para prestarle la voz, él sólo me decía "gracias". No había grandes palabras. Yo veía en su gesto, en su mirada, la gratitud de su corazón. Sabía también que yo tenía que desaparecer completamente para dejar intacta la grandeza del Papa.

Estuve a su lado en los últimos días de su Vía Crucis terrenal. El primero de febrero de 2004 tuvo que ser llevado de urgencia al Hospital Gemelli. Hacia las nueve y media de la noche bajé al patio Sixto V: vi al Papa en camilla, vestido con su sotana blanca, con su faja, su cruz, pero jadeando, sin poder respirar. En ese momento nos miramos. Yo estaba al lado del cardenal secretario de Estado. Éramos los únicos presentes. Le dije al Papa: "Santo Padre, bendígame". Esa bendición me la dio con una especie de esfuerzo sobrehumano, subiéndose ya a la ambulancia.

En los días siguientes, lo visité varias veces en el Gemelli. En una ocasión le estaban haciendo la reeducación fonética después de la traqueotomía. Le dije a Juan Pablo II: "Santo Padre, estoy contento porque parece que pronto le dejarán volver al Vaticano". Con voz clara y fuerte me dijo: "Yo también estoy muy contento".

Tengo recuerdos de su persona, de su físico sufriente, de su dolor y de esas palabras sin palabras que son los gestos o las miradas que reflejaban un espíritu indómito, un espíritu grande, el espíritu de un gran ser humano invadido por Dios.

Subí al apartamento papal después de su muerte. Aún le estaban haciendo el electrocardiograma que se debe hacer durante 20 minutos después de la muerte de un Papa. Estaba en una actitud de abandono, con los brazos abiertos, la boca abierta, en una actitud de entrega, de abandono a Dios. El cuerpo inmóvil, pero su expresión reflejaba serenidad. Me habían llamado para decirme que tenía que bajar a la Plaza de San Pedro a dar el anuncio del fallecimiento de Juan Pablo II a todas las personas que estaban rezando el rosario. Bajé casi sin saber qué estaba haciendo. No se podía pasar por ningún lado. Finalmente llegué, con poco aire en los pulmones, a dar el anuncio. Fue un momento muy emotivo. Al día siguiente, después de la misa oficiada por el cardenal Sodano, me tocó leer el *ángelus*, el último *ángelus* de Juan Pablo II. Fue muy diferente a las veces anteriores porque en ese momento le estaba dando mi voz al Papa que ya nos había dejado. No pude evitar decir que lo hacía "no sin nostalgia".

Será difícil olvidar el dolor de Juan Pablo II, su emoción,

su impotencia y frustración en sus últimas apariciones públicas. Minutos antes de esas apariciones, Juan Pablo II lograba pronunciar alguna palabra en su apartamento. Al asomarse, la emoción lo sobrecogía ante el espectáculo de miles de personas llenas de amor y conmoción y se quedaba completamente mudo. Fue el drama del querer y no poder, que culminaba en él en "Hágase tu voluntad, Señor".

La última vez que vi a Juan Pablo con vida fue un día antes de su muerte. Monseñor Estanislao llamó a los más cercanos colaboradores del Papa para que nos despidiéramos de él. Estaba en la cama, con la cabeza hacia un costado, respirando con mucha dificultad. Arrodillada frente a él, estaba la madre Tobiana leyendo la Sagrada Escritura y él tenía en su mano el rosario. Me miró y me bendijo.

No cabe duda de que Polonia y México fueron sus dos grandes amores y yo me siento privilegiado por haber sido elegido para representarlo en México. Estuve a su lado en el Vaticano cuando había que decidir si viajaría o no a México para canonizar a Juan Diego. Juan Pablo II quiso ir a toda costa a México porque entendió mejor que nadie la importancia que tendría para el continente americano, tener a su primer santo indígena, la relevancia que tendría para la fe de los pueblos americanos y para su devoción por la Virgen de Guadalupe.

Era una preferencia total la que sentía por México, no por nada los mexicanos dicen que Juan Pablo es "el Papa mexicano". En su última visita, el pueblo se le entregó como en las veces anteriores aunque, creo, con mayor conmoción y él no escatimó esfuerzos, a pesar de sus condiciones, para responder a esas muestras de cariño apoteósicas e imborrables para todos aquellos que le acompañamos.

Al final del encuentro que mantuve con monseñor Sandri, le pregunté si en algún momento había tenido la sensación de estar al lado de un santo.

"Ciertamente, yo percibí Su Santidad. Ante todo cuando lo veía rezar, pero también cuando cruzaba esa mirada clara, profunda y transparente y asistía a esa donación, a esa oblación a Dios de su vida, yo tenía la sensación de estar al lado de alguien grande, muy grande, alguien que estaba muy cerca de Dios, por lo tanto alguien muy santo".

DOCTOR RENATO BUZZONETTI.
EL MÉDICO PERSONAL DEL PAPA

"El 29 de diciembre del 78 cambió mi vida. Me encontraba en el Hospital Romano de San Camillo en el que ejercía cuando recibí una llamada de monseñor Magee, uno de los secretarios de Juan Pablo II, que me dijo que debía presentarme en el apartamento papal.

Yo pensé que se le ofrecía algo a él; lo había conocido cuando presté un servicio a la Dirección de los Servicios Sanitarios del Vaticano, durante la enfermedad del Papa Pablo VI y durante el cónclave en el que había sido uno de los médicos a disposición de los cardenales electores.

Tomé mi bolso y me presenté vestido como había salido de casa ese día. Llegué al apartamento papal y monseñor Magee me dijo: "Juan Pablo II quiere hablar con usted".

El Papa me recibió en un saloncito y con un italiano aún incierto me comunicó que quería que fuera su doctor y empezó a contarme su historial médico en forma muy exacta. Quedé muy sorprendido.

Le pregunté si podía ver algunos análisis, pero me contestó que estaban en Polonia.

Luego me invitó a cenar con él. Le hablé a mi esposa

para decirle que no llegaría para la cena y que luego le explicaría el porqué. Habría parecido una broma del Día de los Inocentes decirle: '¡No voy porque me ha invitado el Papa a cenar!'

Hasta la fecha no sé por qué la elección recayó en mí. Cuando dejé mi puesto como jefe de los Servicios Sanitarios del Vaticano después de la muerte del Papa, me hicieron una comida de despedida en la que participó monseñor Estanislao. Ese día dije públicamente que nunca había entendido por qué me había elegido.

Nadie hasta le fecha me lo ha explicado.

Después de mi primera cena con Juan Pablo II le dije a monseñor Estanislao que al día siguiente le daría una respuesta porque se trataba de algo demasiado grande e inesperado para dársela en ese momento.

Obviamente no dormí pensando lo mucho que habrían criticado a Juan Pablo II por haberme elegido y lo mucho que me habrían criticado a mí por aceptar.

Envié una carta al Papa, en la que además de referirme a las críticas que habría ocasionado su decisión, le comentaba que su elección representaba un honor inimaginable para mí y que al aceptar, le pedía que me despidiera en el momento en que lo considerase oportuno.

A partir de ese momento inició una relación que duró hasta el día de su muerte.

Hubo pocos gestos públicos de aprecio y cariño de parte del Papa para conmigo, pero los que tuvo fueron muy intensos.

Esto se debió a que, contrariamente a la imagen que de él han dado los medios de comunicación, Juan Pablo II no era una persona exuberante y abierta; era más bien una persona que tenía pudor de sus sentimientos y, por tanto, los demostraba hasta cierto límite.

El Papa se escondía muy seguido detrás de una barrera para salvaguardar su intimidad.

Conmigo era cariñoso, gentil, atento, pero yo sentía que su deseo era aislarse, meterse de lleno en un mundo que parecía sobrenatural, probablemente para dialogar con Dios y cargar baterías.

Uno de los gestos que recuerdo con mayor conmoción fue su decisión de querer bautizar a mi primera nieta, en 1996, que el Papa llamaba con el diminutivo polaco de Olenka.

Otro recuerdo fuerte que tengo ocurrió un día de mayo de 2003, durante una excursión fuera de Roma, cuando el Papa, que ya hablaba muy poco, me llamó a su lado, me pidió algunas explicaciones médicas y luego me dijo: 'Usted tiene que ser mi médico para siempre'.

Yo, en voz baja, le pregunté a monseñor Estanislao: '¿Hasta siempre, significa hasta que me muera?' No —dijo el secretario de Juan Pablo II—, hasta que el Papa se muera". Y así fue.

En los últimos años, por lo menos cada seis meses, yo le presentaba mi renuncia, que él rechazaba siempre, a pesar de que yo dijera que estaba viejo y que sería mejor sustituirme.

En una excursión en la montaña, en sus últimas vacaciones, en julio de 2004, le dije a monseñor Estanislao que realmente quería que me relevaran.

Monseñor Estanislao me repitió que Juan Pablo II quería que me quedara a su lado y que yo contaba con sus oraciones diarias. Le contesté que yo también rezaba cada día por el Papa. '¡Perfecto, concluyó monseñor Estanislao, sigan rezando los dos!'

Hubo muchos momentos difíciles, pero logré vivirlos todos con una gran frialdad profesional. Hasta la fecha me sorprende haber logrado mantener el control, por ejemplo, después del atentado, cuando todo funcionó como si hubiéramos ensayado esa escena.

A las 17:19 del 13 de mayo del 81, el terrorista turco Ali Agca le disparó a Juan Pablo II en la Plaza de San Pedro.

El *jeep* blanco del Papa, a toda velocidad, entró a la ciudad del Vaticano y llegó en pocos minutos a la Dirección de los Servicios Sanitarios, donde yo me había quedado para atender unos asuntos urgentes. Visité inmediatamente al Papa, que estaba consciente. Ahí vi una mancha roja sobre su faja blanca. Lo colocamos en una ambulancia, que 10 minutos exactos después del atentado se lo llevó hacia el Hospital Gemelli. Durante el recorrido la sirena de la ambulancia se bloqueó: el pobre chofer no dejó de tocar el claxon. A la llegada al hospital hubo momentos de confusión porque se lo llevaron al décimo piso, donde había una habitación reservada para él. Gritando pedí que lo trasladaran de inmediato al quirófano. Ahí le pedí a monseñor Estanislao que le impartiera la Unción de los Enfermos.

La intervención duró 5 horas y 20 minutos. Afortunadamente los proyectiles no alcanzaron la aorta abdominal ni la médula. Se tuvo que suturar el colon, que había sido afectado, eliminar una parte del intestino y realizar una colostomía temporal.

Hacia la medianoche el Papa fue llevado al centro de reanimación, del que salió el 18 de mayo para ocupar la que se volvería la más famosa de las habitaciones del Hospital Gemelli. El Papa fue declarado fuera de peligro el 23 de mayo, es decir, 10 días después del atentado.

Otro momento difícil fue decirle al Papa, 11 años después, que tenía un tumor en el colon. Creo que él lo sospechaba porque no me pareció muy sorprendido.

Con su fe inquebrantable, después de la intervención, me dijo: "¿Qué son mis sufrimientos respecto a los de Jesús?"

Yo me porté siempre leal con él: intentaba no dramatizar, pero le decía siempre la verdad. En los últimos años trataba de minimizar las condiciones en las que se encontraba para no empeorar su situación psicológica. El Papa entendía siempre todo y sabía tomar o aceptar rápidamente las decisiones justas.

Otro momento dramático fue la hospitalización de urgencia la noche del primero de febrero de 2005. Le dije a monseñor Estanislao que no había alternativa porque la situación era gravísima y el Papa podría morir sofocado.

Hay quienes hubieran preferido que se esperara al día siguiente para no tener que salir de noche del Vaticano, lo que habría alarmado a la gente, pero Juan Pablo II, que estaba sufriendo mucho debido a las crisis respiratorias, aceptó el traslado nocturno, en ambulancia.

Otro momento muy duro fue cuando le tuve que explicar que tenía que ser sometido a la traqueotomía; eso sucedió el 24 de febrero porque el 23 por la noche el Papa estuvo muy grave, tuvo una crisis intensa, al grado que se le impartió la Unción de los Enfermos; le expliqué que le íbamos a garantizar la respiración, pero que probablemente había empeorado la fonación, es decir su, forma de hablar. Me escuchó y luego un poco ingenuamente, me preguntó si podíamos esperar hasta el verano, durante las vacaciones. Le dije que no era posible. Es más, que en caso de que decidiera en ese sentido sería mejor operarlo esa misma tarde. El Papa, aceptó y por la noche fue sometido a la traqueotomía.

Para Juan Pablo II fue algo muy doloroso, porque había

utilizado siempre su voz como un instrumento de servicio pastoral. El Papa que había sorprendido al mundo por el número de lenguas extranjeras que conocía, que se había sabido comunicar con las multitudes en el mundo entero, después de meses en los que sus palabras eran poco inteligibles, un día se despertó prácticamente mudo. El mundo asistió a ese drama el Domingo de Ramos, el Domingo de Pascua y los últimos miércoles de su vida, cuando, a pesar de estar en el umbral de la muerte, quiso a toda costa asomarse desde su habitación, para no defraudar a los que estaban en la plaza, debajo de su ventana.

Uno de los recuerdos más tristes que tengo es el del rostro sorprendido del Papa, después de la traqueotomía, al darse cuenta de que no podía hablar. Le pidió una pizarra a la hermana Tobiana y con una letra muy incierta, escribió: '¿Qué me han hecho? *Totus tuus.*'

Ser el médico de Juan Pablo II fue mucho más que ser el médico de un Papa. Fue ser el testigo de una parábola extraordinaria e impresionante a la vez, porque toqué con la mano la caducidad de la *gloria humana*.

Juan Pablo II, joven, fuerte, sano, deportista, guapo, encantador y comunicador, después de vivir esta gloria terrenal, se encontró primero apoyado en un bastón, luego sentado en una silla de ruedas y finalmente en una cama, sin poderse mover y necesitando para todo la ayuda de los demás.

El Papa independiente y luchador se volvió un ser totalmente dependiente, pero no por ello menos luchador.

Para el doctor Renato Buzzonetti, Juan Pablo II fue una parábola del dolor verdaderamente feroz que vivió como un hombre santo.

Logró soportar ese dolor a través de la oración y la so-

ledad porque, contrariamente a lo que se cree, lo repito, el
Papa fue un hombre solitario, que gozaba de la soledad,
porque para él era absolutamente prioritario, durante el
día, en medio de sus compromisos, aislarse de este mundo
y sumergirse en la oración.

El Papa no fue uno de esos pacientes que quieren saber
todo con lujo de detalles. Siempre me hizo pocas preguntas,
incluso cuando aparecieron los síntomas del Parkinson, en
1991. Su preocupación sólo era saber de qué manera la enfermedad iba a limitar sus facultades y sobre todo su trabajo. Tomaba los medicamentos dócilmente, pero nunca quiso
tomar calmantes, ni siquiera en los momentos de sufrimiento físico más agudo. Nunca le vi llorar. Soportó todo con una
gran serenidad interior. Era un paciente obediente en la medida en que consideraba que lo que tenía que hacer era realmente indispensable y no limitaría demasiado su actividad.

Limitar y mantener bajo control los síntomas del Parkinson fue muy complicado porque a éstos se sumaron los dolores de las articulaciones, sobre todo en la rodilla derecha,
que le impedían permanecer de pie durante mucho tiempo.
La falta de equilibrio, provocada por el Parkinson, empeo-
raba la situación.

En los últimos años le decía, por ejemplo, que no podía
realizar ya viajes largos y cansados, pero él no me hacía mucho caso.

El ejemplo más evidente de esta desobediencia fue el último viaje a México, después de la Jornada Mundial de la
Juventud en Toronto.

No amenacé con renunciar, contrariamente a lo que se
dijo en ese momento, pero sí intenté convencerlo de que no
fuera, debido a la altitud, el calor, el huso horario... Me es-

cuchó con enorme atención y luego me dijo: "Tiene usted razón, va a ser muy cansado". Lo cual significaba que el tema para él estaba cerrado.

Hay que reconocer que cuidar a un Papa es muy diferente que cuidar a cualquier otro enfermo: paradójicamente, con un Papa se aceptan mayores riesgos que con un paciente normal, porque está de por medio su ministerio, su sentido del deber, su deseo de no defraudar a la gente.

En los últimos días de su vida, hubo a su alrededor un clima de profundo recogimiento: su habitación parecía una capilla, no por el pequeño altar móvil que de repente traían, sino por la continua oración de las monjas, de sus secretarios y de los obispos y cardenales más cercanos.

El jueves 31 de marzo, 48 horas antes de su muerte, habían llevado al Papa a su capilla privada, para la celebración de la misa. Ahí sintió un escalofrío impresionante. Tenía más de 39.5 de fiebre. Se produjo un choque séptico y un colapso cardiocirculatorio. Les dije que había llegado el fin. Le pedí a monseñor Estanislao que le preguntara al Papa si quería ser trasladado nuevamente al Hospital Gemelli. Juan Pablo II dijo que quería permanecer en casa, donde desde el mes de febrero había un equipo integrado por 10 médicos, entre ellos reanimadores, cardiólogos, otorrinos, inmunólogos y cuatro enfermeros profesionales. Le dijo que quería morir en casa, como se acostumbraba antes.

Esa tarde celebraron la misa al lado de la cama del Papa, él estaba un poco mejor. Levantó la mano derecha durante la consagración e intentó golpearse el pecho durante el Agnus Dei. Tomó un pedacito muy pequeño de ostia y el cardenal Marian Jaworski le impartió la Unción de los Enfermos.

Después de la misa, aprovechando el momento de serenidad, nos despedimos de Juan Pablo II.

Las cinco religiosas polacas que lo habían cuidado en el Vaticano durante más de 26 años, le besaron la mano; el Papa las llamó a cada una por su nombre y les dijo: "Por última vez". También le besaron la mano sus secretarios, los médicos y los enfermeros. Yo le dije: "Santidad, todos le queremos".

El viernes primero de abril, como todos los viernes de su vida, siguió las meditaciones del vía crucis y se persignó en cada estación. En el transcurso del día, sus condiciones se volvieron muy graves: todos los parámetros hematológicos y metabólicos estaban comprometidos, registramos insuficiencia cardiocirculatoria, respiratoria y renal.

Juan Pablo II, que podía pronunciar sólo pocas sílabas, se unió en todo momento a las oraciones de quienes le asistíamos.

El sábado 2 de abril comenzó a perder el conocimiento. Volvió a tener fiebre alta. Por la tarde, con una voz muy débil, le pidió a la hermana Tobiana en polaco que lo dejaran "volver a la casa del Señor". Poco antes de las siete de la tarde entró en coma.

Siguiendo una tradición polaca, un pequeño cirio iluminaba la habitación del Papa. Una hora y media antes de su muerte, se celebró una misa. A las 21:37 acabó el vía crucis terrenal de Juan Pablo II. Constaté su muerte con un electrocardiograma, durante 20 minutos, tal y como lo prevén las normas vaticanas.

Cuando muere un enfermo siempre me pregunto desde un punto de vista profesional y moral si actué bien o si hubiera podido hacer algo diferente. Finalmente creo que hicimos lo que teníamos que hacer.

Lo que fue muy difícil para todos los médicos y enfermeros tanto del Vaticano como del Hospital Gemelli, fue luchar en una batalla sabiendo que la íbamos a perder. La hicimos con todas nuestras fuerzas, pero sabíamos que ya no podíamos salvar al Papa.

RENATO BOCCARDO.
ORGANIZADOR DE LOS VIAJES PAPALES

Desde finales de 2000, en la preparación de los viajes, la creciente fragilidad de Juan Pablo II se volvió un factor determinante.

Tuvimos que pensar en toda una serie de instrumentos para facilitar sus desplazamientos. En Azerbaiján empezamos con el elevador para bajar del avión, por primera vez utilizamos fuera del Vaticano la peana móvil, luego pasamos al trono móvil, que de hecho era una silla de ruedas disfrazada, tuvimos que acondicionar el papamóvil primero para que el Papa no tuviera que bajar los escalones, pusimos una pequeña peana, luego un minielevador, finalmente, cuando ya no podía caminar, lo acondicionamos para que este trono pudiera entrar y salir del vehículo. Todo esto se refiere a la parte técnica, por decirlo así, pero lo que yo subrayaría es el esfuerzo humano en el sentido de que Juan Pablo II tuvo que realizar un camino interior para ir acostumbrándose a sus limitaciones.

Para el que fuera el "atleta de Dios", verse reducido a ser un inválido tuvo que haber sido muy duro.

Para nosotros, también fue difícil presenciar el desmoronamiento físico de un hombre que había sido guapo, fuerte y deportista.

Recuerdo que después de la fractura del fémur, en 1994, le molestaba mucho tener que caminar con bastón. Hasta minutos antes de una audiencia general el Papa llevaba el bastón. Cuando tenía que entrar en el aula lo dejaba detrás de la puerta y entraba sin él. Con el tiempo logró exorcizar esa molestia psicológica y se puso a jugar con él frente a los jóvenes en Manila; por ejemplo, le daba vueltas como Charles Chaplin o cuando veía a los periodistas hacía como si les quisiera pegar con él.

El Papa tuvo que aceptar los cambios que nosotros inventábamos para facilitar su vida, pero había momentos en que experimentaba coraje por la impotencia.

Llegó a sentir, como cualquier ser humano, una honda frustración al darse cuenta que su cuerpo no le respondía. Tuvo momentos de enojo, en público, en los aeropuertos, en algún evento.

Para un hombre que había sido tan independiente ese camino interior para acostumbrarse a vivir prisionero de su cuerpo fue una experiencia que lo marcó profundamente. Esto se volvió un camino de conversión porque tuvo que acostumbrarse, con una gran humildad, a un cuerpo que, a pesar de su fuerza de voluntad, le traicionaba en cada momento.

La fuerza de su mensaje, sin embargo, fue creciendo y eso le valió el respeto del mundo incluso, de los no creyentes o de los no cristianos. Se volvió la conciencia del mundo, a pesar de estar en una silla de ruedas.

Al organizar los viajes en esta fase encontramos mucha comprensión y colaboración tanto de las autoridades eclesiásticas como políticas. Nos decían que para ellos contar con la visita del Papa era un honor tal, que habrían hecho cualquier cosa para lograrla.

Ese apoyo sucedió también al llegar a México por quinta vez, cuando el avión llegó hasta el hangar presidencial.

El último viaje a México se hizo sólo porque el Papa se impuso. Nadie quería. Se debió a su voluntad personal. Cuando los guatemaltecos se enteraron de que el Papa había decidido viajar a México, le pidieron que fuera a beatificar al hermano Betancourt. También en este caso, Juan Pablo II impuso su voluntad.

No es porque le esté hablando a una mexicana, es realmente cierto que el Papa tuvo un cariño especial por México. Juan Pablo II tenía lazos interiores muy fuertes con su historia y México hacía parte de su historia porque en su primer viaje a México inauguró su pontificado y se lo confió a la Virgen de Guadalupe.

Recuerdo que, cuando entramos a la Basílica en 2002, nos dirigimos hacia la sacristía que habíamos puesto a la derecha, entrando, pero él, con un tono fuerte, nos dijo: "La Madonna", es decir, la Virgen, porque antes de pasar a la sacristía quería saludar a "La Morenita".

Recuerdo también que en todos los recorridos en México, miraba a las millones de personas en las calles y siempre decía: "Brava gente, brava gente", es decir, "pueblo bueno, pueblo bueno".

De los viajes que me tocó organizar, el último, una peregrinación a Lourdes, fue el más conmovedor, porque fue verdaderamente el viaje de un peregrino. Juan Pablo II hizo todos los gestos de los que peregrinan a Lourdes, tales como tomar agua de la fuente milagrosa, rezar en la gruta, prender la vela, dormir en un albergue de enfermos.

No me gustó la interpretación de los medios de comunicación que hablaron del viaje de "un enfermo entre los enfermos". Juan Pablo II seguía siendo el Papa, un Papa enfermo, pero no un enfermo más.

No logro olvidar los momentos dramáticos que viví en la gruta, cuando vi que Juan Pablo II, al quererse arrodillar a pesar del dolor agudo en las rodillas por la falta total de cartílago, había empezado a deslizarse. Monseñor Estanislao y yo nos percatamos de inmediato de lo que le estaba sucediendo, lo agarramos por detrás y evitamos que se cayera.

En la gruta vi al Papa con los ojos llenos de lágrimas, debido quizás a la conmoción, pero probablemente también al dolor que sentía al estar de rodillas.

En la misa del domingo Juan Pablo II sufrió mucho debido al calor y a sus fuertes problemas respiratorios.

Por la tarde, para la despedida del Papa de la Virgen de Lourdes, sugerí que en lugar de ir en el papamóvil a la gruta fuera en la silla de ruedas por las calles.

Los peregrinos italianos y los españoles gritaban a lo largo del recorrido. Casi me arrepentí porque temía que el Papa no pudiera rezar en silencio en la gruta, pero en cuanto llegó allí se hizo un silencio increíble. Los fieles respetaron ese momento que tenía que ser totalmente privado y entendieron que quería rezar solo, frente a la Virgen.

Después de Lourdes, ya no se habló de viajes. Nunca dijo hasta aquí, pero era evidente que sus condiciones estaban empeorando. Un día, sencillamente, dejó de decirme: "Mientras pueda, voy". Yo sabía que hubiera querido ir a Manila para el Encuentro Mundial de las Familias y a Guadalajara, para el Congreso Eucarístico, pero nunca consideramos seriamente la posibilidad de que lo lograra.

Sí empezamos a preparar la Jornada Mundial de la Juventud en Colonia, pero desde octubre de 2004 "congelamos" todos los preparativos. Ya no viajé a Colonia, para no alimentar ilusiones. De repente el Papa me preguntaba: "¿Como va Colonia?" pero ante mis respuestas algo escuetas, no insistía.

Para él tuvo que haber sido muy triste imaginar que no acudiría a la jornada que había convocado, mientras se encontraba en la de Toronto. Algo, sin embargo, hizo que ese día, en lugar de decirle a los jóvenes, como siempre les había dicho, "Nos vemos en Colonia", sólo expresó: "Cristo los espera en Colonia".

Se había hablado mucho de la supuesta intención de Juan Pablo II de renunciar, debido a sus fuertes problemas de salud, sobre todo durante el Jubileo de 2000. Ese año, mientras organizaba la Jornada Mundial de la Juventud en Roma y hablaba constantemente con el Papa, nunca tuve la impresión de que quisiera renunciar al final del Año Santo.

Lo que sí me consta es que lo pensó cuando cumplió 75 años. Pidió incluso un estudio. Le aconsejaron sin embargo que no lo hiciera porque podría sentar un precedente peligroso.

Cuando cumplió 80 años, y en su 25 aniversario de pontificado, reafirmó su voluntad de permanecer hasta el final.

Antes de organizar los viajes papales, me había tocado organizar las Jornadas Mundiales de la Juventud. Fue extraordinario ser testigo de la química que había entre Juan Pablo II y los jóvenes.

Cada una de ellas fue algo único, incomparable. Creo que para él, la más impactante fue la de Manila, por el inmenso número de jóvenes. Fueron millones, tuvimos que desplazarnos en helicóptero y en barco porque era imposible cruzar la ciudad. Era un océano de jóvenes, con un entusiasmo y un cariño extraordinarios.

Otra jornada impactante fue la de París porque era un

desafío, afortunadamente muy exitoso, en una capital moderna, en la ciudad de la Ilustración, en el corazón de Europa, en un país laicista.

Más allá de estas jornadas y de sus últimos viajes, lo que caló hondo en mí fue su forma de rezar.

La oración del que yo llamaba siempre Padre Santo fue para mí, y creo que también para el mundo, una especie de testamento.

Es cierto, Juan Pablo II fue actor, político, teólogo, filósofo, pero fue ante todo un hombre de oración. La oración era una parte fundamental de su vida.

Incluso en los viajes, en cuanto había un momento libre, en un avión, en un helicóptero o en un barco sacaba su rosario y rezaba.

A veces, en las misas, parecía que no oía lo que sucedía a su alrededor. Se arrodillaba y rezaba a pesar de los aplausos y de los gritos.

Retrasaba todo, cualquier acto y cualquier encuentro, no le importaba llegar tarde si estaba rezando y no había acabado.

Los viernes ya sea en el Vaticano o en cualquier viaje, hacía siempre el vía crucis.

Cuando estaba bien, caminaba y luego se arrodillaba frente a cada una de las estaciones, en su terraza o en su capilla. Apoyaba la cabeza en la pared y rezaba. Cuando no podía moverse se ponía con el trono móvil frente a cada estación.

En Toronto, en la Isla de las Fresas, donde pernoctaba el viernes antes de la Jornada Mundial de la Juventud, hizo el vía crucis.

Había un bosque, fuimos allí con un carrito de golf. Los

frailes pusieron encima de los árboles unas cruces como estaciones. En el carrito, frente a cada árbol estación, el Papa decía su nombre en polaco y con sus dos secretarios, monseñor Mietek y monseñor Estanislao, decía de memoria la meditación. Frente a la estación en la que Jesús es colocado en el sepulcro, empezó a entonar un canto polaco.

Entre mis recuerdos más entrañables tengo el de la visita que el Papa hizo en 1991 a mi Diócesis en Susa, en el norte de Italia. Ahí conoció a mi mamá y a mi abuela.

Con el pasar de los años no dejaba de preguntarme por ellas. Le habían comentado que los habitantes de Susa se llaman *segusini*, entonces, a partir de ese momento, cada vez que me veía me decía *segusino*.

Era un hombre humanitario, muy cordial. Asistir a su agonía fue como presenciar la agonía de un ser de la familia.

Lo vi por última vez el viernes 31 de marzo. Fue algo muy emotivo. Monseñor Estanislao me llamó por la tarde para preguntarme si quería ver al Papa.

Muy agradecido, le dije que sí quería despedirme de él. Juan Pablo II dormitaba, abrió los ojos, le besé la mano. Estaban con él su médico, monseñor Estanislao y dos monjas rezando. En el cuarto se advertía una sensación de serenidad, pero todos tenían los ojos hinchados. Nos miramos por última vez y mis ojos también se llenaron de lágrimas.

El viernes primero de abril y el sábado 2, me tocó animar la oración del Rosario en la Plaza de San Pedro. Me impresionó mucho la gente de todas las edades y de todas las nacionalidades que sentían la necesidad de acompañarlo, de estar presentes, como cuando los hijos o los nietos se reúnen porque su padre o su abuelo está muriendo. No se puede hacer más que estar allí.

El sábado 2 de abril, mientras rezábamos el Rosario, sonó mi celular. Era monseñor Leonardo Sandri, quien me dijo que Juan Pablo II había muerto y que siguiera presidiendo la oración hasta que él llegara para anunciarlo a la gente. Fueron los minutos más largos de mi vida, porque no podía compartir con nadie el peso de esa noticia y la tristeza que me embargaba. Rezamos 10 avemarías antes de que llegara monseñor Sandri; al verle, sentí un alivio. Al fin podía dejar salir a flote mis sentimientos, que eran los mismos de todos los que ahí estábamos.

Después de su muerte, me sentí huérfano, porque crecí con él. Toda mi vida sacerdotal la hice bajo su pontificado, toda mi vida "profesional", la hice a su servicio.

ANÉCDOTAS DE VIAJES

En 1991, después de la Jornada de la Juventud en Chestokowa, fuimos a Hungría. Visitamos Estergrom, frente a la Basílica rezó sobre la tumba de Mindszenty, perseguido por su fe. Volvimos en barco a Budapest y allí visitó al presidente, al cuerpo diplomático y al gabinete en el Palacio presidencial. Al final del acto, el Papa bajó la escalinata del palacio vio la plaza llena de personas con una vela en la mano. El espectáculo era realmente conmovedor. Él quedó impactado. Cuando la gente lo vio empezó a cantar *Christu vincit*. Al volver a la Nunciatura, cenaron y comentaron lo hermoso que había sido ver a la gente reunida en la plaza, eso no estaba previsto. El Papa escuchó y luego dijo: "En ese momento yo pensaba que en este palacio han procesado a Mindszenty, de ahí salió el proyecto para destruir a la Iglesia en Hungría y ahí hace 40 años ocurrieron los juicios contra monjas y sacerdotes. Hoy espontáneamente la gente hace una profesión de fe y afirma que Dios es más fuerte que los hombres. Él fue el único que hizo esa relación. Él sabía hacer una lectura interior de la historia.

ARTURO MARI.
EL FOTÓGRAFO DEL PAPA

El Papa nunca cubrió su rostro ni escondió ante mi cámara su sufrimiento.

Espontáneamente era el mismo a los 58 años y a los 84 años. Al inicio de su pontificado, mi cámara fue testigo de expresiones y gestos inimaginables en un Papa, al final de su vida, su rostro sufriente seguía siendo una fuente inagotable de emoción.

Creo que Juan Pablo II intentó prepararnos para la muerte y para su muerte, mostrándonos que era un pasaje natural hacia una vida mejor.

Cuando fue operado de traqueotomía, por ejemplo, él nos llevó de la mano para entender lo que le estaba sucediendo.

Al asomarse de la ventana del Hospital Gemelli, de hecho, colocó su mano sobre la cánula para compartir su dolor con el mundo entero.

El Papa trató siempre de hacerme sentir a gusto con lo que tenía que hacer, pero en los últimos tiempos fue muy difícil porque hacía unas muecas de dolor terribles, debido a su fuerte sufrimiento. Sacarle una foto representaba para mí, también, un motivo de sufrimiento.

El día de Pascua yo no bajé a la Plaza de San Pedro para tomar las fotos cuando se asomara.

A las 11 de la mañana Juan Pablo II concelebró la misa en su capilla. Yo oí su voz. Cuando se asomó por la ventana, al ver ese espectáculo impresionante, se conmovió sobremanera. La voz que yo había escuchado minutos antes se le atoró en la garganta. En polaco dijo: "¡Oh, Dios!" Yo no podía creer que el Papa permaneciera mudo, pero debo confesar que era desgarrador ver y sentir la expectación y el cariño de los fieles que allí abajo esperaban escuchar su voz, después del silencio del Domingo de Ramos, cuando los médicos le pidieron que no hablara porque le habían tenido que cambiar el tubo y no hubo el tiempo necesario para que pudiera pronunciar palabra alguna.

El 30 de enero, el famoso día en que las palomas de la paz querían quedarse en su apartamento, yo estaba detrás de él. Hacía un frío impresionante. No hay duda de que el Papa estuvo demasiado tiempo en la ventana. Yo mismo me arrodillé detrás de su trono porque sentía mucho frío.

Esa noche el Papa tuvo una audiencia con 400 polacos. Cuando lo miré, vi que tenía la cara muy roja. Tenía mucha fiebre. Le pregunté cómo se sentía. Me contestó con una mueca en el rostro. Al día siguiente se suspendieron las audiencias. Ése fue el inicio del fin.

La noche de su muerte, hacia las ocho, estaba yo en la Plaza de San Pedro, luego subí a la columnata para tomar unas fotos y ahí me di cuenta, mirando las ventanas del apartamento, que algo estaba sucediendo.

Lo vi muerto a la mañana siguiente en su capilla.

Me sentí sereno, porque no lo percibía muerto sino como en el momento en que me había despedido de él, el día anterior.

El domingo que salió por segunda vez del hospital, después de la traqueotomía, creo que no tendría que haber salido.

Llegué por la mañana para hacer las fotos del ángelus.

Me di cuenta de que algo traía en la mente. Cuando llegaron los médicos dijo: 'Basta, hoy se vuelve a casa, no tengo tiempo que perder'. De hecho, había sido impactante para nosotros ver cómo en esos meses seguía trabajando. Su mesa, tanto en el Vaticano como en el hospital, estaba llena de papeles.

Entre los recuerdos más entrañables del fotógrafo del Papa se encuentran los de las cinco visitas a México en las que acompañó a Juan Pablo II.

Desde la primera visita fue algo impresionante. Ninguno de nosotros esperaba ver a millones de personas corriendo detrás de una especie de autobús, la gente en los árboles, en los monumentos, encima de postes altos. Esas escenas las presenciamos en los cinco viajes.

No hay duda de que hubo una relación de cariño muy fuerte con México. No se vuelve cinco veces a un país si no hay un amor muy profundo.

Recuerdo en el Estadio Azteca a jóvenes de 20 años con el rosario en la mano, llorando. No es fácil conmover a los jóvenes. Salimos del estadio y afuera había el triple de gente. Esas sensaciones se pueden entender sólo si las vives.

¿Quién ha olvidado, por ejemplo, a la niña que le llevó su osito al Papa y el gesto de Juan Pablo II de ponérselo sobre el corazón?

El Papa era absolutamente espontáneo. No planeaba sus gestos, le salían. Hacía lo que sentía. No lo hacía porque hubiera fotógrafos.

Cuando estaba frente al Muro de las Lamentaciones rezaba, no estaba pensando en cómo sorprendernos. Caminando lentamente, apoyado en su bastón, se acercó al muro para dejar ahí un papelito en el que pedía perdón por el sufrimiento que los cristianos le habían procurado a los judíos a lo largo de la historia. Lo hizo porque le había nacido, porque sentía que debía hacerlo. No pensaba en nosotros, pero es innegable que con sus gestos y sus intuiciones, Juan Pablo II nos regaló fotografías irrepetibles.

Arturo Mari es una de las personas que más compartió los momentos privados de Juan Pablo II.

Rezaba siempre. Recordarás que en las audiencias, en los diversos encuentros, a veces tenía la mano en la bolsa de su sotana. Allí tenía un pequeño rosario. En una ocasión se le cayó uno. Yo lo encontré y se lo devolví. Me lo puso en la mano y me pidió que lo guardara.

Visita del Papa Juan Pablo II a México en 2005

En el penúltimo viaje a México, el Papa entró al camarín de la Virgen de Guadalupe. Estábamos los dos solos. El Papa se arrodilló para rezar y besó la imagen. Yo no sabía qué hacer. Lo miré y él con los ojos me dio a entender que podía besarla, yo asentí y así lo hice.

Durante cerca de 27 años no supe lo que era la monotonía. Hasta en sus momentos más difíciles, el Papa nos reservaba algo nuevo todos los días: un gesto, una expresión, una mirada o una sonrisa fuera de lo común.

Hay fotos que Arturo Mari decidió no tomar. Una de ellas fue en Lourdes.

En el Vaticano el Papa utilizaba un reclinatorio, ancho tanto abajo como en la parte superior para que pudiera apoyarse bien con los brazos e impulsarse con fuerza. En la gruta de las apariciones de Lourdes había uno ancho abajo pero estrecho arriba. Monseñor Boccardo y yo nos dimos cuenta, pero en eso llegó el Papa y quiso arrodillarse. Al dolerle tanto las rodillas intentó encontrar una mejor posición, pero arriba no encontró el espacio habitual y empezó a venirse para abajo. Afortunadamente monseñor Boccardo y monseñor Estanislao acudieron inmediatamente y lo levantaron. Obviamente mi cámara no sacó ese momento tan dramático.

Cuando Juan Pablo II celebraba una misa, el rostro le cambiaba, parecía que estaba en otro mundo. Una vez entré a su capilla y escuché que estaba hablando. No había nadie más que él.

Estaba hablando con Dios. Era en los tiempos de la guerra contra Irak. Yo no hablo polaco, pero si alguien habla despacio logro captar unas palabras. Estaba pidiendo por la paz.

Durante un almuerzo, frente a unos obispos polacos, el Papa dijo algo divertido y yo me reí antes que ellos. Él se volteó y les hizo una seña de que se callaran porque había "un espía" que les entendía. Bromeaba siempre.

Entre mis recuerdos más personales tengo el de la ayuda que Juan Pablo II me brindó cuando le conté que mi hijo quería entrar al seminario de los Legionarios de Cristo. Creo que mi trabajo y mi cercanía con el Papa influyeron en la decisión de mi hijo. El Papa me ayudó a aceptarla.

Entre las fotos más bonitas que saqué a lo largo del pontificado está la del niño que el Papa abrazó en Oaxaca, durante su encuentro con los campesinos. Un niño chiquito con su sombrerito y su poncho corrió hacia Juan Pablo II, se le echó al cuello y el Papa lo cogió en un abrazo fuerte. En la foto, los dos sonríen, como un abuelo con su nieto. Recuerdo también la foto del abrazo de Juan Pablo II con el cardenal Wysinzki, en la Plaza de San Pedro, después de su elección como Papa, cuando el cardenal se arrodilló y el Papa lo abrazó para luego levantarlo.

Entre las fotos más tristes están las del atentado y las que le saqué, en la cama del Hospital Gemelli.

Guardo con mucho cariño la que le tomé el último Viernes Santo de su vida, en su capilla, mientras seguía a través de la televisión el vía crucis en el Coliseo, al que por primera vez había tenido que renunciar.

Nunca se vio el rostro del Papa. Dos cámaras del Centro Televisivo Vaticano lo tomaron de espaldas durante todo el rito.

En la última estación tuve la impresión de que algo iba a suceder.

El Papa pidió la cruz, yo no dejé de mirar con mi objetivo a Juan Pablo II hasta que se puso la cruz cerca de la frente. Parecía que quería vivir hasta el final la pasión de Cristo en la cruz. Fue algo verdaderamente conmovedor.

Me había tocado ya ser testigo del recorrido de Juan Pablo II por la vida de Cristo, hasta el Gólgota, durante el viaje a Tierra Santa en el año 2000, seguramente, para el Papa, uno de los viajes más importantes de su pontificado.

El último día después de celebrar la misa en el Santo Sepulcro, volvimos al Patriarcado para comer.

El Papa casi no comió, se veía que estaba muy molesto. Al final de la comida, con un tono duro, le dijo al nuncio: "Yo no regreso a Roma si no me llevan al Gólgota". Se lo repitió varias veces. Al principio pensaron que estaba bromeando. Cuando se dieron cuenta de que estaba muy serio, toda la seguridad volvió al Santo Sepulcro para preparar la nueva visita. El lugar era muy estrecho y había unos escalones muy altos, por eso se había evitado hacerlo subir.

Cuando el Papa llegó, intentaron ayudarlo a subir pero él, con el bastón, hizo un gesto de enojo y empezó a ascender poco a poco, sin la ayuda de nadie. Cuando llegó arriba, se quedó rezando durante un buen rato y luego, satisfecho, bajó también solo, sin la ayuda de nadie.

El recuerdo más triste que Arturo Mari tiene de sus casi 27 años con Juan Pablo II es su despedida de él.

Seis horas antes de que el Papa muriera sonó el teléfono blanco que se encuentra a la izquierda de mi escritorio, el de la línea directa con el apartamento papal.

Era monseñor Estanislao, quien me dijo que subiera un momento porque alguien me quería ver. Pensé que se le ofrecía algo.

Llegué al apartamento. En la puerta estaba Estanislao;

nos abrazamos con conmoción. Llevábamos casi 27 años conviviendo y compartiendo momentos públicos y privados. Me cogió la mano, fuimos por el pasillo,. Pensé que me llevaba a la capilla. Al fondo del pasillo sin embargo, dio vuelta a la izquierda. Sólo en ese momento me di cuenta de que iba a ver al Papa. No se me había ocurrido. Sentí que el corazón se me iba. Juan Pablo II estaba recostado del lado izquierdo. En polaco Estanislao le dijo: "Santo Padre, Arturo está aquí". Se volvió, me miró con una mirada intensa, percibí una sonrisa. Yo resistí muy poco, acabé de rodillas frente a él. Me acarició la cabeza, oí que decía "Arturo". Me bendijo y me dijo "gracias, gracias". Tenía una expresión increíble en los ojos. Después de unos segundos que se me hicieron eternos, se volvío hacia el otro lado.

Me fui corriendo y, en cuanto salí del cuarto, me eché a llorar.

Me dio la impresión de que se estaba preparando para irse de este mundo. Había decidido que había llegado el momento.

IX. LA DESPEDIDA DEL MUNDO
DE JUAN PABLO II

Creo que el desenlace final inició el 30 de enero, cuando el mundo vio por última vez la sonrisa de Juan Pablo II. Esa última sonrisa se la debemos a una paloma traviesa que ante el frío que hacía ese día en Roma, decidió que era preferible quedarse en el apartamento papal y renunciar a los cielos de Roma. El Papa apareció en la ventana de su estudio privado, como todos los domingos, para rezar el *ángelus*. Ese día en el balcón estaban dos muchachos de la Acción Católica italiana que junto con el Papa tenían que soltar las palomas de la paz. Juan Pablo II habló con una dificultad inmensa. Su respiración estaba entrecortada, las palabras casi no se entendían. Lo único que estaba claro es que la paloma no quería irse y él tampoco quería despedirse de los fieles que como todos los domingos se habían reunido debajo de sus ventanas. Con las pocas fuerzas que tenía, el Papa intentó agarrar a la paloma para que volara, pero la terquedad de la paloma aunada a su debilidad hicieron que el intento fracasara, causando la ligera sonrisa del Papa, que a todos nos sorprendió porque el Parkinson le había quitado toda expresión a ese rostro, que había sido el deleite de fotógrafos y camarógrafos por la riqueza de sus expresiones. El 31 de enero, el Vaticano anunció que Juan Pablo II se veía obligado a suspender sus audiencias debido a una enfermedad gripal. El primero de febrero por la noche, muchos de los corresponsales en Italia nos encontrábamos en la fiesta anual de la Asociación de la Prensa Extranjera. Poco antes de las 11 de la noche me habló un amigo muy querido para decirme que en esos momentos se estaban llevando al Papa en ambulancia al Hospital Gemelli. Me levanté de la mesa como si fuera resorte y llamé a mis camarógrafos. Antes de las 12 de la noche estábamos frente al hospital donde empezaron a llegar periodistas y unidades móviles. Estuvimos ahí toda la noche. Sólo se nos informó que el Papa había sido hospitalizado de urgencia debido a una laringotraqueitis aguda y crisis de laríngeo espasmo que había requerido hospitalización en una ambulancia acondicionada como un centro móvil de reanimación.

Esa noche no nos dejaron entrar hasta la puerta principal del hospital. Entre los reporteros hacíamos todo tipo de conjeturas y nos preguntábamos si había iniciado el fin al que en los últimos meses habíamos intentado prepararnos desde un punto de vista logístico, informativo y psicológico.

A partir de ese momento empezaron largos días y muchas noches dentro y fuera del hospital, en la llamada colina de las televisoras, donde las principales cadenas y agencias internacionales estaban listas las 24 horas del día para transmitir desde ahí. La información a nuestro alcance era muy escasa porque por primera vez en el largo historial de las hospitalizaciones de Juan Pablo II, no contaba con partes médicos ni con el contacto con éstos. Toda la información fue canalizada por la sala de prensa del Vaticano que con escuetos boletines nos informaba de la supuesta recuperación del Papa.

El 10 de febrero el Papa salió del hospital. Supimos que en realidad los médicos no le habían dado de alta y que había habido opiniones encontradas acerca de la oportunidad del regreso al Vaticano. La misma salida del Papa del Gemelli fue sorpresiva en cuanto a su estilo: en lugar del regreso sobrio de una persona convaleciente, se trató de un regreso estelar bajo los ojos del mundo. El recorrido de Juan Pablo II sentado en un papamóvil iluminado fue transmitido en vivo; la gente salió a la calle para saludar al Papa que de acuerdo con el portavoz vaticano había superado la laringotraqueitis.

El regreso de Juan Pablo II al hospital coincidió con la semana de ejercicios espirituales de Cuaresma durante la cual el Papa suspende habitualmente todas las audiencias; por ello había días de tregua. Del Palacio Apostólico se filtraba muy poca información, con excepción de noticias tranquilizadoras acerca de su recuperación. El domingo 20 de febrero, al final de la semana de ejercicios espirituales, Juan Pablo II se asomó a su ventana y logró pronunciar integralmente su mensaje y su bendición. Con voz algo ronca recordó que la tarea del Papa es esencialmente estar "al servicio de la unidad de la Iglesia" y que él sentía particularmente viva en el ánimo "la invitación de Jesús para alimentar a sus ovejas". El miércoles 23, sin embargo, para protegerse de las infecciones, el Papa celebró desde su casa su primera videoaudiencia general. Los fieles reunidos en el aula Pablo VI, visiblemente conmovidos por sus condiciones y su gigantesco esfuerzo, escucharon a un Papa agotado, con evidentes problemas respiratorios y con una voz muy ronca. Al día siguiente debía asistir a un consistorio para la aprobación de cinco nuevos santos, pero su estado no se lo permitió. Mientras el cardenal Angelo Sodano leía en el consistorio un mensaje del Papa en el que afirmaba que seguiría la reunión por videoconferencia, en el apartamento papal se vivían momentos dramáticos. Después de una noche muy difícil durante la cual el Papa tuvo varias crisis respiratorias, en esas horas de la mañana los médicos que le habían atendido estimaron que no se podía esperar ni un momento más. Decidieron otro traslado de emergencia al hospital, conscientes de que sólo una traqueotomía podía salvar a Juan Pablo II, que en cualquier momento habría podido morir sofocado. Esa noche el Papa fue sometido a dicha intervención que prácticamente calló para siempre al hombre que había querido ser en los cinco continentes la voz de los que no tienen voz. El Papa llevaba la cruz puesta sobre los hombros hacía ya mucho tiempo, pero ese día inició probablemente su calvario no sólo físico sino también sicológico.

Cuentan que antes de la intervención para la que tuvo que dar su consentimiento, los médicos le dijeron: "Santidad, no se preocupe, se trata de una pequeña intervención". Pequeña para quién, preguntó el Papa con su habitual sentido del humor.

El mundo empezó a preguntarse ese día si volvería a escuchar la voz de Juan Pablo II. Teólogos y vaticanistas se lanzaron en todo tipo de elucubraciones sobre la legitimidad de un Papa mudo. Tres días después de la intervención, el Papa apareció mudo en la ventana del hospital. A su lado estaba el cardenal Angelo Sodano, secretario de Estado de la Santa Sede; detrás de él, empujando la silla, su segundo secretario monseñor Mietek. En la Plaza de San Pedro estaba el arzobispo argentino, monseñor Leonardo Sandri, que a partir de ese momento le prestó su voz. En las semanas sucesivas, nos acostumbramos a escuchar al sustituto de secretario de Estado, a su tono, a su calmo ritmo de lectura, a su acento hispano, con una tonadita argentina y sobre todo nos acostumbramos a palpar su conmoción.

A él le tocó anunciar a los fieles reunidos en la Plaza de San Pedro el 2 de abril por la noche para rezar el rosario, que Juan Pablo II había vuelto a la casa del padre. A él le tocó leer el domingo después de su muerte, el *ángelus* que había preparado el Papa "Lo hago —dijo monseñor Sandri con mucho orgullo, y mucha nostalgia".

En los días que siguieron a la traqueotomía, el Papa se asomó varias veces, mudo, con el rostro marcado por el sufrimiento, con la mano débil, que antes de intentar saludar o bendecir, se apoyaba en el cuello, como para enseñar al mundo la cánula que le hacía sufrir y le obligaba al silencio.

Para tranquilizar a la opinión pública mundial que seguía paso a paso la evolución de las condiciones de salud del Papa, el entonces cardenal Joseph Ratzinger, después de subir al décimo piso del Hospital Gemelli, una semana después de la traqueotomía, bajó a la improvisada sala de prensa para informarnos que "Juan Pablo II le había hablado en italiano y en alemán, además estaba muy alerta y trabajando en los *dossiers* que él mismo le había llevado". Confieso que esta información nos resultó "fabricada" para callar las especulaciones sobre el estado real del Papa. La misma impresión nos causaron las imágenes difundidas por el Centro Televisivo Vaticano en las que Juan Pablo II oficiaba una misa en la capilla del hospital con un cardenal y un obispo de Tanzania, que al final le expresaron en inglés la gran solidaridad de los fieles respecto al sufrimiento del

Papa. Se logró escuchar parte de la bendición y algo parecido a "está bien".

El domingo 13 de marzo el Papa se asomó por la ventana de su habitación y logró pronunciar con bastante claridad un breve mensaje. Todos quedamos gratamente sorprendidos y pensamos que este Papa seguiría dándonos muchas sorpresas. Ese día fue la última vez en la que Juan Pablo se dirigió directamente a los medios de comunicación. Consciente del enorme despliegue mediático alrededor del hospital, que él solía llamar el Vaticano número tres, el Papa nos agradeció nuestra labor informativa que "hace que en cualquier lugar del mundo me puedan escuchar y acompañarme con el afecto y la oración". También añadió que "es grande la responsabilidad de los que trabajan en este campo, quienes deben dar una información precisa, respetuosa, de la dignidad de la persona humana y atenta al bien común". El Papa también se refirió a los "sacrificios" que estábamos haciendo, con una clara referencia a esas jornadas de 20 horas de trabajo diario, sobre todo los que laborábamos para el otro lado del mundo. Esa misma tarde Juan Pablo II volvió a casa. En esta ocasión su traslado fue más discreto. Salió del hospital en una camioneta, sentado adelante, cerca del chofer, pero por primera vez se colocó detrás de él una cámara del centro televisivo vaticano. Una vez más los médicos no le dieron de alta. Al contrario, especificaron que su convalecencia no había terminado. Si bien los médicos del Gemelli se impusieron el silencio desde la primera hospitalización de febrero, trascendió su pesimismo y su temor de que habría nuevas recaídas porque el Papa no había salido de ninguna manera curado. Juan Pablo II salió del hospital con la cánula indispensable para que el aire le llegara a los pulmones y no volviera a tener amenazas de asfixia, pero con el peligro de atrapar a través de la misma peligrosas infecciones. De aquí que los médicos le pidieran que al volver al Vaticano mantuviera el menor contacto posible con el exterior. A pesar de las recomendaciones de los médicos, Juan Pablo II al salir del hospital hizo algo que no debía, es decir abrir la ventanilla de la camioneta para saludar a la gente que una vez más se había aglutinado a lo largo del recorrido.

Al igual que después de su primer regreso al Vaticano, Juan Pablo II fue seguido por un equipo de médicos y enfermeros del Gemelli que lo cuidarían día y noche en su apartamento transformado en una especie de enfermería equipado para las diversas emergencias. Me enteré hace poco de algo que no necesita comentarios. En los últimos días de la segunda hospitalización, un técnico que trabaja para el Vaticano se enteró de que su hijito de tres años tenía un tumor en el cerebro y debía ser operado en el Gemelli. Este hombre desesperado pidió ver al Papa, con su esposa y su hijo. Monseñor Estanislao le hizo saber que las condiciones del Papa no se lo permitían. El secretario de Juan Pablo II sin embargo, les pidió información a los médicos y se enteró de que el niño estaba desahuciado. La tarde del 13 de marzo las cámaras del Centro Televisivo Vaticano nos mostraron a Juan Pablo II que se despedía de los médicos que le habían atendido. Lo que no nos enseñaron fue el encuentro entre Juan Pablo II, el padre, la madre y el niño enfermo. El Papa que moriría dos semanas después, a pesar de estar él también sumergido en el dolor físico y espiritual, no se negó a dar un poco de esperanza a esa familia destrozada.

Una semana después, el Domingo de Ramos, fue el inicio del fin. El Papa delegó la celebración de la misa al cardenal Camilo Ruini, su vicario para la ciudad de Roma. Durante toda la celebración la ventana del apartamento papal permaneció abierta para subrayar que el Papa estaba presente a pesar de su obligada ausencia física. El cardenal

Ruini centró su homilía en la "energía proveniente de la cruz" que —dijo—, "hoy trasluce con especial claridad el rostro fatigado del Santo Padre." También estuvo dedicada al Papa la primera plegaria de los fieles que pidieron que "su testimonio de fe a Cristo sea para todos los jóvenes del mundo un ejemplo y un modelo del amor supremo". En la soleada Plaza de San Pedro, había muchísimos jóvenes, ya que por voluntad del Papa el Domingo de Ramos se celebra la Jornada de la Juventud a nivel diocesano. Juan Pablo II apareció en la ventana sólo después de que monseñor Sandri leyera el texto del ángelus en el que el Papa invitaba a los jóvenes a participar en Colonia en la Jornada Mundial de la Juventud. Al igual que lo hiciera en Toronto, en agosto de 2002 cuando al convocar a la jornada, Juan Pablo II no les dijo "los espero en Colonia", ese día nos pareció lógico que el Papa supiera que no llegaría a ese encuentro; pero tres años antes, en Canadá, su frase "Cristo los espera en Colonia", nos dio muy mala espina. La aparición del Papa en la ventana bendiciendo a la multitud con una rama de olivo, con el rostro demacrado, marcado por el dolor, hizo que la plaza quedara sumergida en la conmoción. Las lágrimas brotaron en muchos ojos cuando le acercaron el micrófono al Papa, que intentó pronunciar la bendición, pero no pudo. Angustia y sufrimiento causó ver cómo llevó una mano a la frente y a los ojos y con la otra golpeaba el atril para comunicarnos su frustración e impotencia.

El gran comunicador se veía derrotado, pero sus gestos de dolor quizás resultaron más elocuentes que muchas palabras. El Papa estuvo en la ventana menos de un minuto, el tiempo suficiente para que el desaliento sobrevolara la Plaza de San Pedro.

Ese día muchos empezamos a pensar que algo en la convalecencia de Juan Pablo II estaba fallando, que difícilmente el Papa nos volvería a dar la sorpresa de su recuperación. En esta ocasión resultó evidente que su cuerpo lo estaba traicionando y ya no respondía a las órdenes de su voluntad y tenacidad. Ese día nos preparamos para la más triste de las semanas santas que habíamos vivido en los últimos 26 años.

Tal como se había decidido, Juan Pablo II no ofició alguno de los ritos, que fueron todos delegados a sus diferentes colaboradores. El único que el Papa había querido dejar para sí era el vía crucis, al que no quería renunciar por ningún motivo. Por primera vez en su pontificado, sin embargo tuvo que renunciar al camino doloroso en el Coliseo. En los últimos años se había visto obligado a permanecer sentado en la última estación y a cargar la cruz sólo al final. Para este Viernes Santo se había pensado sentarlo bajo una especie de tienda con calefacción en el Coliseo, para evitar enfriamientos o trasladar incluso el Vía Crucis a la Plaza de San Pedro, pero sus condiciones hicieron que ningún plan resultara conveniente.

Los miles de fieles que se reunieron en el Coliseo vieron aparecer al final de cada estación a Juan Pablo II sentado de espaldas en su capilla, con la mirada puesta en una pantallita colocada debajo del altar, donde aparecían en vivo las imágenes del Vía Crucis transmitidas al mundo. En la última estación el Papa apareció con un crucifijo en la mano derecha. Nunca se vio el rostro del Papa al grado que se especuló que ni siquiera fuera él la persona ahí sentada. Juan Pablo II no pudo impartir la bendición. El impacto de estas imágenes fue enorme, sobre todo la de la cabeza del Papa pegada al rostro de Cristo en la cruz, que hacía más visible que Juan Pablo II y Cristo estaban compartiendo el mismo calvario.

El Domingo de Pascua la conmoción volvió a apoderarse

del mundo entero, al asistir a la segunda bendición muda de Juan Pablo II que, de acuerdo con su secretario y su médico, había logrado hablar antes de asomarse a la ventana. La emoción y la conmoción tan palpables en la Plaza de San Pedro, le quitaron el habla. El Papa permaneció 13 minutos en la ventana de su apartamento teniendo en la mano las hojas del mensaje que el cardenal Angelo Sodano leía en su lugar. Verle desaparecer de la ventana después de impartir su última bendición Urbi et Orbi a Roma y al mundo, mientras sus colaboradores retiraban su silla, fue una de las imágenes más tristes y desoladoras del pontificado.

Lo volvimos a ver por última vez el miércoles 30 de marzo, cuando se asomó durante unos segundos para no defraudar a los fieles que se habían reunido bajo su ventana por ser miércoles, día de la audiencia general. Lo último que vimos fue su mano saludándonos y bendiciéndonos. Ese día Juan Pablo II empezó a ser alimentado a través de una sonda.

El jueves iniciaron los tres días más dramáticos de su vida. Por la mañana, mientras se encontraba en su capilla, tuvo un escalofrío impresionante. Tenía 39.6 de fiebre, debido a un *shock* séptico con un colapso cardiocirculatorio provocado por una infección de las vías urinarias. Le preguntaron al Papa si quería regresar al hospital. Contestó que quería quedarse en casa. Su secretario me comentó que Juan Pablo II quería morir en casa, como se hacía antes, rodeado por sus seres queridos. Sabía que ya no había nada que hacer.

Por la tarde, tras asistir a una misa, recibió del cardenal Marian Jaworski, la Unción de los Enfermos. Inmediatamente después sus secretarios, las religiosas y los médicos se despidieron de Juan Pablo II.

El viernes 1 de abril por la mañana, el Papa siguió con un

gran recogimiento las 14 estaciones del Vía Crucis y se persignó a cada estación. Todos los parámetros hematológicos y metabólicos estaban comprometidos, en el marco de una grave insuficiencia cardiocirculatoria, respiratoria y renal.

El 2 de abril las condiciones de Juan Pablo II empeoraron aún más, la fiebre volvió a ser muy alta. Hacia las 15:30, con voz muy débil, le pidió a la hermana Tobiana que lo dejaran volver a la casa del Padre. El Papa entró en coma hacia las siete de la noche. A las ocho se celebró la misa de la Divina Misericordia. Los cantos polacos en la habitación se mezclaban con las oraciones en la Plaza de San Pedro. A las 21:37 Juan Pablo II murió. Se prendió la luz en la habitación y el mundo supo que había acabado el calvario del Papa.

Esa noche, al igual que la anterior, se había organizado el rezo del rosario en la Plaza de San Pedro. Hacia las 9 de la noche el cardenal Edmund Casimir Szoka, presidente de la Comisión Pontificia para el Estado de la ciudad del Vaticano, al presidir el rosario con voz entrecortada por la emoción, exhortó a los fieles a vivir el rezo del rosario como un don filial, mientras el Papa emprendía su último viaje.

El anuncio de su muerte fue dado por monseñor Leonardo Sandri. Minutos más tarde el cardenal Angelo Sodano, secretario de Estado de la Santa Sede, bajó a la Plaza de San Pedro donde decenas de miles de personas escuchaban en silencio las campanas que tañían "ha muerto". "Todos nosotros nos sentimos huérfanos" dijo, interpretando perfectamente el sentimiento de la multitud.

Esa noche los restos mortales de Juan Pablo II fueron llevados a su capilla privada, donde cada día, a lo largo de 26 años, había celebrado la misa a las 7 de la mañana. Por primera vez, las cámaras del Centro Televisivo Vaticano nos mostraron al Papa ahí, revestido con los ornamentos sagrados de color rojo, con el palio, la mitra blanca, el pastoral y el rosario en la mano. Vimos cómo las religiosas que le habían cuidado y sus secretarios no lograban despedirse de él. Pudimos sentir su dolor y asistir a momentos de gran intimidad, por ejemplo cuando su secretario le besó la mejilla y la madre Tobiana le agarraba la mano.

Muchos jóvenes pasaron la noche en la plaza. Al amanecer empezaron a llegar nuevamente miles de personas para asistir a la misa en sufragio del Papa presidida por el cardenal Angelo Sodano, que lo recordó como el hombre que durante 26 años "había llevado a todas las plazas del mundo el evangelio de la esperanza cristiana, enseñándonos a todos que nuestra muerte es sólo un paso hacia la patria del Cielo".

Mientras tanto el cuerpo del Papa había sido llevado a la Sala Clementina para recibir el homenaje de la curia y de las personalidades italianas y extranjeras.

El lunes a la cinco de la tarde, también seguido paso a paso por las cámaras del Centro Televisivo Vaticano, fue trasladado en procesión por los "sediarios": bajaron por la escalera Noble, atravesaron la primera Logia, la Sala Ducal, la Sala Regia y a través de la Puerta de Bronce salieron a la Plaza de San Pedro, donde decenas de miles de personas esperaban verlo por última vez. Los portadores, antes de introducirlo en la Basílica, lo expusieron a la vista de los fieles durante unos minutos para que pudieran despedirse de él. A las ocho de la noche se abrieron las puertas de la Basílica para que la gente pasara a verlo y se cerraron el jueves a las 10 de la noche, para preparar la ceremonia del funeral. En esos tres días la Basílica sólo cerró unas horas en la madrugada para que los *sanpietrini*, los trabajadores de la Basílica, pudieran limpiarla. Frente al cuerpo de Juan Pablo II pasaron en lenta procesión millones de personas que formaron una verdadera marea humana desde el Castel Sant' Angelo, al lado del río Tíber hasta la Basílica. En esas colas que alcanzaron 5 kilómetros, la gente esperó sin perder ni un momento la paciencia, a pesar del frío y el cansancio, de 10 a 15 horas. En las colas había familias con niños pequeños en carreola, ancianos, jóvenes. Todos sentían el deber de despedirse de Juan Pablo II, que los había acompañado en los momentos buenos y malos de sus vidas con una entrega absoluta.

FUNERALES

El hombre que vivió en forma extraordinaria, también fue despedido de manera extraordinaria. Lo que se vivió en el Vaticano y a través de la televisión en el mundo entero la mañana del 8 de abril no tenía precedentes y difícilmente se vivirá de nuevo. Hasta la fuerza de la naturaleza, con un viento que hizo ondear como nunca las capas rojas de los cardenales y dio vueltas a las páginas del evangelio que había sido colocado encima del ataúd, hasta cerrarlo de golpe, intervino para crear un escenario único, irrepetible y seguramente inolvidable.

Transmitir en vivo los funerales de Juan Pablo II fue para mí el momento más duro y difícil de mis más de 26 años con él.

La aparición en el atrio de la Basílica de San Pedro del ataúd de ciprés que encerraba el cuerpo del Papa, fue uno de los momentos más dolorosos de mi vida. El ataúd, cargado

por 12 portadores, fue colocado frente a unas 300 mil personas que seguían la ceremonia, aún incrédulas. Su vista me resultó tan impresionante que me vi obligada a transmitir casi
toda la misa fúnebre, con la mirada puesta en monseñor Alfonso Monroy, que transmitía conmigo y con Leonardo Kourchenko, en lugar de mirar en la pantalla del monitor. Me
resultó desgarrador ver el rostro desencajado de monseñor Estanislao Dsiwisz, que por primera vez estaba solo. Impactaba
su profunda soledad, mientras caminaba encorvado y desolado detrás del ataúd o estaba sentado con los ojos llenos de lágrimas y con una tristeza difícil de describir; esta imagen me
acompañará por mucho tiempo. Más desgarrador aún fue ver
a los 12 ujieres que al llevarse el féretro al final de la misa, antes de ingresar a la Basílica de San Pedro, lo voltearon por última vez hacia la plaza, para que se despidiera definitivamente
de la que durante casi 27 años había sido su casa. Tuve que
hacer el mayor esfuerzo de toda mi vida profesional para seguir transmitiendo. En ese momento, más que en ningún otro
entendí lo que había pasado y sentí que me había quedado,
junto con millones de personas, huérfana.

La misa fúnebre inició con el canto gregoriano "Concédele descanso eterno, Señor". Ciento sesenta cardenales
aparecieron en procesión, con sus rostros tristes, sus mitras
blancas y sus paramentos rojo púrpura.

El que era todavía el cardenal Joseph Ratzinger, el cardenal de las negativas, el duro y frío guardián de la ortodoxia,
sorprendió y conmovió al mundo con su propia conmoción y
con la emotividad de sus palabras. Interrumpido en más de 10
ocasiones por los aplausos, destacó que "Juan Pablo II nunca
quiso salvar la propia vida" y que en cambio quiso "entregarse sin reservas hasta el último momento". Haciendo un esfuerzo visible para no llorar, quien había sido uno de los más
cercanos colaboradores de Juan Pablo II en los últimos 24

años, recordó las últimas apariciones públicas del Papa, marcadas por su sufrimiento y un silencio "elocuente y fecundo". La plaza se transformó en un mar de lágrimas cuando dijo: "Podemos estar seguros de que nuestro amado Papa está ahora en la ventana del Padre, nos ve y nos bendice". Todas las miradas se levantaron hacia la ventana en la que vimos por última vez al Papa con vida, apenas tres días antes de su muerte. Frente a presidentes y fieles, reyes y cardenales, jefes de gobierno y religiosas, poderosos y humildes, el cardenal Ratzinger afirmó: "Hoy enterramos sus restos en la tierra como germen de inmortalidad: nuestros corazones están acongojados aunque al mismo tiempo llenos de gozosa esperanza y profunda gratitud" por un Papa que fue "sacerdote hasta el fin" y ofreció su vida por Dios y la grey, especialmente "en medio del sufrimiento de sus últimos meses".

Fue al final de la misa cuando de la plaza se levantaron gritos en italiano pidiendo "Santo subito", (Santo ya). Los coros acompañaron al Papa muerto en un ambiente de santidad, en su último recorrido por la Basílica de San Pedro, antes de ser llevado a las grutas vaticanas para ser sepultado. Fue éste el único momento en el que los ojos del mundo no estuvieron acompañándolo. Afuera, en la plaza, se vivía la última parte del primer milagro realizado por Juan Pablo II, es decir, haber reunido a líderes de todas las religiones y a los poderosos del mundo entero, con excepción de los de China y Rusia, amigos y enemigos que quisieron rendir homenaje al líder que por lo menos en una ocasión había visitado sus países, pero sobre todo al líder que había sido un sinnúmero de veces la voz de sus pueblos. En esos momentos se despedían en el atrio de la Basílica 10 soberanos, 3 príncipes herederos, 59 jefes de estado, 17 jefes de gobierno, ministros, embajadores. En diversas partes de Roma, cerca de un millón y medio de fieles dejaban de ver las pantallas gigantes que les habían permitido compartir la despedida a Juan Pablo II. Dentro de la Basílica, el Papa realizaba el viaje más corto de su pontificado. En las grutas vaticanas, el féretro fue precintado con cintas rojas; la caja de ciprés fue encajada en otra de madera de olmo barnizada. Sobre esta última se colocó un crucifijo y el escudo de Juan Pablo, que fue enterrado bajo tierra, tal y como lo había pedido en su testamento. Estaban presentes sólo sus "familiares", es decir sus secretarios y las monjas que le cuidaron, el camarlengo, el maestro de ceremonias y el prefecto de la Casa Pontificia. El Papa fue enterrado en el lugar que ocupó la tumba de Juan XXIII antes de que el Papa lo beatificara en el año 2000 y decidiera que el féretro fuera trasladado a la Basílica de San Pedro para que un número mayor de fieles pudiera rendirle homenaje. Lo impresionante es que el lugar de su sepultura se encuentra a un lado de la capilla de la Virgen de Guadalupe, que Juan Pablo II hizo construir en 1992, en el lugar más privilegiado, es decir al lado de la tumba de San Pedro, para que hubiera una "prolongación del Tepeyac" en el Vaticano. La Providencia quiso que su primer viaje fuera al santuario de la Virgen de Guadalupe y que el último fuera para descansar al lado de su capilla, en las grutas donde Juan Pablo II solía rezar al volver de cada uno de sus viajes internacionales, para darle gracias a Dios por haber podido cumplir su misión.

Dentro del humilde ataúd de ciprés, Juan Pablo II cuyo rostro fue cubierto por un velo de seda blanco, está acompañado por el denominado "rogito", es decir un pergamino en el que está escrita su vida y sus obras más importantes.

De su larga biografía como Papa, se quiso evidenciar su "incansable espíritu misionero," que hizo que dedicara "toda su energía al ministerio de Pedro impulsado por todas las iglesias y por la caridad abierta a la humanidad entera". También se evidenció su amor por los jóvenes y su diálogo tanto con los judíos como con los representan-

tes de las demás religiones. Se recordó también su contribución a la caída de algunos regímenes que ocasionaron
muchos cambios en el mundo, así como su sabiduría y valentía al promover la doctrina católica. Las últimas palabras del "rogito" están dedicadas al "testimonio
admirable de piedad, de santidad de vida y de paternidad
universal" que Juan Pablo II legó a todos los hombres.

La visita a la tumba de Juan Pablo II inició tres días
después de su entierro. A partir de ese día hasta la fecha,
miles de personas se forman en la Plaza de San Pedro para tener acceso a las grutas vaticanas y echar tan sólo una
mirada a la lápida de mármol blanco. "Ioannes Paulus PP
II 16/X/1978—2/IV/2005" son las únicas letras y nú-
meros grabados en la losa de mármol, proveniente de la
famosa montaña de mármol de Carrara. No se puede uno
parar frente a la tumba para no detener la fila, pero los
pocos segundos a disposición son suficientes para sentir
una vez más la cercanía de Juan Pablo II. Los que quieren
rezar un momento pueden detenerse detrás de una valla
que ha sido colocada frente a la tumba.

Al amanecer, en las grutas vacías, monseñor Estanislao
Dsiwisz ha celebrado varias misas en memoria del Papa.
Las más conmovedoras fueron la que ofició el día en el que
Juan Pablo II habría cumplido 85 años, un mes y 16 días
después de su muerte, la que celebró en coincidencia con la
apertura de la causa de beatificación del Papa, las celebra-
das el día en el que se volvió arzobispo de Cracovia y la del
día en el que el Papa Benedicto XVI lo hizo cardenal.

PRIMER ANIVERSARIO DE SU MUERTE

La misma plaza, un año después.

La nostalgia se apoderó de la Plaza de San Pedro durante los días en los que se quiso celebrar el primer aniversario de la muerte de Juan Pablo II.

Escribo "se quiso", porque la celebración pública del primer aniversario del fallecimiento de un Papa no era parte de la tradición. En este caso, sin embargo, en Roma, en Polonia y en muchas otras partes del mundo, la gente sintió la necesidad de reunirse como lo hicieron un año antes, no sólo para rezar, sino sobre todo para recordar y volver a sentir las emociones que Juan Pablo II supo despertar en creyentes y no creyentes.

Cerca de 80 mil personas fueron llenando poco a poco la Plaza de San Pedro la noche del 2 de abril para rezar un rosario junto con el Papa Benedicto XVI, en memoria de Juan Pablo II. El Papa permaneció inmóvil en la ventana, casi invisible, como para no quitarle el protagonismo a Juan Pablo II, que indudablemente se había adueñado una vez más de la que durante más de 26 años había sido su plaza. Hasta las 21:37, hora del fallecimiento de su predecesor. En ese momento, después de que tocaran las campanas de la Basílica y las de la catedral del Wawel en Cracovia, como un año antes, tomó la palabra para afirmar que Juan Pablo II seguía presente y vivo, en la mente y en el corazón de millones de personas en el mundo entero, porque seguía comunicándonos su amor por Dios y por el hombre; continuaba diciéndonos que no tuviéramos miedo de abrir las puertas a Cristo. En medio de la conmoción, el Papa Benedicto XVI recordó la fidelidad y la dedicación sin reservas de Juan Pablo II, que se hizo dramáticamente visible en los últimos días de su vida cuando demostró que lo importante no es la eficiencia o la apariencia sino el valor del ser humano como hijo de Dios. Se dijo convencido de que la enfermedad de su predecesor enfrentada con valentía nos ha puesto a todos más atentos al dolor humano, a todo padecimiento físico y espiritual. "Mencionó que su muerte fue el cumplimiento de un coherente testimonio de fe que tocó el corazón de muchos hombres".

Benedicto XVI recordó que a lo largo de los últimos años Juan Pablo II fue despojado gradualmente de todo: "cuando ya no podía viajar, ni caminar, ni hablar, su gesto y su anuncio se redujeron a lo esencial: el don de sí mismo hasta el final". Al Papa Benedicto XVI, en un enlace desde Cracovia donde Juan Pablo II fue recordado con misas y Vía Crucis, le contestó monseñor Estanislao Dsiwisz, que desde la ciudad del Papa, le agradecía a él y al mundo haber seguido acompañando durante ese año a Juan Pablo II que "desde el Cielo nos sonríe y nos confía a Dios".

En Roma y Cracovia se derramaron menos lágrimas de las que se habían derramado un año antes; hubo más serenidad, pero una tristeza más arraigada, menos fruto de la emotividad. El primer aniversario de la muerte de Juan Pablo II se vivió con un sentimiento de luto inferior, pero con una nostalgia superior.

Durante los 67 minutos que duró la vigilia de oración, la gente sintió que de alguna manera Juan Pablo II seguía acompañándolos, así como lo había hecho durante 26 años.

El Papa Benedicto XVI se unió a los sentimientos de los convocados en de la plaza. También invitó a los fieles a recoger nuevamente la herencia espiritual que el Papa dejó.

La impresión que muchos tuvimos esa noche es que había dos Papas y que de alguna manera Benedicto XVI estaba consciente de ello. De hecho, al día siguiente al celebrar la misa en recuerdo de su predecesor, de quien destacó las numerosas dotes humanas y espirituales, entre ellas las que templaron su fe, pidió a los fieles que después de volver con emoción al momento de la muerte del Papa dejaran que su corazón siguiera adelante.

En los días del aniversario se intensificó aún más la afluencia a las grutas vaticanas para ver su tumba.

Monseñor Angelo Comastri, responsable de la basílica de San Pedro, me comentó que la tumba de Juan Pablo en el último año se volvió un pequeño santuario en el corazón de la basílica, visitado todos los días por 18 a 20 mil personas. Antes de su muerte bajaban a las grutas vaticanas para ver las tumbas de los Papas unas 100 personas al día. Según monseñor Comastri, la vida ejemplar de Juan Pablo II sigue fascinando y atrayendo a los peregrinos que sienten la necesidad de acercarse a él. Además, muchos están convencidos de que ya es santo y visitan la tumba para pedir su intercesión. Al año siguiente de su muerte, fieles de todo el mundo y de todas las edades dejaron 15 mil papelitos que fueron entregados al postulador de su causa de beatificación. A Juan Pablo II se le piden curaciones, pero también conversiones. Muchos padres piden la conversión de sus hijos al Papa que tan bien se llevó con la juventud.

"Vivimos en una época, me dijo Monseñor Comastri, en que nos olvidamos con gran facilidad y rapidez de los diversos "ídolos". En el caso de Juan Pablo II está sucediendo lo contrario. Cuanto más pasa el tiempo, más crece el cariño, la admiración y el agradecimiento por este Papa cuyo testimonio lleno de valor, cuya fuerza en la debilidad, caló hondo en todos nosotros".

La celebración del primer aniversario de la muerte de Juan Pablo II y el "descubrimiento" de que el corazón de los fieles católicos se había dilatado y albergaba amor por dos Papas, ocupó la mente de teólogos, prelados y predicadores que intentaron afirmar que los católicos deben amar al papado más que al Papa, es decir que deben amar a la institución independientemente de quién sea el Papa.

El debate fue provocado por el escritor católico italiano Vittorio Messori, que con Juan Pablo II escribió *Cruzando el umbral de la esperanza.*

Al hacer un análisis del primer año de pontificado de Benedicto XVI, dio a entender que con Juan Pablo II se dio, a pesar suyo, un culto a la personalidad. De aquí que el Papa Benedicto XVI intente ser lo menos evidente posible, para evitar que la Iglesia sea solamente el hombre que la guíe. Según Messori, los católicos deben creer e interesarse por el papado y no por el Papa. Lo que cuenta no es el nombre, el carácter, la historia personal de quien es llamado a ser el sucesor de Pedro. El Papa no debe ser visto como uno de los líderes de nuestro tiempo, incluso peor, como una estrella del mundo del espectáculo. Debido a la extraordinaria personalidad de Juan Pablo II, a sus dotes únicas, a lo atractivo de su biografía, a Su Santidad palpable, en su caso hubo una sobreexposición mediática. De aquí que el Papa Benedicto XVI decidiera mantener un perfil bajo, marcado por la discreción y la sobriedad, para no ser víctima del sistema de los medios.

El debate sobre el papel del Papa en nuestra época seguirá abierto durante mucho tiempo.

Los millones de personas que llegaron a Roma en abril de 2005, las decenas de miles de personas que se reunieron en la Plaza de San Pedro para recordar a Juan Pablo II un año más tarde y que todos los días se forman para bajar a su tumba, tienen probablemente ya una idea clara de la diferencia que para ellos hay entre Papa y Papado.

TESTAMENTO

La última palabra es un "gracias a todos los que encontró, a quienes estuvieron cerca de él, a los que le fueron confiados". "Que Dios os dé la recompensa" escribió el Papa al final de unas 15 hojas de apuntes escritos a mano, en diferentes momentos de su pontificado, que fueron presentados al mundo como su testamento.

Juan Pablo II escribió las últimas palabras de este legado espiritual en el año 2000. Es sorprendente que después de esa fecha, que coincide con el empeoramiento de su salud, el Papa ya no haya sentido la necesidad de escribir reflexión alguna. A lo mejor a partir de ese momento ya no fue capaz de escribir de su puño y letra. Escrito en polaco, en un lenguaje muy íntimo y sencillo, el Papa empezó su testamento en marzo del 79, cinco meses después de su elección. Llama la atención que sus primeras líneas, escritas a los 58 años, en el pleno de su vigor físico, Juan Pablo II piense en la muerte, en la última llamada, que se dará "en el momento que Dios quiera". "Deseo seguirlo y que todo lo que hace parte de mi vida terrena me prepare para este momento". A partir de ese día el Papa puso el momento de su muerte en manos de la Virgen María. También puso en sus manos "la Iglesia, su patria y toda la humanidad". Al año siguiente, en 1980, Juan Pablo II volvió a escribir sobre la muerte: "Todos deben estar conscientes de la perspectiva de la muerte y estar listos para presentarse ante el Señor. El Señor decidirá cuándo y cómo deberé acabar mi vida terrena y mi ministerio pastoral. Espero además que mi muerte sea útil para la importante causa que pretendo servir, es decir la salvación de los hombres, la salvaguardia de la familia humana y en ella, todas las naciones y los pueblos, y de manera especial, mi patria."

Dos años más tarde, en 1982, el Papa habló por primera vez del atentado del 13 de mayo del 81 que estuvo a punto de costarle la vida. "Siento más que nunca que estoy totalmente en manos de Dios y sigo a su completa disposición".

En el año 2000, en pleno Jubileo, Juan Pablo II escribió que el día del atentado en la Plaza de San Pedro, la Divina Providencia lo salvó en forma milagrosa. "El Señor único de la vida y de la muerte de alguna manera me dio nuevamente la vida." El Papa, quien había cumplido 80 años y llevaba ya la cruz a cuestas manifestó la esperanza de que Dios le ayudara a reconocer hasta cuándo debería continuar con su ministerio. "Le pido que me llame cuando quiera."

Tras la publicación de su testamento se especuló que, cansado por el ritmo durísimo que se impuso durante el Año Santo, Juan Pablo II había pensado en renunciar. Esta interpretación se debió sobre todo a la frase: "Al llegar a los 80 años, hay que preguntarse si no ha llegado el momento de repetir junto con el bíblico Simón *"nunc dimittis"*.

Juan Pablo II escribió sin embargo: "Espero que hasta que deba seguir con mi ministerio, la Misericordia de Dios me dé las fuerzas necesarias para este servicio."

Los que más cerca de él estuvieron contaron que en 1996 el Papa le pidió al cardenal Vincenzo Fagiolo, experto en derecho canónico, que estudiara si había un fundamento jurídico y doctrinal en relación con la renuncia del Papa.

En una relación que se mantuvo secreta y que fue entregada
a Juan Pablo II poco antes del año 2000, el cardenal comentó que más que de la "legalidad" de la renuncia, había que
tomar en cuenta su "oportunidad" porque la presencia de dos
Papas, uno "emérito" y otro "oficial" podría provocar un cis-
ma, a menos que el Papa dimisionario fuera incapaz del punto de vista mental. Según el cardenal también este caso
habría podido causar confusión entre los fieles. Seguramente
Juan Pablo II puso el documento en un cajón y ya no pensó
en el tema. De hecho en todos sus discursos públicos, incluso
en los peores momentos de su enfermedad, Juan Pablo II aseguró que continuaría con su misión "hasta que Dios quiera"
y pidió que los fieles le apoyaran y le dieran fuerza con sus
oraciones.

En los últimos años de su vida varios cardenales hablaron
de la posible renuncia. En todas las ocasiones estas declaracio-
nes provocaron los desmentidos oficiales del Vaticano y luego
las "disculpas" de los cardenales. Le tocó esta suerte al cardenal Angelo Sodano, secretario de Estado de la Santa Sede, que
en una entrevista me dijo: "Hay que dejar este tema a su conciencia. Si hay un hombre que sabe lo que debe de hacer, ese
hombre es el Papa." El mismo cardenal Joseph Ratzinger llegó a comentar: "Si se diera cuenta de que realmente ya no
puede, seguramente renunciaría." Las palabras del cardenal
provocaron tales reacciones que el prelado tuvo que disculparse llorando con monseñor Estanislao Dsiwisz. El Papa calló a
todos al decirle a un cardenal: "Cristo no se bajó de la cruz, yo
tampoco me bajaré."

Del testamento de Juan Pablo II, me llamaron mucho la
atención dos puntos: uno, que pidiera perdón a todos y otro,
que recordara con conmoción, además de a sus familiares
muertos cuando era joven —y con especial nostalgia a su her-

mana que había fallecido antes de que él naciera—, a quien fue su secretario durante 40 años y sorpresivamente al rabino jefe de Roma Elio Toaff, que le había recibido en su visita histórica a la sinagoga de Roma en abril de 1996. A su secretario, le dio las gracias por "su colaboración y su ayuda tan prolongada y tan comprensiva". A él le dejó todos sus apuntes personales para que los quemara. Monseñor Dsiwisz decidió no hacerlo. Él mismo explicó que representaban algo muy valioso para el mundo y para la Iglesia y que además habrían podido ser útiles para la causa de beatificación.

El que recordara también al rabino de Roma, conmovió a la comunidad judía y obviamente al rabino Toaff, quien afirmó que no se hubiera imaginado nunca un gesto tan importante, significativo y profundo no sólo para él sino para todos los judíos.

El rabino, que ha superado los 80 años, nos comentó que el gesto del Papa de recordarlo en su testamento es una prueba más de su amor por el pueblo judío. Recordó también al hombre fuera de lo común que iba siempre más allá de las fronteras políticas, religiosas o sociales, al hombre cuya mirada, cuyas palabras y cuyos gestos no dejaban nunca indiferente; compartió con nosotros su recuerdo más bello, cuando fue hacia el Papa en la sinagoga y él lo abrazó frente a todos, provocando un aplauso que lleva siempre en su corazón. Recordó también la inolvidable frase "nuestros hermanos mayores" con la que el Papa se refirió a los judíos ese día y muchos otros más. Recordó también el inolvidable gesto de Juan Pablo II frente al Muro de las Lamentaciones, cuando dejó un papelito en el que volvía a pedir perdón a los judíos por los sufrimientos que les habían ocasionado los católicos a lo largo de los siglos. El rabino, que asistió visiblemente conmovido a los funerales de Juan Pablo II con la delegación oficial de la Unión de las Comunidades Judías, resumió así el camino recorrido por el Papa hacia los judíos: "Gestos extraordinarios de un Papa extraordinario".

El primer encuentro entre Juan Pablo II y el rabino no tuvo lugar en la sinagoga de Roma, sino en el Hospital Gemelli, después del atentado, adonde acudió para desearle una pronta recuperación y también feliz cumpleaños. Cuenta el rabino después del fallecimiento de Juan Pablo II que "cuando monseñor Estanislao le dijo que estaba yo ahí, sorpresivamente el Papa le pidió que me hiciera pasar. En cuanto me vio me echó los brazos al cuello. Ésa fue la primera de las sorpresas que me dio".

El que en su testamento pidiera perdón fue conmovedor, pero no sorpresivo porque Juan Pablo II fue el Papa que más veces pidió perdón por los errores cometidos por los católicos. Pedir perdón fue uno de los actos más significativos del Jubileo del año 2000.

Muchos cardenales no estaban de acuerdo con él, no entendían por qué sólo los católicos tenían que disculparse. El Papa fue inamovible y recorrió el camino que había decidido recorrer para promover la reconciliación con los hermanos separados y con las demás religiones.

Otro punto del testamento que causó conmoción fue el relativo a sus pertenencias. "No dejo tras de mí ninguna propiedad de la que sea necesario tomar disposiciones. Por lo que se refiere a las cosas de uso cotidiano, pido que se distribuyan como se considere oportuno."

En cuanto al funeral, pidió, al igual que Pablo VI, que fuera sepultado en un sepulcro en la tierra y no en un sarcófago. Así fue. Como mencioné al inicio, su cuerpo fue colocado en un sencillo ataúd de ciprés.

X. CAUSA BEATIFICACIÓN DE JUAN PABLO II

*El mundo de hoy necesita un padre,
requiere sentir la ternura de una mano paterna.*

MONSEÑOR SLAWOMIR ODER

E L 8 de abril de 2005, durante los solemnes funerales de Juan Pablo II, en la Plaza de San Pedro se levantó un grito de la multitud ahí reunida: "Santo subito" (Santo ya), pidieron los fieles.

Los días siguientes a los funerales, en las reuniones de los cardenales llegados de todo el mundo en vista del cónclave, salió a colación el tema del ambiente de santidad con el que había muerto Juan Pablo II. El portavoz vaticano Joaquín Navarro Valls le preguntó al cardenal Joseph Ratzinger, que en su calidad de decano presidía las congregaciones, qué tenía que decirle a la prensa. El cardenal Ratzinger le contestó: "¡No se preocupe ahora, ya decidirá el próximo Papa qué hacer sobre este tema!" En efecto así fue.

El 13 de mayo de 2005, a 41 días de la muerte de su predecesor y en el 24 aniversario del atentado que estuvo a punto de costarle la vida en la Plaza de San Pedro, el Papa Benedicto XVI, en su encuentro con el clero de Roma, en la Basílica de San Juan de Letrán, leyó el rescripto de la Congregación para las Causas de los Santos en el que se informaba que a petición del cardenal Camillo Ruini, vicario general del Papa para la Diócesis de Roma, el Papa había dispensado del tiempo de espera de cinco años después de la muerte de Juan Pablo II, de modo que su causa de beatificación y canonización podía empezar enseguida.

Sus palabras pronunciadas en latín fueron seguidas por un fuerte y larguísimo aplauso por parte de los sacerdotes, lo que provocó que el Papa les dijera que habían demostrado conocer bien el latín.

El 18 de mayo fue publicado un edicto en el que se pedía a los fieles del mundo entero que enviaran al Tribunal Diocesano del Vicariato de Roma todas las noticias que pudieran proporcionar elementos favorables o contrarios a la fama de santidad de Juan Pablo II, que según el Vicariato se había manifestado de forma clamorosa tanto en el momento de su muerte como en su vida.

También se pidieron todos los escritos: manuscritos, diarios, cartas o escrituras privadas de Juan Pablo II.

La causa de beatificación fue abierta en forma solemne, en la misma basílica de San Juan de Letrán, el 28 de junio de 2005.

La ceremonia fue marcada por una profunda conmoción. En la basílica, totalmente llena, los fieles volvieron a pedir lo que habían solicitado el día de los funerales, es decir: "¡Santo subito!" ¡Santo ya! Lo hicieron con coros y pancartas. Esa tarde presencié muchas lágrimas en los ojos de la gente —mientras en unas pantallas aparecía la imagen de Juan Pablo II— sobre todo en los ojos del ahora cardenal Estanislao Dsiwiz, su secretario, y de las monjas que le cuidaron hasta el último momento de su vida.

El cardenal Camillo Ruini, vicario del Papa, al hablar de su vida y al recorrer todas las etapas desde la niñez hasta su muerte, afirmó que "es unánime y universal el convencimiento de la santidad de Karol Wojtyla debido, sobre todo, a la manera en la que a lo largo de toda su vida, supo tocar los corazones..." Sus palabras fueron interrumpidas repetidamente por verdaderas ovaciones, en las que en medio de los aplausos se volvieron a escuchar los gritos de "¡Santo subito!"

Durante la ceremonia, el cardenal Ruini, el postulador, el promotor de justicia que antes se llamaba abogado del diablo, los jueces del tribunal y los notarios prestaron juramento en latín. Juraron que no revelaría el contenido de los testimonios y que no se dejarían sobornar para agilizar la causa. Luego el postulador de la causa, monseñor Slawomir Oder presentó los documentos que ya habían sido recopilados sobre la figura de Karol Wojtyla y la lista de las personas que habría que interrogar sobre su vida. Se fijó finalmente la fecha de la primera reunión, que al igual que todas las demás sería a puertas cerradas.

Al salir de la ceremonia el cardenal José Saraiva Martins, prefecto de la Congregación para las Causas de los Santos me comentó que se había tratado de "un día histórico", porque nunca la apertura de una causa de beatificación se había transformado en una aclamación popular de santidad.

La causa de beatificación consta de dos fases, la primera diocesana, la segunda romana o vaticana.

En el caso de Juan Pablo II puesto que murió en Roma, la causa es llevada por la Diócesis de Roma, cuyo punto de referencia es el Vicariato de Roma.

En esta primera fase se creó una comisión histórica encargada de recoger y estudiar toda la documentación relativa a Juan Pablo II, como documentos privados no publicados, por ejemplo discursos improvisados cuando fue obispo, cartas privadas, textos escritos durante su pontificado, así como los libros que publicó en ese periodo y que no pertenecen a su magisterio. Se han recopilado unas 100 mil páginas.

Se solicitó documentación a todos los episcopados y universidades del mundo, porque se tuvieron que analizar también todos los estudios sobre la figura de Juan Pablo II. Por ejemplo, sólo en la Universidad de Lublino se realizaron casi 2,000 tesis sobre varios aspectos de sus enseñanzas. Se pidieron también las repercusiones de los viajes del Papa durante las conferencias episcopales.

Durante esta primera fase se escucha a las personas elegidas por el postulador de la causa, es decir el defensor de la misma, que fueron testigos de la santidad de Juan Pablo II, quienes tienen que responder a una serie de preguntas que serán examinadas en la segunda fase por expertos, teólogos, médicos...

Una vez que se hayan estudiado los documentos y escuchado todos los testimonios, se cierra la fase diocesana y se turna toda la documentación a la Congregación para las Causas de los Santos. Comienza así la fase vaticana en la que el postulador debe redactar la *positio* y la comisión de teólogos y médicos deben analizar el supuesto milagro, realizado después de la muerte, que hará posible la beatificación. La opinión de los teólogos pasa luego a los cardenales que en caso de aceptar sus conclusiones transmiten toda la documentación al Papa, quien tendrá la última palabra.

El cardenal portugués José Saraiva Martins, prefecto de la Congregación para las Causas de los Santos, fue un hombre cercano a Juan Pablo II, quien al beatificar y canonizar a un número récord de personas..., lo hizo trabajar mucho.

"No hay dudas, me dijo el cardenal, que Juan Pablo II fue un modelo de santidad. Fue un evangelio viviente y mostró de manera extraordinaria las virtudes cristianas. Lo que más fuertemente me impactó en todo momento fue su fe, una fe concreta, no abstracta, una fe vivida y al mismo tiempo su humildad, su enorme sencillez que es la primera característica de la santidad. Los contactos que tuve con él me llevaron a creer que fue, sin ninguna duda, una persona santa."

EL POSTULADOR

Monseñor Oder es un sacerdote polaco de 46 años. Aparenta menos años de los que tiene. Es amable y sonriente. Está profundamente "enamorado" de Juan Pablo II y cuando habla de él se conmueve fácilmente.

Hasta mayo de 2005 trabajaba en el Vicariato de Roma como vicario judicial del Tribunal de Apelación para las Causas Matrimoniales. Llegó a Roma en 1985, al Seminario Romano, donde fue incluso educador. Los seminaristas veían al Papa dos veces al año, cuando iban a su capilla privada en el Vaticano, el día de San Carlos para asistir a una misa y cuando recibían la visita del Papa. Monseñor Oder no llegó a ser una de las personas cercanas a Juan Pablo II. Con excepción de estos dos encuentros anuales, sólo mantuvo contactos indirectos debido a su trabajo. Como polaco se sentía orgulloso porque veía en él la encarnación de la historia más bella y más noble de Polonia. Siempre pensó que Juan Pablo II había sido un don para Polonia y para el mundo.

Su vida cambió radicalmente cuando el cardenal Camillo Ruini, vicario del Papa para la Diócesis de Roma, le

anunció que él sería el postulador de la causa de beatificación de Juan Pablo II. Para él fue una sorpresa enorme.
Monseñor Oder es un hombre tímido. Dice que hubiera
querido esconderse. Empezó preguntándose "¿Por qué yo?"
Acabó aceptando el encargo con la convicción de que había
recibido una gracia inmerecida.

Vivo esta misión como un estado de gracia, me dijo al re-
cibirme en su oficina del Vicariato de la Diócesis de Roma, al
lado de la basílica de San Juan de Letrán. Ser el postulador de
esta causa representa para mí un llamado continuo a ser mejor. No se puede permanecer indiferente ante este gigante de
nuestros tiempos, ante esta personalidad fascinante por su manera de vivir, de enfrentar los problemas, los momentos dramáticos y los bellos; por su forma de percibir a la Iglesia, de
entender la historia, mirándola con los ojos de la fe y el poder
de la oración, de participar incluso en la historia, de abrirle los
brazos al mundo. Ocuparme de esta causa es como escribir el
icono de un santo. El monje oriental que debe hacerlo empieza purificándose. El carácter extraordinario de su personalidad emerge de la lectura de los documentos y de las cartas que
nos llegan de todo el mundo e influye en mí, en mi perspectiva del mundo y en mi experiencia dentro de la Iglesia. Influye
en mi sacerdocio, porque quisiera seguir ese modelo. El Papa
es el jefe de la Iglesia católica pero él trajo además al papado
toda su humanidad, siguió siendo un sacerdote cercano a la
gente en todo momento. Él siguió siendo don Karol, un sacerdote que amaba a la gente, que participaba en sus problemas.
Para mí es un modelo extraordinario.

"Lo que siempre me encantó es que a pesar de ser profundamente polaco y patriota tenía una mirada y un corazón universales."

Lo que más le ayuda en su trabajo —según él—, es el recuerdo de la enorme carga humana del Papa, de su interés sincero por los demás, de su mirada llena de benevolencia con la que entendía la debilidad de los hombres, pero al mismo tiempo les indicaba objetivos importantes, porque además de benevolencia sentía confianza en el ser humano. "Día tras día, me dijo, me acompaña el estupor porque Juan Pablo II después de su muerte nos sigue sorprendiendo y al mismo tiempo continúa alentándonos a mirar hacia arriba."

Desde mayo de 2005 monseñor Oder se ha vuelto un personaje importante para los medios, debido a la enorme atención con la que en el mundo entero sigue esta causa.

A él le tocó hacer la lista de los 130 testigos, 30 en Polonia y 100 en Italia y otros países del mundo que han sido llamados para hablar de su percepción de la santidad de Juan Pablo II, desde su niñez hasta su muerte.

No fue fácil elegirlos porque se trata de dar un testimonio sobre una persona que ha tenido un impacto enorme sobre la historia del mundo y de la Iglesia durante su pontificado e incluso antes, durante su ministerio de obispo en Polonia. Hubo varios criterios para elegir a los testigos: el cronológico, es decir, recorrer todas las etapas de su vida y encontrar a las personas que pudieran ayudar a reconstruir sus virtudes. Luego un criterio más funcional, es decir, escuchar a aquéllos que pudieran dar un testimonio sobre los diversos aspectos de su ministerio petrino, por lo que se refiere a su rol como responsable de la grey de Cristo, pero también como jefe de Estado y por lo tanto sus relaciones con el mundo político. Otro criterio fue el geográfico, es decir, llamar a personas de varias partes del mundo. El postulador eligió los testigos pero no los escuchó. Le tocó hacerlo al juez Bella.

El 4 de noviembre de 2005 en Cracovia se abrió el proceso rogatorial del Tribunal Diocesano de Cracovia para escuchar a unos 30 testigos polacos que conocieron a Karol
Wojtyla en las diversas fases de su vida en Polonia o después
de su elección como Papa. Sus trabajos finalizaron en ocasión
del primer aniversario de la muerte de Juan Pablo II. El proceso rogatorial fue cerrado solemnemente en la catedral del
Wawel. Ahí se sellaron todos los documentos que en dos co-
pias fueron enviados a Roma. El cardenal Estanislao Dsiwisz,
quien fue secretario de Juan Pablo II, en su homilía afirmó que
con esa misa de clausura se quería dar gracias a Dios por la
obra realizada por Juan Pablo II que "nos dejó un ejemplo de
amor sin reservas a Cristo, incluso el derramamiento de sangre", a través del atentado del 13 de mayo del 81, que estuvo
a punto de costarle la vida.

Visité a monseñor Tadeusz Pieronek, presidente del Tribunal Diocesano de Cracovia en ocasión del cierre de sus
trabajos. Después de escuchar a los 30 testigos, me comentó
que "el denominador común de los testimonios fue que Juan
Pablo II fue un hombre extraordinario en su cotidianidad".
Monseñor Pieronek afirmó que su grandeza fue la de realizar el milagro de tocar los corazones y las conciencias. Me
contó que ya de niño era extraordinario. Tenía algo diferente que hacía que se distinguiera de sus compañeros. Quienes
lo conocieron en esa época comentaron que era "un chico
normal, pero diferente, porque rezaba mucho y sabía mirar
las experiencias que había vivido con una profundidad muy
superior a la de sus compañeros.

Monseñor Pieronek, que mantuvo contacto con él desde
el periodo en la universidad, se percató de Su Santidad ya
cuando era obispo, por la manera en que rezaba, en que tra-

bajaba, en la que se relacionaba con los demás. Me explicó que el mundo tenía un nuevo padre, un nuevo Papa, pero que a un año de la muerte de Juan Pablo II se extrañaba la persona. "Nos hace falta psicológicamente por todos los valores que encerraba su persona, y esto quedó reflejado en los diversos testimonios."

Entre los 30 testigos que fueron llamados por monseñor Pieronek estuvieron los responsables de la vida política polaca, entre ellos tres ex jefes de Estado, el general Jaruzelski, el líder sindical Lech Walesa y el presidente postcomunista Alexander Kwasnieski. Este último con fama de agnóstico, afirmó que se sintió conmovido, sorprendido y honrado. El ex presidente comentó que pudo hablar de la grandeza del Papa porque él la vio a través de la historia de Polonia.

La estrecha relación entre la santidad de Juan Pablo II y la historia reciente de Polonia fue seguramente el dato más llamativo que emergió de estos testimonios.

Durante el encuentro que mantuve en febrero de 2006 en Varsovia con el general Jaruzelski, éste admitió haber presenciado la que sí fue, según él, la santidad de Juan Pablo II.

Me comentó que durante su segundo encuentro en el Wawel, en 1983, durante el estado de sitio, sintió el influjo de la personalidad del Papa sobre su persona. La manera de Juan Pablo II de hablar con él, su capacidad para comprenderlo y mirar a los ojos a quien seguramente consideraba un gran pecador, surtió efecto: tocó una cuerda íntima que provocó que quisiera ser mejor. Cambió algo en él.

La primera manifestación de ese cambio, fue la decisión que aún no había madurado de levantar la ley marcial. La segunda se dio años más tarde.

El general me contó que en 1994 fue el blanco de un atentado. Le tiraron una piedra a la cabeza que, de haberle golpeado dos centímetros más arriba, le habría provocado la muerte. Estuvo muy grave, tuvo que ser sometido a una intervención que duró cinco horas. Después de aliviarse, decidió no denunciar a los agresores. En ese momento no entendió por qué lo había hecho. Con el pasar del tiempo entendió que en el nivel subconsciente había quedado marcado por el gesto de Juan Pablo II que había perdonado al terrorista turco Ali Agca.

"Lo que quiero decir con esto —me explicó—, es que la presencia de Juan Pablo II nos ha hecho mejores. Como decía un poeta polaco, es difícil transformar a los comunes mortales en ángeles, pero si eso sucede, aunque sea por un día, por una semana o un año, podemos considerarlo un milagro. En este sentido Juan Pablo II sí hizo milagros y por lo mismo podemos considerarlo un Santo."

¡El escuchar al general hablando así me pareció, de por sí..., un milagro!

El general Jaruzelski también me comentó que otra señal de la santidad del Papa la percibió durante la visita que Juan Pablo II hizo a la cárcel de Durango en México, en mayo de 1990. "A pesar de que los responsables de la seguridad le habían pedido que no lo hiciera, el Papa quiso entrar al recinto en el que se encontraban los detenidos y quiso saludarlos uno a uno. En ese encuentro fuimos testigos de la enorme dimensión moral del Papa. Si alguien quiere calificarla de santidad, creo que tiene el derecho de hacerlo."

También el líder sindical Lech Walesa, el ex electricista de Gdansk, quien fundó Solidaridad, el primer sindicato independiente del Este europeo, experimentó la santidad de Juan Pablo II. En nuestro encuentro en su oficina en Gdansk, en febrero de 2006, me comentó que sintió siempre que "detrás de su proyecto y de sus planes había una fuerza superior. Sentí que cuando cometíamos algún error, una fuerza ajena a nosotros nos regresaba al camino justo. Presencié muy seguido la fuerza de la santidad del Papa y la del espíritu". Recordó que antes de la primera visita del Papa a Polonia contaba con 10 hombres. Después de su viaje se unieron a él 10 millones de personas. "Esto —me dijo—, no es normal".

En Polonia hablé también con Adam Boniewcki, el director de la revista en la que Karol Wojtyla solía escribir y durante años fue director de la sección polaca de *L'Osservatore Romano*, el diario oficial de la Santa Sede.

Me comentó que para los polacos la causa de beatificación era en el fondo algo meramente burocrático. "Para ellos ya es santo, cuando rezan piden su intercesión como sucede con los santos."

Boniewcki se percató de Su Santidad al verlo rezar. "En esos momentos se encontraba en un estado de ausencia de la tierra." Recordó que cada vez que salía de un encuentro con él, se sentía más feliz y más sereno, además fue testigo de dos supuestas curaciones. Un día le llevó a un amigo misionero que estaba a punto de volver a África. Boniewcki ignoraba que su amigo padecía de dolores terribles en la cabeza. El encuentro tuvo lugar en un pasillo del Vaticano, entre dos audiencias.

El fotógrafo del Papa sacó una foto en la que Juan Pablo II toca con su mano el lugar exacto en el que se le concentraba el dolor. "Este misionero me ha dicho que después de ese encuentro, nunca más padeció dolores. Está convencido de que se lo debe al Papa."

Adam Boniewcki también llevó con el Papa a una niña de su familia que tenía que ser operada debido a una enfer-

medad grave en el cerebro. Inmediatamente después de
que el Papa le acarició la cabeza, sin saber por qué la niña sintió que se aliviaría. Lo extraordinario es que así fue.

Tanto el padre Boniewcki como el secretario del Papa, el
ahora cardenal Dsiwisz, me comentaron que a lo largo de
su pontificado se dieron muchas curaciones de este tipo, pero Juan Pablo II no quería oír hablar de milagros. "Yo sólo
rezo —decía—, los milagros los hace Dios".

El padre Wieslaw Nieweglowski, llamado también el cura de los artistas, conoció a Karol Wojtyla desde que éste era
joven. La percepción de Su Santidad la tuvo varias veces, al
verlo rezar, sobre todo cuando pensaba que estaba solo.

"Un día, casi al amanecer entré a su capilla privada en
el Vaticano. Pensé que no había nadie. De repente empecé
a escuchar una respiración profunda, jadeante, como la de
un hombre que está luchando contra otro o contra otra realidad. Tardé mucho tiempo en percatarme que era el Papa;
hundido en su silla rezaba y al hacerlo respiraba con tal
fuerza como si librase una lucha santa con Dios para derro-
tar al mal o lograr algo para el mundo."

Otro momento en el que tuvo la sensación de ver a un
santo fue el último Viernes Santo de su vida, cuando sentado de espaldas en su capilla, Juan Pablo II siguió por televisión el rito del Vía Crucis en el Coliseo y al final apoyó su
cabeza en una cruz. "Estaba totalmente identificado con
Cristo y parecía que no era él quien sostenía la cruz sino la
cruz la que lo sostenía a él".

En Polonia tuve la oportunidad de hablar con el ahora cardenal Estanislao Dsiwiz, quien como he mencionado antes
compartió durante 40 años la vida de Juan Pablo II. Le pregunté qué había representado para él vivir cerca de un santo.

"Es algo que asusta" —me respondió. Luego me dijo: "Yo lo conocí cuando aún no era obispo, era mi profesor. Era un hombre excepcional, cuando acababa de dar la clase se iba a la capilla y se olvidaba de todo, parecía que estaba en otro mundo. Él no se volvió santo como Papa, siempre fue así, ya de niño, cuando escribía sus poesías, todas eran sobre temas religiosos. Como joven era muy avispado, le gustaba el teatro, el deporte, el futbol, la música. Sus compañeros decían que era muy alegre, pero todos coincidían en que era especial, diferente a los demás.

Con el pasar de los años Su Santidad fue madurando, se manifiestó sobre todo en su enfermedad. Nunca lo vi doblado por el dolor. No se trataba solo de un dolor físico, que en los últimos tiempos llegó a ser muy intenso, sino también de un dolor moral porque se sentía impotente, postrado en una cama o en una silla, sin ninguna autonomía física.

Yo creo que todos sabíamos que era santo. ¿Por qué los jóvenes lo seguían? Yo creo que descubrían en él al Señor, de otra manera es inexplicable cómo lo buscaban. No seguían a Juan Pablo II sino al Señor. Por lo menos ésta es la explicación que yo me he dado. He oído decir a muchas personas que Juan Pablo II irradiaba luz. Creo que esa luz brotaba de la unión profunda que tenía con Dios a través de la oración, que hacía parte de su actividad diaria. Toda su vida era una oración.

En casa nunca lo vi enojado, sólo se enojaba a veces cuando pronunciaba algún discurso. Recuerdo, por ejemplo, en Nicaragua cuando respondió gritando a los sandinistas que pedían la paz, que la Iglesia es la primera que quiere la paz; o en Agrigento cuando al dirigirse a los mafiosos les dijo que se convirtieran porque llegaría la hora del juicio de

Dios; o cuando se asomaba por su ventana y les decía a los poderosos de este mundo que él había conocido los horrores de la guerra y que con ésta nunca se resuelven los problemas.

No importa si le hicieron caso o no, lo importante para la Iglesia y el mundo es que él levantara la voz. ¿No tuvo razón acaso? ¿Qué se ha solucionado con la guerra contra Irak? ¿Cuánta gente ha muerto? Ni se sabe. No se resuelven los problemas con la guerra.

Una novedad en la postulación de la causa de beatificación de Juan Pablo II fue la participación a través de internet de miles de personas que quieren dar su testimonio acerca de alguna gracia recibida o pedir oraciones por la intercesión de Juan Pablo II.

Llegan testimonios no sólo por parte de católicos, sino también de fieles de otras religiones, incluso de judíos y musulmanes.

Monseñor Oder comentó que es impresionante el número de cartas que llegan de América Latina, las que reflejan el amor extraordinario de los pueblos latinoamericanos por Juan Pablo II, pero, añadió, los correos electrónicos que llegan de todo el mundo demuestran que Juan Pablo II es objeto de un amor universal. "Se percibe a Juan Pablo II como una encarnación de la paternidad. El mundo de hoy necesita un padre, requiere sentir la ternura de una mano paterna."

Según monseñor Oder, Juan Pablo II logró entrar en las casas del mundo entero. Cuando murió, la gente tuvo la impresión de que había muerto una persona de la familia, porque a través de sus gestos conquistó los corazones.

Lo que más me ha llamado la atención desde el inicio de

la causa de beatificación, me comentó monseñor Oder, es que muchos hombres y mujeres que no podían ser padres, después de pedir la intercesión de Juan Pablo II lograron realizar su sueño de maternidad o paternidad."

Ha sido abierto también un sitio con un foro en el que una comunidad virtual, integrada por todas las personas que aman a Juan Pablo II, intercambian sus experiencias y sus oraciones.

Otra iniciativa relacionada con la causa de beatificación ha sido la creación por parte de varios grupos eclesiales y de personas individuales, de una cadena de oración que de alguna manera representa la continuación de la que se dio en los últimos días de vida de Juan Pablo II en la Plaza de San Pedro y en el mundo entero.

Además, en coincidencia con el primer aniversario de la muerte de Juan pablo II, apareció una revista mensual titulada *Totus Tuus*.

En el primer mes de inscripción en el sitio, la revista fue solicitada por cerca de 30 mil personas. Inició con los boletines en italiano y en polaco, siguieron en inglés, español y francés. Además de información sobre la evolución del proceso y documentos de Juan Pablo II, la revista recoge testimonios significativos, cartas, dibujos, oraciones y poesías.

Desde la apertura del proceso ha habido muy pocas voces que se hayan opuesto a la beatificación de Juan Pablo II, entre ellas las de un grupo de 13 teólogos y escritores "disidentes" que firmaron un "llamado a la claridad" en el que presentaron siete puntos controvertidos de su pontificado, es decir:

Represión y marginación ejercidas contra teólogos, religiosos y religiosas por parte de la Congregación para la

Doctrina de la Fe. La tenaz oposición a reconsiderar algunas normas de ética sexual. La dura confirmación del celibato sacerdotal. La falta de control sobre maniobras financieras sucias de la Santa Sede. La indisponibilidad para reabrir un debate sobre el papel de la mujer dentro de la Iglesia. El aplazamiento de la aplicación de la colegialidad, y finalmente, la debilidad con las dictaduras latinoamericanas y el aislamiento en el que dejaron a monseñor Óscar Romero.

La carta no fue firmada ni por el teólogo Hans Kung, un crítico del pontificado de Juan Pablo II, ni por el movimiento Nosotros Somos Iglesia que en el momento de la muerte de Juan Pablo II habían calificado su pontificado "lleno de contradicciones".

De acuerdo con el postulador, no se trata de argumentos que pueden poner en tela de juicio la humanidad y la santidad de su persona. Las críticas —comentó— se refieren a posiciones doctrinales, a enseñanzas del Papa, en línea total con el Concilio Vaticano II.

Lo importante, según monseñor Oder, es no confundir el proceso de beatificación con un proceso histórico. "No es una evaluación de la historia. Lo que nosotros tenemos que evaluar es la santidad, es decir el ejercicio de las virtudes heroicas y cristianas. La evaluación de ciertos sucesos históricos no entra en este proceso. Lo que se analizan son las motivaciones internas y las intenciones de la persona que actuó."

A la causa de beatificación se han opuesto también algunos grupos feministas que revindican el sacerdocio femenino.

EL MILAGRO

Para que la beatificación sea posible se requiere un milagro probado y ocurrido después de la muerte del candidato a beato.

El milagro debe ser el resultado de oraciones que rogaron al fallecido Papa para que interceda ante Dios.

Para acceder a la santidad después de la beatificación se necesita otro milagro. El cardenal José Saraiva Martins, prefecto de la Congregación para las Causas de los Santos, me explicó que esto se debe al hecho de que el milagro es una especie de "sello" que Dios pone sobre la santidad de una persona. Con éste garantiza que es realmente santa. Puesto que la santidad reconocida por la Iglesia se refiere a una vida entera, los milagros tienen que ser realizados después de la muerte, para que el sello sea sobre toda la vida.

La supuesta curación milagrosa de una monja francesa será la que lleve a Juan Pablo II hasta el honor de los altares.

La monja, de quien no se conoce el nombre, dio su testimonio al boletín de la postulación *Totus Tuus*.

Como mencioné anteriormente, contó que en junio de 2001 los médicos le diagnosticaron el mal de Parkinson que había afectado todo el lado izquierdo de su cuerpo, lo cual le ocasionaba serias dificultades puesto que es zurda. En tres años se fueron acentuando los síntomas, como el temblor, la rigidez, los dolores y el insomnio. Desde el 2 de abril del 2005, día de la muerte de Juan Pablo II, notó un agravamiento en sus condiciones. Sintió además que el mundo se le venía abajo, porque había perdido al amigo que la entendía y que con su ejemplo le daba la fuerza para seguir adelante.

El 14 de mayo, al día siguiente del anuncio del inicio de la causa de beatificación, sus hermanas en Francia y en África empezaron a pedir la intercesión de Juan Pablo II para su curación. El 2 de junio, a dos meses de la muerte de Juan Pablo II, su superiora, a quien le habían pedido sin éxito que la sustituyera en su trabajo, le pidió escribir el nombre de Juan Pablo II. Ella lo hizo con una letra absolutamente ininteligible. Ese mismo día, después de la oración de las nueve de la noche, sintió la necesidad de volver a escribir el nombre del Papa. Lo hizo y su letra resultó sorpresivamente legible.

Se fue a la cama y a las 4:30 de la mañana se despertó asombrada porque había logrado dormir. Se levantó de la cama y se dio cuenta de que su cuerpo ya no estaba rígido. En las horas sucesivas, además de experimentar una sensación de paz y serenidad, se percató de que su brazo izquierdo se movía y había vuelto a sentirse ligera y ágil como antes de la enfermedad.

Al día siguiente, convencida de haberse curado, dejó de tomar todas las medicinas. El 7 de junio fue a ver a su doctor, que la trataba desde hacía cuatro años, quedó absolutamente sorprendido porque habían desaparecido todos los síntomas del mal.

Las hermanas de su congregación iniciaron oraciones de agradecimiento a Juan Pablo II.

La monja ha reanudado su trabajo en el hospital, donde se dedica a niños recién nacidos, no ha vuelto a tomar medicamentos y se siente como si hubiese renacido.

"Lo que Dios me hizo vivir, por intercesión de Juan Pablo II, declaró al boletín *Totus Tuus,* es un gran misterio difícil de explicar con palabras..., pero nada es imposible para Dios."

Nadie, ni en la postulación, ni en la Congregación para las Causas de los Santos se atreve a hacer un pronóstico en lo que se refiere al día en el que Juan Pablo II será elevado al honor de los altares. Lo que se sabe es que el Papa Benedicto XVI ha enviado varias señales de su gran interés por esta causa. Pero se ignora de qué manera este interés hará posible abreviar caminos.

El 21 y el 28 de julio de 2006, en la oficina de monseñor Bella, en la sede del Tribunal Diocesano del Vicariato de Roma, en San Juan de Letrán, ante un notario y el promotor de justicia, después de prestar juramento de que no revelaría nada acerca de las preguntas y de las respuestas, di mi testimonio sobre la vida y las virtudes de Juan Pablo II por haber sido sorpresiva e inmerecidamente, de acuerdo con mi punto de vista, elegida como uno del centenar de testigos de su causa de beatificación.

Sentí una fuerte responsabilidad, me vi inmersa en emociones, recuerdos y la alegría de haber vivido desde el primer día de su pontificado, hasta las sesiones del proceso de su causa de beatificación, algo único, irrepetible y muy superior a lo que habría podido imaginarme cuando mi jefe, Jacobo, le pidió a una joven novata: "Alazraki, me entrevistas al Papa".

Lo que más espero ahora es estar en la Plaza de San Pedro, el día en que la Iglesia reconozca oficialmente la santidad de un hombre que, para muchos, ya es santo.

Imaginar ese día en el que, aunque sea con un pequeño granito de arena, la Providencia me permitió participar en la elevación de Juan Pablo al honor de los altares, representará para mí el cierre de una historia que me rebasó mil veces por su carácter absolutamente extraordinario.